国家社会科学基金项目资助

留法勤工俭学群体与中国马克思主义话语的早期建构（1919—1927）

贾凯 著

当代中国出版社
Contemporary China Publishing House

图书在版编目（CIP）数据

留法勤工俭学群体与中国马克思主义话语的早期建构：1919—1927 / 贾凯著 . -- 北京：当代中国出版社，2025. 7. -- ISBN 978-7-5154-1499-7

Ⅰ . D432.9；D61

中国国家版本馆 CIP 数据核字第 2024QP8026 号

出 版 人　蔡继辉
责任编辑　焦晓萍
责任校对　贾云华　康　莹
印刷监制　刘艳平
封面设计　鲁　娟
出版发行　当代中国出版社
地　　址　北京市地安门西大街旌勇里 8 号
网　　址　http://www.ddzg.net
邮政编码　100009
编 辑 部　（010）66572264
市 场 部　（010）66572281　66572157
印　　刷　中国电影出版社印刷厂
开　　本　710 毫米×1000 毫米　1/16
印　　张　18.5 印张　1 插页　255 千字
版　　次　2025 年 7 月第 1 版
印　　次　2025 年 7 月第 1 次印刷
定　　价　98.00 元

序　言

　　"一切历史都是思想史"，研究生成思想的人物，一向是历史研究的重要组成部分，发挥着使过往鲜活、让现实厚重的桥梁纽带作用。长期以来，在中共党史、马克思主义中国化研究中，人物研究受到广泛关注，尤其是围绕毛泽东、周恩来、刘少奇、朱德、邓小平、陈云、江泽民、胡锦涛、习近平等党和国家领导人产生了丰硕成果，深化了人们对于马克思主义中国化时代化历程，中国共产党领导的革命、建设和改革等重大问题的学理认知。近年来，随着研究对象、研究视野的拓展，越来越多的学者开始注意到中观群体研究的重要性，这种视角的转换既有助于突破以往研究侧重少数个体的缺憾，又能避免聚焦某些底层人物的"碎片化"趋向。早期中共党员干部数量较少的客观情况，使得从中观群体的视野出发，在整体上把握早期中国共产主义运动的发展脉络进而实现学术创新具有较大的可能性。

　　贾凯是我指导的硕士研究生。他攻读硕士学位期间，我们围绕陈独秀、李大钊、周恩来等党史人物研究有着较多的、持续的交流，他撰写的硕士学位论文围绕"周恩来与新中国的社会建设"而展开。硕士毕业之后，贾凯继续攻读博士学位，师从张静教授。自 2013 年开始，南开大学从事中共党史、中国近现代史基本问题研究的学术团队以"蔡和森、李富春革命家庭"和"中共延安五老"为重点尝试开展人物群体研究，鼓励导师围绕如上研究重点开展培养工作。基于这一学术背景，贾凯在张静教授的指导下，以中国共产党留法勤工俭学群体作为选题方向攻读博士学位，聚焦 1919 年至 1931 年该群体的整合与分化开展研究，不仅顺利完成了学业，也在爬梳史料、探求史实中发现了许多待解、待深化的重要问题，自此专耕该领域十年有余，学术创见不断呈现。

贾凯选择以蔡和森、赵世炎、周恩来、李富春、蔡畅等群体人物为研究对象有多方面的考虑。一是学术界围绕蔡和森的思想与生平已产生大量研究成果，其中不乏高水平力作，就现有资料而言已难有拓展空间、创新之处，且围绕某个体人物开展研究视野有限。二是留法勤工俭学运动诞生了一批中国共产党人，他们对马克思主义在中国早期传播、中共早期历史、第一次国共合作和国民大革命有着举足轻重的影响。然而，学术界要么侧重留法勤工俭学运动本身，要么对整个人物群体的关注不够，因此以中国共产党的留法勤工俭学群体为研究对象具有重要的学术价值和研究空间。

近20年以来，马克思主义在中国早期传播研究长盛不衰；话语理论、概念史分析被引入马克思主义中国化、中共党史研究，方兴未艾。贾凯在完成博士论文、继续完善研究成果的过程中，发现学术界对于留法勤工俭学群体相关文本资料的整理与运用不够，特别是对王若飞、贺培真等人撰写的日记资料，以及该群体在《少年》《赤光》和《向导》《新青年》等刊物上发表的译文、政论文均不甚重视。贾凯在研究中发现，如上资料关涉马克思主义在中国早期传播的西欧渠道，是认识中国马克思主义话语早期建构不可或缺的重要文献，就此进行系统考察具有十分重要的学术价值。基于此，他围绕该群体撰写、发表的历史文献开展系统研究，相继获得中国博士后科学基金、教育部人文社会科学基金、国家社会科学基金立项。目前即将付梓出版的专著便是他以 2020 年立项、2023 年结项的国家社科基金项目研究为基础不断修改和完善的成果。

通读这部书稿，我认为贾凯基于海量的历史文献和丰富的先行研究，在以下几个方面有学术上的新突破。

第一，长期以来关于马克思主义在中国早期传播的西欧渠道的认知，不外乎早期无政府主义者"新世纪派"对于社会主义的传播，蔡和森写给国内的毛泽东、陈独秀等人的几封信，周恩来对欧洲社会运动的报道等三个方面。近年来才有学者对《少年》与马克思主义传播问题作了较为全面的梳理。本书对留法勤工俭学群体成员在《少年》《赤光》和《向导》《新青年》《政治生活》《中国青年》《中国工人》等报刊上发表的资料作了全面而系统的整理和分析，完整呈现出 1919 年至 1927 年留法勤工俭学群体传播马克思主义、建构中国马克思主义话语的主题、内容，尤其是深入考察了以反对国际帝国主义为中心的国民革命话语建构历程和内容，进而厘清了该群体对中国马克思主义思想运动的历史贡献。

第二，专门探讨该群体翻译的马克思主义理论文献、共产国际文件。基于之前对该群体在《少年》上发表的马克思主义译文内容的专题分析，本书又对《赤光》所载译文作了补充性研究。同时，将该群体传播马克思主义、建构中国马克思主义话语的时空范围延展到他们回国之后，对于该群体在《新青年》、上海《民国日报》副刊《觉悟》等报刊上发表的文献进行了全面分析，勾勒出 1919 年至 1927 年该群体翻译马克思主义文献的主体脉络和丰富层次。在译文分析方面，贾凯对全部译文作了细致的词频分析，厘清了相关重要概念与对应译词的选择特点，认为谢唯进和尹宽翻译的文献最多；指出《告少年》《离开政治的性质》《权力底原理》分别是列宁著《青年团的任务》、马克思著《政治冷淡主义》、恩格斯著《论权威》的最早汉译本；通过对译文的爬梳、对比，发现法共《人道报》、共产国际机关报《共产国际》是留法勤工俭学群体翻译文献时使用最多的底本，并确定了部分译文底本来源的期号。基于此，贾凯认为马克思主义传入中国的西欧渠道，传播的既有西欧（特别是法国）的马克思主义，又体现了苏俄（苏联）领导下的共产国际指示的鲜明痕迹。这是基于扎实的文本内容对比、底本筛选勘校得出的新观点，不仅丰富了史实，也有助于开拓视野，具有见微知著的功效。

第三，概括了该群体建构中国马克思主义话语的要义和特点。以往学术界对《向导》主编蔡和森与国民革命话语的关系问题进行了较为广泛的探讨，实际上赵世炎、王若飞、陈乔年等人均有相当丰富的论述。贾凯立足于对早期中共报刊资料的整理和分析提出了一些重要的创新观点：该群体认为中国革命是"布尔塞维主义革命在殖民地的特别形式"，将中国革命的胜利置于世界革命胜利的前提之中，第一次国共合作和国民大革命大概等同于俄国 1905 年的革命。这些看法说明，虽然中国共产党的留法勤工俭学群体在西欧的时间远长于他们的旅莫时间，但是服膺于列宁主义理论和共产国际精神是中国早期共产主义运动的普遍共识和基本特点。

学术研究的推进有赖于学者与历史资料、历史主体的不断对话，以此方能使历史成为活着的过去，发挥其促进社会发展进步之根的作用。无论是中共党史人物研究，还是概念史研究、话语分析、报刊研究，抑或是不同研究领域、研究视角的交叉融合，都存在很大的拓展空间。十余年来，贾凯矢志于学术创新，不断挖掘新史料、汲取新理论，在留法勤工俭学群体研究领域取得了丰硕的研究成果，本书的出版就是他过去十余年研究心得的结晶，也是他学术追求的阶段性代表作。作为他的老师和同行，我能够先睹此书，并为之作序，深感荣幸和自豪！

以我对贾凯的了解，学术创新是他生命的一部分，他敬重历史、专心学术、以研究为乐，这是他笔耕不辍、佳作频出的内生动力。我相信，本书的出版是他学术研究的新起点，在未来一定会不断开拓新视野、取得新成果！

纪亚光

2025 年 4 月于南开园

自　序

　　始于 1912 年、五四运动后达到高潮的留法勤工俭学运动，不仅是近代中国留学史、中外文化交流史上的重要一页，还因孕育了蔡和森、赵世炎、周恩来、邓小平、李富春、李维汉等一大批中国共产党人而载入史册。该运动的倡导者希望有志青年到法国学习先进知识和文明，实现"科学救国""实业救国"，达到富国强兵的目的。五四运动后，留法的中国共产党人甫一登台便呈现群星闪耀之壮景。蔡和森留法期间"猛看猛译"马列主义小册子，成为勤工俭学生中第一个马克思主义者，并积极推动旅欧共产主义组织的成立。1920 年 9 月 16 日在写给毛泽东的信中，他主张"明目张胆正式成立一个中国共产党"。1921 年 9 月"里大事件"之后，赵世炎、周恩来等人为旅欧共产主义组织的成立奔走联络，终有 1922 年 6 月旅欧"中国少年共产党"的成立，这标志着中国共产党留法勤工俭学群体的形成。1922 年至 1927 年，赵世炎、周恩来、陈延年、王若飞等人在旅欧党、团组织机关报《少年》《赤光》和中国国内的《新青年》《向导》《政治生活》《中国青年》《中国工人》等刊物翻译、撰写多篇文章，为早期中共的宣传思想工作和马克思主义的传播作出重要贡献。

　　与他们之于中国共产党早期历史重要性不相称的是，学术界对于周恩来、蔡和森、赵世炎、邓小平之外，其他留法勤工俭学群体成员的关注不够，这不利于中共早期历史丰富面向的呈现。近年来，偶有学位论文探讨郑超麟、尹宽、任卓宣的早期思想，但是与同时期其他人的比较不够。学术界关于马克思主义、列宁主义在中国早期传播问题的研究不断深入，相关文献资料的整理与汇编不断涌现，但是对于马克思主义传入中国三条渠道的研究不够均衡，仍然有学者将西欧渠道等同于蔡和森写给国内的毛泽东、陈独秀等人的几封信和周恩来的旅欧通信，较为忽视整个群体的历史贡献和1921年蔡和森被遣送回国之后其他人的持续推动。简言之，很多研究仍然没有摆脱围绕少数人物展开的范式。另外，随着国外社会科学相关理论和方法的引入，中国人文社会科学研究跨学科交叉态势方兴未艾，符号理论、概念史研究、话语理论都被引入马克思主义中国化、中共党史研究领域，提高了相关研究水平。上述因素是本书选择从中观视角探讨中国马克思主义话语早期建构历程，分析该群体与中国马克思主义相关术语、命题形成的关系，探讨中国马克思主义话语早期建构问题的缘由，这有助于拓展中国共产党早期历史研究的学术视野，丰富对马克思主义话语建构历程的学理认知，深化马克思主义中国化历史进程的学术研究。

本书的研究介于传统党史研究与历史学前沿研究之间，或可以算作马克思主义理论学科视野下的中共党史研究。笔者的研究思路大致如下。一是超越以往党史人物研究聚焦个别人物的局限性，如本书相关的蔡和森、周恩来研究可谓汗牛充栋、成果丰硕，但实际上1924年至1927年留法勤工俭学群体成员大多是中国共产党、共青团骨干成员，对于他们思想生平的全面呈现能够打破人们的刻板印象、线性认识。近年来，随着电视剧《觉醒年代》热播而来的民众对陈延年、陈乔年的关注度提高，说明这种可能性是存在的。二是以丰富的文献资料突破马克思主义在中国传播史研究的固有框架，如多条渠道是先后承继关系还是双向互动，西欧渠道马克思主义的内容是西欧马克思主义还是苏俄（苏联）马克思主义，这需要对留法时期、回国之后他们所译马克思主义文献的来源、底本、议题进行系统、比较分析才能得出结论。三是从中观群体维度呈现1919年至1927年中国共产党人建构中国马克思主义话语的历史图景，个别人物研究的局限和全体共产党人研究的难度决定了这种群体研究的急迫性。立足于丰富的文献资料，笔者着力回答该群体对中国革命与世界革命、阶级革命与国民革命、马克思主义与列宁主义、反帝与反封建、阶级合作与阶级斗争等关系的具体认识，及其在百年党史中的可能性方位。

毋庸置疑，学术探索往往劳而少功，科研之路，道阻且长。学者都会站在前辈肩膀上努力开拓与创新，其结果往往与预期又有不小距离，本书的研究也不例外。21世纪以来对于民国时期报刊资料的整理、汇编与数据化为当下的学术研究提供了诸多便利，即便如此，要想对海量文献进行整理、分析仍然难度颇高。再者，当今高校学者事务都很"繁忙"，信息化时代时间已经"碎片化"，这无疑增加了研究难度。笔者亦不例外。不过，看到越来越多青年学者投入这一研究领域中，研究的学理化指日可待。

是为序。

2025 年 4 月

目　录

绪 论

　　马克思主义是一百多年来对中国社会产生深刻影响的理论学说，中国共产党的百余年历程也是接受和运用马克思主义并不断推动其中国化时代化的历程，其中又伴随着中国马克思主义话语的建构与发展。回溯中国马克思主义话语建构的历史进程，有助于人们把握马克思主义话语在中国建构的规律和特点，对于"加快构建中国话语和中国叙事体系，讲好中国故事、传播好中国声音，展现可信、可爱、可敬的中国形象"十分有益。留法勤工俭学群体是马克思主义在中国早期传播、中国共产党早期宣传战线的重要力量。本书以"留法勤工俭学群体与中国马克思主义话语的早期建构（1919—1927）"为主题，从中观视角探讨中国马克思主义话语的建构历程，希冀拓展中国共产党早期历史的研究视野，深化对马克思主义话语建构历程的学理认知。

一、研究之缘起

　　五四运动开启了中国新民主主义革命的历史阶段，并为之后中国共产党的成立奠定了基础。五四运动前后发展和兴盛的留法勤工俭学，不仅是近代中国留学史、中外文化交流史上的重要一页，还因孕育了蔡和森、赵世炎、周恩来、邓小平、李富春、李维汉等一大批中国共产党人而载入史册。留法勤工俭学运动的倡导者是李石曾、蔡元培、吴稚晖等人，其中李石曾是中国最早的无政府主义派别之一"新世纪派"的代表人物，他把无政府主义作为实现大同社会的途径，其政治思想的基础是互助进化论，克鲁泡特金的《互助论》对他有深刻影响。带有无政府主义印迹的留法勤工俭学运动，之后的发展远远超出倡导者赋予的教育救国、实业救国色彩，这是近代以后不同思潮在中国"你方唱罢我登台"的缩影，亦为社会发展新陈代谢的体现。从留法勤工俭学运动肇始到旅欧"中国少年共产党"成立，留法的中国共产党人甫一登台便呈现出群星闪耀之壮景。蔡和森留法期间"猛看猛译"马列主义小册子，成为勤工俭学生中第一个马克思主义者，并积极推动旅欧共产主义组织的成立；1920年9月16日，在写给毛泽东的信中，他主张"明目张胆正式成立一个中国共产党"。1921年9月"里大事件"之后，赵世炎、周恩来等人为旅欧共产主义组织的成立奔走联络，终有1922年6月旅欧"中国少年共产党"的成立，这标志着中国共产党留法勤工俭学群体的形成。1922年至1927年，赵世炎、周恩来、陈延年、王若飞等人在旅欧党、团组织机关报《少年》《赤光》和中国国内的《新青年》《向导》《政治生活》《中国青年》《中国工人》等刊物上发表多篇译作和文章，为早期中共的宣传思想工作和马克思主义的传播作出重要贡献。

　　与他们之于中国共产党早期历史重要性不相称的是，学术界较为关注蔡和森、赵世炎、周恩来三位领袖人物与中共早期历史、马克思主义传播的关系，对于非核心人物的关注不够，这不利于中共早期历史全景和丰富面向的呈现。本书的研究对象是1919年至1921年由华法教育会安排赴法勤工俭学，并在之后组织或加入中共旅欧支部、旅欧共青团的党员、团员，其代表是蔡和森、赵世炎、周恩来、李富春、李维汉、李立三、张伯简、汪泽楷等人。他们是20世纪20年代中国共产主义运动和中国革命的重要力量之一，而1922年6月旅欧"中国少年共产党"的成立是该群体形成和旅欧共产主义组织统一的标志。为便于行文，笔者将该群体简称为"留法勤工俭学群体"，后文不再注明。

　　需要说明的问题还有四点：一是张申府、周恩来赴法并非勤工俭学，但是二人在旅欧党、团组织中发挥了重要作用，笔者将其列入研究对象；二是蔡和森、李立三等人因 1921 年 9 月"里大事件"而被法国政府驱逐回国，由于二人对于旅欧共产主义组织的早期筹建有重要影响，也被列为研究对象；三是研究时限为 1919 年至 1927 年，即广义上的五四时期和中国共产党早期，尹宽、郑超麟、任卓宣、汪泽楷等人都是中国共产党宣传战线的重要力量，尽管发生了 20 世纪 30 年代的脱党或成立托派问题，但他们在留法和回国初期译介有关马克思主义和共产国际的文章推动了马克思主义在中国的早期传播，因此他们也是研究对象；四是留法勤工俭学群体成员回国的时间和路线不同，时间段为 1921 年至 1926 年，具体时间不同，他们一些人从法国直接回国，另一些人经莫斯科入东方大学、中山大学接受一段时间的政治训练后回国，但是时间和路线不是本书关注的议题。此外，本研究搜集、整理、引用的文献原文中的错字、漏字，在本书中分别用〈 〉、〔 〕进行校正。

二、学术前史

国内学术界关于留法勤工俭学运动，蔡和森、周恩来、赵世炎等人旅法时期的思想与实践，以及马克思主义传入中国的西欧（主要是法国）渠道[①]的研究成果丰硕，相关学者对其有详细整理归纳，本书不再赘述。国内关于"留法勤工俭学群体与中国马克思主义话语的早期建构"的研究大体划分为两个阶段。第一个阶段是 2010 年以前，学术界较为关注马克思主义在中国的早期传播问题，罕有学者关注"中国马克思主义话语的建构"。即便有学者关注马克思主义话语的建构问题，也主要是从现实价值的视角探讨，尚未触及历史脉络分析。第二个阶段是 2010 年至今，越来越多的学者开始关注"中国马克思主义话语的早期建

---

① 留法勤工俭学生最初的活动区域基本是在法国，之后活动区域拓展至比利时、德国、英国等国，故本书使用"西欧渠道"概括。学术界也有部分学者使用"法国渠道"，极少数学者使用"欧洲渠道"，尚未形成统一表述。

构”问题，研究领域不断拓展。特别是随着概念史分析在马克思主义中国化研究、中共党史研究的运用，研究更加精细深入，取得较多高水平成果。与本书相关的研究成果包括以下三个方面。

（一）关于中国共产党早期革命话语建构的研究

方小年阐明了恩格斯、共产国际、早期共产党人对“半封建”“半殖民地”概念内涵的不同理解。[①] 王奇生认为北伐时期不同政治派别竞相争夺“革命”话语的诠释权，同时将“反革命”头衔加诸不同政见者，一种新的“革命”政治文化开始形成。[②] 章慕荣认为自 1926 年开始中共对于“封建”概念的理解呈现出两种明显变化，初步确立了社会形态理论框架下的封建概念；中国封建主义叙事肇始于 1929 年，成型于 1939年末。在马克思主义的理论谱系中，中国封建主义叙事从诞生之日起就是一种在世界历史背景下对中国道路发展问题的思考，把“封建主义”作为核心概念之一，重新命名与解释中国的历史与现实；从学术上、思想上论证了中国革命的特殊逻辑和独特路径，最终实现了历史唯物主义在中国的“安家落户”。[③] 陈红娟认为大革命时期中共的“阶级”概念服务于国民革命话语体系，其政治功能是“阶级整合”。[④] 李永杰认为早期中国共产党人所理解的“社会革命”概念几乎都包含世界革命的内涵，他们认为俄国十月革命后的世界无产阶级革命是一个整体，中国的无产阶级革命是这个整体中的一部分，中国共产党人把社会革命看作实现无产阶级解放的唯一途径。随着中共早期领导人认识的深化以及中共对实践活动中经验教训的总结，“社会革命”开始从概念逐渐转化为分析中

[①]　方小年：《“半封建”“半殖民地”概念考析》，《文史哲》2002 年第 4 期。

[②]　王奇生：《北伐时期的地缘、法律与革命——“反革命罪”在中国的缘起》，《近代史研究》2010 年第 1 期。

[③]　章慕荣：《1929 年以前中国共产党人“封建”概念的历史考察》，《南京政治学院学报》2017 年第 5 期；《马克思主义中国化思想史视域中的封建主义叙事》，《党史研究与教学》2018 年第 4 期。

[④]　陈红娟：《中共革命话语体系中“阶级”概念的演变、理解与塑造（1921—1937）》，《中共党史研究》2018 年第 4 期。

国国情的范式与话语。[①]毕玉华认为 19 世纪末，"帝国主义"一词经由日本输入中国。五四运动后，中国共产党人接受了列宁提出的帝国主义概念，并将其运用到革命意识形态的建构中。借助帝国主义概念，中国共产党人一方面描绘了帝国主义时代的世界图景，另一方面为民族解放事业的发展确立了方向。[②]

（二）关于留法勤工俭学群体与马克思主义早期传播的研究

周谷平、孙秀玲认为留法勤工俭学生对马克思主义教育思想导入中国作出了贡献，其"导入"具有多元性、选择性、初步性、实践性特点。[③]王刚认为法国是马克思主义传入中国的四大渠道之一，该渠道的马克思主义尤为强调"直接行动"，如进行暴力革命、组织无产阶级政党、实行无产阶级专政等。[④]崔春雪认为中共旅欧支部的《少年》杂志立足于世界情势，与无政府主义展开论战，介绍苏俄革命，有力宣传了马克思主义思想；阐明了中国反帝反封建的革命任务，为第一次国共合作提供了理论基础，并指明中国的最终出路是共产主义。《少年》传播马克思主义具有三个特点：精神鼓舞与理论教化并重，蕴含着国际眼光和世界情怀，从第一次世界大战的破坏性和战后国际争端的角度论证问题。[⑤]曾银慧、田子渝认为郑超麟翻译的、布哈林撰写的《共产主义的 ABC》是我国早期马克思主义传播中通俗读物的经典，它较为全面地阐释了列宁主

---

①　李永杰：《马克思主义"社会革命"概念的中国化理解与运用》，《党史研究与教学》2021 年第 1 期。

②　毕玉华：《建构与调适：中共革命意识形态中的"帝国主义"概念》，《近代史研究》2018 年第 5 期。

③　周谷平、孙秀玲：《留法勤工俭学生与我国早期马克思主义教育思想的形成》，《西北师大学报（社会科学版）》2005 年第 3 期。

④　王刚：《马克思主义中国化的起源语境研究——20 世纪 30 年代前马克思主义在中国的传播及中国化》，人民出版社 2011 年版，第 77 页。

⑤　崔春雪：《〈少年〉与马克思主义在中国的传播》，《中共党史研究》2013 年第 5 期。

义。①贾凯认为中共旅欧支部所译的马克思主义文献主要涉及四个方面：一是马克思思想的发展脉络，二是资本主义为共产主义所代替问题的内在逻辑，三是十月革命、世界革命的历史和现状，四是青年"学共产主义"的方法。中共旅欧支部翻译马克思主义文献具有"非经典性"——翻译重点不是马克思主义作家的经典著作，而是国际共产主义运动的最新文献；所译文献并非聚焦马克思主义经典作家，而是对国际共产主义运动领导人均有所涉及。②张世甲认为"蒙达尼派"③或在宏观上研究马克思主义理论，或从实践中体认马克思主义理论，殊途同归逐步建立了马克思主义信仰；他们积极传播马克思主义，译介马克思主义经典著作，扩大马克思主义受众，加强与国内马克思主义者的交流，开辟了马克思主义向中国传播的欧洲路径；他们领导或参与了三次马克思主义革命实践，展现出反帝反封建、毫不妥协的革命精神，收获了重要的革命经验。④

（三）关于留法勤工俭学群体与中国马克思主义话语建构的研究

贾凯认为《赤光》作为旅欧党、团组织的机关刊物，在建构中国革命话语的过程中，以马克思主义阶级分析法为武器，围绕反军阀的国民联合、反帝国主义的国际联合两大中心内容，向旅欧华人揭示了推翻帝国主义与国民革命、国民革命与共产主义革命的关系，批判和揭露了军阀祸国与内讧的真相、世界资本主义的反动风、中国青年党国家主义的

---

①　曾银慧、田子渝：《马克思主义经典通俗中译本——〈共产主义的 ABC〉》，《决策与信息》2016 年第 4 期。

②　贾凯：《中共旅欧支部与马克思主义文献的翻译》，《厦门大学学报（哲学社会科学版）》2019 年第 2 期。

③　"蒙达尼派"指的是在法国蒙达尼勤工俭学或生活的中国旅法马克思主义者、共产党人，他们大多参加过新民学会或工学世界社的活动，蔡和森、李维汉等人是其中的主要代表。

④　张世甲：《"蒙达尼派"与早期马克思主义中国化》，《湖南社会科学》2020 年第 3 期。

本质。① 王磊认为尹宽、郑超麟分别翻译的阿多纳斯基、普列汉诺夫的著作，是马克思主义辩证法原理传入中国的最早译文。② 耿显家认为蔡和森是最早使用"苏维埃"话语的中国共产党人，共产国际和中国共产党对于该话语的传播具有多元性、机械性等特点。③ 靳书君、李永杰认为在马克思主义中国化进程中，最先用"无产阶级专政"表述的是蔡和森。在 1920年与毛泽东的书信中，他多次使用"无产阶级专政"概念，而这个概念从多种表述方式并存到确立统一表述方式，体现马克思主义"无产阶级专政"概念中国化的进程。④ 尹涛认为叶青早期运用马克思主义对世界革命、中国革命进行分析和宣传，其主要特点是对马克思主义"实用性"的理解和把握。⑤ 王建国认为 1924 年秋张伯简写作的中国第一本《社会进化简史》，构建了完整的社会进化史论述体系，尝试用列宁的相关观点分析中国的社会性质，为中国"社会发展史"学科的兴起打下了基础；认为《社会进化简史》只是对波格达诺夫的观点进行转述的说法缺乏足够证据。⑥

国外学术界没有关于"留法勤工俭学群体与中国马克思主义话语建构问题"的专门研究，相关研究成果可以分为两类。一类是探讨中国马克思主义起源问题的研究。代表性成果有美国学者莫里斯·迈斯纳（Maurice Meisner）的《李大钊与中国马克思主义的起源》，托尼·赛奇（Anthony Saich）与大卫·E. 阿普特（David Earnest Apter）的《毛泽东的

---

① 贾凯：《移植与再造：论〈赤光〉与中国革命话语的建构》，《理论学刊》2017年第 6 期。

② 王磊：《马克思主义辩证法在中国早期传播的一篇重要文献——〈马克思主义辩证法底几个规律〉译文作者考》，《党史研究与教学》2014 年第 5 期。

③ 耿显家：《"苏维埃"在中国的传播轨迹考察——基于革命话语角度的分析》，《人文杂志》2013 年第 11 期。

④ 靳书君、李永杰：《"无产阶级专政"概念中国化考证与疏义》，《党史研究与教学》2019 年第 2 期。

⑤ 尹涛：《叶青早期对马克思主义的宣传》，《史学月刊》2016 年第 12 期。

⑥ 王建国：《张伯简〈社会进化简史〉相关问题新探讨》，《广东党史与文献研究》2020 年第 4 期。

中国革命论述》，阿里夫·德里克（Arif Dirlik）的《革命与历史：中国马克思主义历史学的起源》，德国学者李博（Wolfgang Lippert）的《汉语中的马克思主义术语的起源与作用：从词汇—概念角度看日本和中国对马克思主义的接受》。其中迈斯纳分析了中国先进知识分子接受、研究马克思主义的过程，认为李大钊等早期中国马克思主义者具有"非正统性"，在接受和宣传马克思主义过程中出现理解和运用的"走形"。① 李博认为 20 世纪 20 年代中期大量的马克思主义术语在中文中固定下来，尽管此后中国的共产主义运动又出现了大量新术语，但这些术语描述的主要是中国国内的社会生活和党内生活现象。② 日本学者小仓和夫将周恩来留法时期求学和革命思想的形成，置于 20 世纪 20 年代欧洲社会形势和国际共产主义运动的大背景下考察，指出近代中国发生社会革命道路的历史必然性。③ 另一类是侧重留法勤工俭学运动或留法勤工俭学群体的研究。日本学者森时彦主要考察了旅欧中国共产主义青年团的成立过程。④ 法籍华裔学者寥遇常（Yu-Sion Live）考察了欧洲所学马克思主义对于留法勤工俭学群体投身革命的影响，指出留法经历对于他们后来领导中国的社会主义建设具有积极影响。⑤ 另一位法籍华裔学者王枫初（Nora Wang）依据法国档案馆、巴黎警察局的丰富档案资料，考察了留法勤工俭学群体早期政治理念的形成过程，及其在法国组织开展的各种政治活

---

① ［美］莫里斯·迈斯纳：《李大钊与中国马克思主义的起源》，中共北京市委党史研究室编译组译，中共党史资料出版社 1989 年版，"中译本序"第 1—4 页。

② ［德］李博：《汉语中的马克思主义术语的起源与作用：从词汇—概念角度看日本和中国对马克思主义术语的接受》，赵倩等译，中国社会科学出版社 2003 年版，"前言"第 2 页。

③ ［日］小仓和夫：《周恩来在巴黎》，王冬译，九州出版社 2022 年版。

④ ［日］森时彦：《旅欧中国共产主义青年团的成立》，《东方学报》第 52 册，1980 年 3 月。

⑤ Live Y. S., "The Chinese community in France: Immigration, economic activity, cultural organization and representations", *The Chinese in Europe*, Palgrave Macmillan UK, 1998, pp. 96–124.

动。^①荷兰学者方德万（Hans van de Ven）的研究涉及旅欧共产主义组织与国内中国共产党的关系，他指出在张申府开展活动之前蔡和森领导的在法新民学会已经成为独立于陈独秀或上海小组的共产党小组；中共旅欧支部有着复杂的谱系，没有证据表明它的成立是国内的中共组织领导的结果，在中共一大之后很长一段时间"欧洲细胞"都没有融入国内的中共，1923 年初改组之后情况才发生了变化。^②

总之，国内外相关研究呈现出由单纯的马克思主义在中国传播史研究向多学科理论和方法相结合、由当代中国话语建构研究向中国马克思主义话语建构历程的拓展。随着近几年与本书相关的国家社科基金、教育部社科项目的立项，以及若干研究生学位论文的完成，相关研究呈现出"走热"势头。总体上看，国内外相关研究主要有三种取向：第一，较多关注 1927 年之后中国共产党的话语建构问题，较少关注中国共产党早期话语建构问题；第二，关注中国共产党某个概念或术语生成的较多，较为缺乏对中国马克思主义话语早期建构问题的整体性分析；第三，部分学者关注留法勤工俭学群体，但是从话语建构视角探讨该群体历史贡献的研究还较为缺乏。总之，国内外已有成果为笔者的研究奠定了良好基础，其研究不足正是本书着力解决的问题。

三、思路与方法

（一）本书的研究思路

首先，厘清 1919 年至 1927 年留法勤工俭学群体建构中国马克思主义话语的历史脉络；其次，对该群体与马克思主义文献的翻译、对马克思主义术语的接受和运用、与中国马克思主义命题的初步探讨等问题，

---

① Wang N., Émigration et politique, *Les étudiants ouvriers chinois en France, 1919–1925*, Paris: Les Indes savantes, 2002.

② Ven H. J. V. D., *From Friend to Comrade: The Founding of the Chinese Communist Party, 1920–1927*, Berkeley: University of California Press, 1991, pp. 75–81.

从多维视角进行解读；最后，总结留法勤工俭学群体建构中国马克思主义话语的风格特点、历史贡献和现实启示。

（二）本书的研究方法

1. 文献研究法

本书立足于整理分析留法勤工俭学群体在《新青年》《向导》《中国青年》《少年》《赤光》等报刊发表的文章，以及档案、文件汇编、回忆录等文献资料，归纳该群体所建构中国马克思主义话语的基本内容。

2. 比较研究法

本书通过与早期中国共产党主要领导人对马克思主义认知的横向比较，群体成员不同时期对相关话语认知变化的纵向比较，厘清留法勤工俭学群体对中国马克思主义话语早期建构的特点。

3. 综合研究法

本书综合运用马克思主义理论、历史学等多学科理论方法，采用词频统计与概念分析相结合的方法，对留法勤工俭学群体建构中国马克思主义话语进行历史与逻辑的分析。

第一章 留法勤工俭学群体建构马克思主义话语的学理追溯

中国共产党的百余年历程既是不断推进马克思主义中国化的历史，又是不断运用理论变革现实、推进理论创新的历史。党的理论创新与党领导的社会革命的互动，伴随着中国马克思主义话语的建构与发展。而回顾与总结 1919 年至 1927 年中国马克思主义话语建构的历程，绕不开留法勤工俭学群体。作为筹建或参加旅欧共产主义组织的青年，他们创办和编辑了旅欧党、团组织的机关报《少年》《赤光》，同时是《新青年》季刊、不定期刊和《向导》《中国青年》等国内刊物的编辑者、译作者，对于马克思主义在中国的早期传播、中国共产党的宣传思想工作产生了重要影响。马克思认为："任务本身，只有在解决它的物质条件已经存在或者至少是在生成过程中的时候，才会产生。"[①] 五四运动之后马克思主义在中国广泛传播，具备共产主义倾向的组织也相继建立，而留法勤工俭学群体建构和传播马克思主义话语也具有特定的渊源。

第一节 马克思主义在中国的早期传播

马克思主义传入中国，是一个理论和观念旅行的过程。所谓"理论旅行"，指理论在人与人、境域与境域，以及时代与时代之间迁移、传

[①] 《马克思恩格斯选集》第 2 卷，人民出版社 2012 年版，第 3 页。

播、流通、借用和接受。美国学者萨义德（Edward W. Said）认为，理论旅行需要经历多个步骤。第一，需要有一个类似源点的东西，即观念赖以生发并进入话语的一系列发轫的境况。第二，观念移动时需要有一段横向距离（distance transversed），以及一条穿过形形色色语境压力的途径。第三，需要具备一系列接受（acceptance）条件，或者各种抵抗条件，使之可能被引进或相容。第四，观念全部或部分地得到容纳或融合，在新的时空里它的用途、位置发生某种程度的改变。① 马克思主义在不同时期、不同场域的传播，往往也伴随着上述理论或概念的旅行现象，这可以称为"本土化"过程，通常伴随着系列术语、概念、语词的生成与演变。

19 世纪马克思、恩格斯的学说创立，主要是为了解决"资本奴役劳动控制社会"和"人对物的依赖"问题。面对 19 世纪末 20 世纪初资本主义发展的新图景和修正主义带来的思想混乱，列宁运用马克思主义分析俄国资本主义发展的复杂性、特殊性以及俄国无产阶级历史任务的多重性，创立了列宁主义。② 列宁主义为布尔什维克提供了指导思想和行动纲领，最终取得了十月革命的胜利，开辟了人类历史的新纪元。十月革命的胜利为苦苦寻找救国道路的中国先进分子带来了希望，即毛泽东所言"十月革命一声炮响，给中国送来了马克思列宁主义"。此时由西方经日本中转而获得马克思主义相关知识之后，部分中国先进分子渐渐将其由普通外来知识转为新的可能实现民族解放的方法来看待，中国当时亟须更加准确、系统的马克思主义理论，由此形成一定的接受条件与抵抗条件。这是留法勤工俭学生中的先进分子接受和传播马克思主义的起点和背景。

---

① ［美］爱德华·W.萨义德：《世界·文本·批评家》，李自修译，生活·读书·新知三联书店 2009 年版，第 401 页。

② 舒新、刘康康：《论列宁主义的逻辑起点》，《社会主义研究》2022 年第 1 期。

一、马克思主义在中国传播的国际背景

任何一种重要理论的诞生都有其时代特点，以及亟须解决和回应的现实问题。14 世纪至 15 世纪资本主义开始萌芽，18 世纪中后期至 19 世纪上半叶，欧洲发生第一次工业革命，蒸汽机的发明宣告人类进入蒸汽时代。近代化工厂制度取代了家庭作坊和手工工场，并引发了城市、人口、环境等全方位的变化，产生了工业资产阶级和近代无产阶级。随着各国在政治上相继建立资本主义制度，资本主义经济取得了长足的发展，生产力和生产关系发生了革命性变化，这些为马克思主义的诞生奠定了物质基础。而文艺复兴和思想启蒙运动奠定了理性主义在欧洲思想界的统治地位，这对人们的个性解放具有重要意义，从而为之后马克思主义的诞生提供了一些条件。19 世纪自然科学和社会科学的发展，德国古典哲学、英国古典政治经济学和英法空想社会主义，为马克思主义诞生提供了可资借鉴的参考与理论来源。从 1825 年起，欧洲连续爆发三次大规模经济危机，资本主义生产方式的弊端如阶级矛盾、环境污染等问题日益突出，连续爆发工人起义事件，时代问题已由资产阶级争取政治民主的革命运动转变为无产阶级争取人类解放的共产主义运动。

1848 年《共产党宣言》的发表是马克思主义诞生的标志。马克思和恩格斯创立了马克思主义基本理论及其科学体系，最显著的标志就是两个"伟大的发现"——唯物史观和剩余价值学说，基本结论是共产主义必然取代资本主义。马克思、恩格斯的学说不仅揭露了资本主义统治下人的异化和悲惨状况，还提出了改造现实世界的方案，这是 19 世纪马克思主义的时代课题。

19 世纪末 20 世纪初，资本主义经济关系发生深刻变化，自由竞争资本主义逐步向垄断资本主义过渡，第二次工业革命使人类进入电气时代，资本主义世界市场最终形成。垄断资本家不仅控制整个国家的经济命脉，为追求更多利润，他们还对海外殖民地、半殖民地进行资本输出，从而加剧了帝国主义国家的国内阶级矛盾、帝国主义与殖民地半殖

民地民族的矛盾、帝国主义国家之间的矛盾。20世纪初各国工人运动有了更广泛的发展，20多个国家建立了工人阶级政党。资产阶级采取扩大民主和收买工人阶级上层分子的新策略。在经济发达的国家，如德、奥、法、比等国，社会民主党或社会党转向合法的议会政治。与此同时，马克思、恩格斯的逝世带来了理论权威的真空，部分马克思主义理论家片面地将资产阶级的理论与社会新现象进行主观对接，否定马克思主义的解释效力，曲解马克思主义的研究范式。[①] 德国社会民主党的伯恩施坦试图用新康德主义的折中主义取代马克思主义的唯物史观，对马克思主义基本原理作出全面修正。面对世纪之交资本主义出现的新情况，以及修正主义者的言论引发的思想混乱，各国共产党迫切呼唤澄清思想困惑。列宁主义正是诞生于这一时代背景。列宁在反对民粹主义和党内机会主义的过程中，把马克思主义基本原理与俄国的具体实际相结合，第一次提出并探索俄国如何向社会主义过渡、如何建设和发展社会主义的问题，以及布尔什维克的建党理论等。列宁既有理论批判，又有正面叙述，彰显了宝贵的马克思主义精神品格，把马克思主义推向20世纪崭新的发展阶段。[②] 1894年，列宁撰写的《什么是"人民之友"以及他们如何攻击社会民主党人？》一书问世。而1915年8月23日的《论欧洲联邦口号》、1916年9月的《无产阶级革命的军事纲领》两篇文章的发表和1917年9月《帝国主义是资本主义的最高阶段》的出版，代表着帝国主义理论的形成。革命可以在帝国主义统治的最薄弱环节、一国胜利的理论的提出，标志着列宁主义的创立。

　　20世纪初，俄国的资本主义虽有一定的发展，但该国仍是一个保存大量封建残余的落后农业国家，工业和农业产值均远远落后于发达资本

---

① 孟飞、郑勇良：《国内第二国际研究的历史、现状和未来走向》，《科学社会主义》2022年第2期。

② 靳思远：《伯恩施坦修正主义的出场及批判——兼论列宁对卢森堡等人批判的超越》，《思想教育研究》2022年第6期。

主义国家，如 1913 年俄国的工业劳动生产率相当于美国的十分之一。[①]
同时，俄国受到世界经济危机的影响，加上国内饥荒，经济陷入停滞状
态。普列汉诺夫翻译了大量马克思、恩格斯的著作，并撰写出版了多部
阐释性书籍，促进了马克思主义在俄国的传播。1917 年 11 月 7 日（俄
历十月二十五日），列宁、托洛茨基、加米涅夫等人领导了圣彼得堡的
起义，攻占冬宫，终结资产阶级临时政府，发布《和平法令》和《土
地法令》，宣布建立无产阶级国家政权，这标志着马克思主义第一次从
理论变为了现实。为了"促进并加速共产主义革命在全世界的胜利"[②]，
1919 年 3 月列宁领导布尔什维克在莫斯科创办第三国际，力图取代旧的
第二国际。在 1924 年 7 月 8 日的共产国际五大上，共产国际执委会主
席季诺维也夫首次将"马克思主义"和"列宁主义"合并在一起，称为
"马克思列宁主义"。[③]这是马克思主义发展史上重要的一页。

除时间维度之外，旨在解放全世界无产阶级的马克思主义在空间维
度上历经西欧、俄国等不同国家和地区的引介、传播和检验，并且与不
同地域的工人运动相结合，进而实现了从理论传播到理论运用于实践、
再到新理论生成的往复推进，由此形成了理论和观念传播空间的延伸，
推动了马克思主义理论的发展，彰显了该理论本身的国际主义色彩，而
对于中国问题的关注和分析便是其结果。列宁在继承马克思、恩格斯
学说的基础上，结合 19 世纪末 20 世纪初的时代特征和俄国对外关系实
际，形成了对华关系思想。1900 年，列宁撰写了《对华战争》，这是列
宁专门论述中国问题的最早著作。该文批判和揭露沙俄侵华政策及其阶
级性质，提出了俄国无产阶级支持中国人民反侵略斗争的任务，这标志

[①]　宋则行、樊亢主编：《世界经济史》上卷，经济科学出版社 1998 年版，第 438 页。

[②]　中共中央党史研究室第一研究部编：《联共（布）、共产国际与中国国民革命运动（1917—1925）》，《共产国际、联共（布）与中国革命档案资料丛书》第 2 卷，中共党史出版社 2020 年版，第 68 页。

[③]　高放：《马克思主义与社会主义新论》，黑龙江人民出版社 2007 年版，第 66—70 页。

着列宁对华关系思想的形成。[①]

　　自俄国二月革命起，北洋军阀政府对俄国政局变动"严加防范"，保持中立，避免俄国内乱延伸至中国境内。1920 年，新疆地方政府已警惕苏俄革命人士进入中国开展革命活动。10 月，新疆军阀杨增新致电北洋军阀政府外交部称："现在俄国内部之中国社会党闻有数十华人，皆系投入俄营当兵之人，该俄人择其之粗通文学者，送入社会主义传习所，六个月速成毕业，分往中国，专事传布社会主义等语。查俄新党自实行社会主义以后，全国人民失业怨咨为害，已属不堪。"[②]其敌视、警惕态度十分明显。

　　不过早在 1919 年 7 月 25 日，苏俄政府便发表《俄罗斯苏维埃联邦社会主义共和国政府对中国人民和中国南北政府的宣言》，即《苏俄第一次对华宣言》，宣布废除沙皇政府与中国签订的一切秘密条约，放弃沙皇政府用侵略手段从中国攫取的满洲及其他土地，放弃庚子赔款的俄国部分，放弃在中国的一切特权，返还中东铁路，希望通过正式谈判来建立友好关系。[③]该消息后来传入中国，使饱受屈辱的中国人民第一次感受到平等友好，不断扭转国人的对俄态度，戴季陶称此为"自有人类以来空前的美举"[④]。显然，宣言引起了中国人心理上的震动、兴奋和感激，为改善中俄关系、马克思主义在中国传播争取了舆论支持。

　　帝国主义列强武装干涉俄国革命失败后，对苏俄政权的态度有所松动。1920 年 1 月 16 日，协约国最高委员会宣布停止对苏俄的经济封锁，苏俄与英国的经济联系开始密切。1921 年，苏俄已与英国、德国、奥地利、挪威、意大利、丹麦、捷克等国家签订了贸易协定，与爱沙尼亚、

---

　　① 李士峰：《列宁俄中关系思想与实践研究》，山东师范大学 2015 年博士学位论文，第 41—42 页。

　　② 参见中国第二历史档案馆编：《中华民国史档案资料汇编 第三辑 外交》，江苏古籍出版社 1991 年版，第 725 页。

　　③ 《劳农政府发表对华态度》，《申报》1920 年 3 月 27 日。

　　④ 季陶：《俄国劳农政府通告的真义》，《星期评论》第 45 号，1920 年 4 月 11 日。

芬兰、波兰、土耳其、波斯、阿富汗等周边国家建立了外交关系，其国际地位情况发生变化。此时，苏俄在外蒙古问题、中东铁路问题上拒绝让步，北洋军阀政府与苏俄的谈判陷入僵局。在孙中山领导的广东革命政府方面，1923 年 1 月 26 日《孙文越飞联合宣言》发表，标志着苏联与孙中山领导的广东革命政府确立了合作关系。在吴佩孚势力方面，1922 年冬双方由于外蒙古问题终止合作意向。总之，这一阶段中俄关系的发展为马克思主义在中国的传播提供了外部条件。

马克思主义在中国早期传播的外部力量，还包括大约从 1920 年 8 月起开始准备工作的共产国际系统、俄国共产党系统的相关机构。[①] 俄共（布）远东州委成立 5 个月后，便升格改组为与俄共（布）西伯利亚分局同级的俄共中央委员会远东局，简称"俄共远东局"。1920 年 7 月，第三国际执行委员会委托马林赴上海考察远东各地的运动状况，9 月决定在远东设立一个书记处。[②] 这些为苏俄有组织地、系统地向中国传播马克思主义提供了有利条件。

二、1920 年以前马克思主义在中国传播的脉络

近代西方列强用武力打开中国大门，马克思的学说作为西学之一也随之传入中国。19 世纪末 20 世纪初，西方传教士在宣传基督教教义过程中夹杂着社会主义的只言片语，有些涉及马克思的学说。1899 年由传

---

① 这些组织机构复杂混乱且常改组，直到 1921 年 1 月俄共（布）中央和共产国际执委会通过决议，将负责东方工作的机构整合为"共产国际执行委员会远东书记处"。至此，之前分属外交系统、俄国共产党、共产国际的对华工作机构基本被纳入共产国际系统。参见［日］石川祯浩：《中国共产党成立史》，袁广泉译，中国社会科学出版社 2006 年版，第 80—83 页；［俄］索特尼科娃：《1920—1931 年间负责中国问题的共产国际组织机构的回顾》，李颖译，《湖北行政学院学报》2004 年第 6 期。

② 本社编：《一大回忆录》，知识出版社 1980 年版，第 91 页；［俄］索特尼科娃：《负责中国方面工作的共产国际机构》，马贵凡编译，《国外中共党史研究动态》1996 年第 4 期。

教士创办的上海《万国公报》刊载的《大同学第一章 今世景象》最早提及马克思①，将社会主义学说称为"安民新学"，称马克思为"百工领袖著名者"②，这可以视为马克思学说传入中国的肇始。这些文献在介绍或描述社会主义运动时使用了"社会主义""共产主义"的音译词③，提及马克思、恩格斯的生平和著作的一些零星情况。由于传播主体、传播手段等因素的限制，传入的相关内容是零散的、浅显的甚至曲解的，影响也是微乎其微，但是其先行作用和拓荒贡献是无法磨灭的。④此时对于中国人来说，马克思的学说还只是作为舶来品的"异质文化"，不过由于与中国传统的"民本思想""大同理想"等具有契合性，使早期接触者有"似曾相识"的感觉⑤，这在很大程度上打开了人们的视野，拉开了马克思学说在中国早期传播的序幕。

辛亥革命既是资产阶级的政治革命，又是伟大的思想启蒙运动，开创了中国资产阶级思想解放的新潮流。辛亥革命之后中国思想界处于杂乱状态，1915年肇始的新文化运动猛烈冲击封建腐朽观念，掀起一场全国范围的思想解放运动。第一次世界大战期间，中国民族工业得到较大发展，工人阶级随之发展壮大，这为马克思主义在中国的传播奠定了阶级基础。正如毛泽东所说："中国工人阶级，自第一次世界大战以来，就开始以自觉的姿态，为中国的独立、解放而斗争。"⑥俄

---

① 中共广东省委宣传部编：《马克思主义中国化一百年》，广东人民出版社2021年版，第45页。

② ［英］李提摩太节译：《大同学第一章 今世景象》，蔡尔康撰述，《万国公报》第121期，1899年2月。《大同学》第一章误认为马克思是英国人，第三章后开始改正。

③ 参见陈红娟：《〈共产党宣言〉汉译本与马克思主义话语中国化研究》，科学出版社2021年版，第43—47页。

④ 孙珊：《马克思主义在上海的早期传播研究（1899—1927）》，华东师范大学2021年博士学位论文，第101页。

⑤ 王刚、范琳：《正面与负面：民本思想对中国早期知识分子接受马克思主义的影响》，《马克思主义与现实》2021年第1期。

⑥ 《毛泽东选集》第3卷，人民出版社1991年版，第1081页。

国十月革命前后，作为社会改造思潮的马克思主义开始引起中国先进分子的研究和关注，他们仿佛找到了民族未来的新希望。1917 年 5 月 19 日，上海《民国日报》、北京《晨钟报》同时出现了列宁的名字。[①]6 月 1 日，《新青年》第 3 卷第 4 号《社会党与媾和运动》一文第一次出现"列宁"译名。十月革命后中国知识分子加深了对列宁和马克思主义的了解。11 月 10 日，北京、上海等地的报纸刊登了俄国劳农阶级胜利的消息。在当时中国人普遍对俄国革命持否定或怀疑态度时，李大钊却表示出对俄国革命的赞扬。他认为十月革命标志着新世纪的到来："一九一七年的俄国革命，是廿世纪中世界革命的先声。"[②]李大钊受聘任北京大学图书馆馆长后，通过撰写文章、发表演说、创办刊物、组织社团等多种方式，大力宣传十月革命和马克思主义，培养了一些倾向马克思主义和十月革命的进步青年，研究俄国问题成为社会一时之风尚。这个阶段马克思主义、列宁主义[③]传入中国的主渠道是日本，传播的人员是具有初步共产主义思想的知识分子、国民党人士与其他进步知识分子，他们自发地报道列宁其人、俄国十月革命后的社会变迁，涉及的报刊主要有《新青年》《星期评论》《觉悟》《建设》《晨报》《东方杂志》《劳动》《解放与改造》等。

　　1919 年巴黎和会上，欧美国家将中国的国家利益出卖给日本，这

---

① 当时译为"尼哥拉斯裂银""裂银""黎宁"等，具体参见《最近俄国内部纷扰之传闻》，上海《民国日报》1917 年 5 月 19 日；《再志俄局之平稳》，北京《晨钟报》1917 年 5 月 19 日。

② 李大钊：《庶民的胜利》，《新青年》第 5 卷第 5 号，1918 年 10 月 15 日。

③ 列宁主义主要是列宁的学说，1923 年苏联才正式在正面意义上使用"列宁主义"一词。邓绍根指出，1919 年 12 月上海《东方杂志》阐释了正面意义上的"列宁主义"，比苏俄使用正面意义上的"列宁主义"的时间还早。但严格来说，当时还没有列宁主义的概念。这里关于列宁主义在中国的传播包括列宁的论著、他人对列宁学说的阐述和发挥、对列宁和苏维埃俄国情况的转述介绍等，参见邓绍根：《列宁及列宁主义在华传播新考》，《文化与传播》2020 年第 3 期。

激起了中国国民的愤怒。5 月 4 日，政治上觉醒了的中国青年学生发起
"外争主权，内除国贼"的爱国政治运动。五四运动是在整个新文化运动
中规模与影响最大的一场运动，是思想启蒙最具标志性的成果。中国先
进知识分子开始放弃对资产阶级民主主义的幻想，转向对苏俄革命和马
克思主义开展研究。与十月革命之前的零星介绍不同，以李大钊为代表
的知识分子是将马克思主义作为一个理论体系来宣传的。1919 年 5 月、
11 月，李大钊分两期在《新青年》发表《我的马克思主义观》，这是中
国人比较系统地介绍和分析马克思学说的开山之作，文中指出马克思主
义历史论、经济论、政策论分别对应着过去、现在与未来，阶级斗争学
说"恰如一条金线"从根本上联络起这三大理论，马克思主义"完全自
成一个有机的有系统的组织"。① 之后，马克思主义这种新思潮流行于神
州大地。时人说："一年以来，社会主义底思潮在中国可以算得风起云涌
了。报章杂志底上面，东也是研究马克思主义，西也是讨论鲍尔希维主
义；这里是阐明社会主义底理论，那里是叙述劳动运动底历史：蓬蓬勃
勃，一唱百和，社会主义在今日的中国，仿佛有'雄鸡一鸣天下晓'的
情景。"② 社会主义在中国传播的同时，中国先进知识分子对于苏俄更加
关注，"听着俄国旧社会崩裂的声浪，真是空谷足音，不由得不动心"③，
进而聚焦指导俄国十月革命取得胜利的马克思主义，并开始以俄国为参
照研究中国问题。这些先进分子兼具学习者、传播者、生产者、组织者
等多元身份，逐渐走出了"沙龙式"知识交流阶段，之后成为中国社会
变革的关键力量。④

---

① 李大钊：《我的马克思主义观（上）》，《新青年》第 6 卷第 5 号，1919 年 5 月。

② 潘公展：《近代社会主义及其批评》，《东方杂志》第 18 卷第 4 号，1921 年 2
月 25 日。

③ 《瞿秋白文集·文学编》第 2 卷，人民出版社 1986 年版，第 248 页。

④ 参见蒋含平、汪娜娜：《从"学说"到"思潮"的知识演进：马克思主义在中
国的早期传播（1917—1921）》，《安徽大学学报（哲学社会科学版）》2022 年第 5 期；
杨林香：《20 世纪 20—30 年代青年马克思主义信仰中的"苏联因素"解析》，《福建师
范大学学报（哲学社会科学版）》2017 年第 1 期。

综合来看，1920 年以前在中国介绍和传播马克思主义的人员的成分和动机较为复杂，传教士、资产阶级思想家以及其他知识分子从自身立场出发，初步引介社会主义和马克思主义学说，或以新闻形式简单报道，或根据自身政治立场进行取舍阐释，传播内容上较为粗浅和混乱；接受人群局限在极少数知识分子，报刊是唯一的大众传播媒介[①]。五四运动之后马克思主义在中国先进知识分子心中的形象实现"跨越"，逐渐由异质文化中的一种舶来品变为可能解决中国问题的新思潮，马克思主义在中国的讨论与传播具备了可能性空间。已经对俄国十月革命产生兴趣和共鸣的中国知识分子，不再满足于从日本转译文本中了解马克思主义，而是呼唤更加原初、系统的马克思主义。

三、赴法前勤工俭学生的思想概况

第一次世界大战后，很多中国青年受无政府主义、工读主义思潮的影响，怀着"吾人生长弱国，当欲自图振奋"[②]的抱负，秉持对法兰西自由、民主、博爱的价值向往走上赴法勤工俭学之路。这种憧憬与空想既反映了他们思想上的稚嫩，又体现了追求社会进步、人类幸福的美好夙愿。再加上俄国十月革命的震颤，中国先进分子开始研究自晚清以后便传入中国的马克思学说，不过此时马克思主义和十月革命的消息对于赴法中国青年的影响还较小。

中国先进分子对于十月革命的了解有一个逐步深入的过程。何长工回忆，赴法前他们在长辛店留法高等法文专修馆工业科时，曾阅读《新青年》《国民杂志》《每周评论》《晨报》等报刊，对于提高政治觉悟起

---

①　李军林：《马克思主义在中国的早期传播及其话语体系的初步建构》，学习出版社 2013 年版，第 49—50 页。

②　刘万能编著：《张昆弟年谱（1894—1932）》，湖南人民出版社 2015 年版，第 202—203 页。

到了很大作用。[①] 最初，十月革命被称为过激派革命。陈毅在与同学争论时指出，过激党代表底层，是为穷人谋利益的[②]，情感上认同俄国十月革命。旅日期间，王若飞受到俄国十月革命的影响，开始搜读社会主义刊物。[③] 同为旅日的周恩来苦苦思索个人发展和救亡道路，在极端苦闷中被《新青年》所载新思潮强烈吸引，阅读了幸德秋水的《社会主义精髓》和河上肇的《贫乏物语》等书刊后，"模糊中偶然见着一点光明，真愈觉姣妍"。[④] 不过，十月革命对于这些青年的影响还不够显著，因为相关消息在中国的传播不够迅速、全面、准确，很多青年尚未将科学社会主义与无政府主义、民主社会主义区别开来，犹如"雾里看花"。聂荣臻回忆说，当时"知道俄国发生了十月社会主义革命，多少有这种印象：这个革命是进步的，成立了工农政府，感到新鲜，但弄不清究竟是怎么回事"[⑤]。聂荣臻的印象不是个例，而是有一定的代表性。

此时，对他们影响更大的是前期经历。留法勤工俭学生中很多人的童年、少年记忆是悲惨的，家庭、家族的影响和赴法前的进步经历为其趋向社会革命之路提供了最初动力。留法勤工俭学生的家庭或家族，部分具备一定的经济实力，但很多处于家族衰败、生活维艰的境地，这会对他们的心境或性格产生影响。家庭破产、不得已投奔外祖父的陈毅，目睹衙门官府中腐败黑暗的情况，对旧社会极端厌恶。[⑥] 聂荣臻回忆说："从我记事时候起，打下深深烙印的，不是家乡的山水风光，孩提时代的欢乐，而是日月的艰辛，农村的动荡和农民生活的苦难。"[⑦] 在性格养

---

① 《何长工回忆录》，解放军出版社 1987 年版，第 15—16 页。

② 聂元素等编辑：《陈毅早年的回忆和文稿》，四川人民出版社 1981 年版，第 18 页。

③ 《王若飞文集》，人民出版社 2014 年版，第 249 页。

④ 参见《周恩来早期文集（一九一二年十月——一九二四年六月）》上卷，中央文献出版社、南开大学出版社 1998 年版，第 334—335、413 页；中共中央文献研究室编：《周恩来年谱（1898—1949）》上卷，中央文献出版社 2020 年版，第 27 页。

⑤ 《聂荣臻元帅回忆录》，解放军出版社 2005 年版，第 6—7 页。

⑥ 聂元素等编辑：《陈毅早年的回忆和文稿》，四川人民出版社 1981 年版，第 9 页。

⑦ 《聂荣臻元帅回忆录》，解放军出版社 2005 年版，第 1 页。

成和文化修养方面，教养者的影响举足轻重。"十岁、十一岁即开始当家"①的经历，磨炼出少年周恩来富有条理的办事能力和好静谨慎的性格，在其思想转变中发挥潜在作用。赴法后，自认"天性富于调和性"的周恩来对俄式暴动抱有怀疑，主张吸取英俄两国革命经验，觉得"与其各走极端，莫若得其中和以导国人"②，直到1921年秋才确立共产主义信仰③。深受家里舅父影响的王若飞，性格潇洒豪放，交游广，有才华，是各学生团体首先联络的对象。④由于广泛结交朋友，他在留法勤工俭学生中起着联络、斡旋的作用。

　　"革命"是贯穿20世纪上半叶的时代主题，有一腔爱国热情的留法学生赴法前大多感受或目睹过革命洪流。萧三兄弟早年曾经阅读同盟会的《中国魂》等革命材料，被激起反帝爱国热情，成为家乡宣传"清朝灭亡，驱逐鞑子，建立民国……的道理"的先驱。⑤张昆弟不满学校、工厂受军阀统治的影响，以及宗法社会式的管理、压迫制度，愤而组织斗争。⑥五四运动时期，他们广泛参与社会运动，充当起爱国运动的先锋，在社会运动中磨炼出敏锐的洞察力与坚强的意志。聂荣臻在家乡组织进步同学集会游行，响应五四运动，宣传抵制日货，并对销售日货的商家进行搜查，由此引起商人的仇恨，这成为他离乡赴法的重要动机。⑦1919年12月，赵世炎思考北大林德杨"被杀式的自杀"事件时，认为黑暗的社会制度是罪魁祸首。⑧周恩来也是领导学生运动的代表性人物，1920

---

　　①　《周恩来同志谈个人与革命的历史——和美国记者李勃曼谈话记录（一九四六年九月）》，《中共党史资料》第1辑，中共中央党校出版社1982年版，第5页。

　　②　《周恩来书信选集》，中央文献出版社1988年版，第24页。

　　③　《周恩来书信选集》，中央文献出版社1988年版，第41页。

　　④　《萧三文集》，新华出版社1983年版，第61—62页。

　　⑤　《萧三文集》，新华出版社1983年版，第218—220页。

　　⑥　刘万能编著：《张昆弟年谱（1894—1932）》，湖南人民出版社2015年版，第22—23页。

　　⑦　《聂荣臻元帅回忆录》，解放军出版社2005年版，第5页。

　　⑧　参见《赵世炎文集》，人民出版社2013年版，第40页。

年 1 月底遭到拘捕。在狱中，周恩来对北洋军阀政府的反动本质有了更加深刻的认识。他后来回忆说："思想是颤动于狱中，津会时受了不少施以等主张的暗示，京中的'全武行'与我以不少的启发，其中以衫崎、衫逸、石逸三人之力为最大。"[①] 总之，留法勤工俭学生的家庭环境及赴法前的经历，为部分人转向马克思主义的社会革命播下了种子。

俄国十月革命以前，马克思的学说从西方、日本传入中国，传教士、士大夫、资产阶级改良派与革命派等的片译、摘译遮蔽了马克思主义原有的脉络与革命性。十月革命后，马克思主义由新文化运动导师向中国先进青年的传播具有地域、时间的限制，因此赴法前勤工俭学生受其影响的程度深浅不一。留法勤工俭学生抱着寻找个人发展、救国真理的抱负奔赴欧洲，来到马克思主义诞生的原点，这实际上缩减了理论旅行的横向距离，有利于获取原汁原味的马克思主义，减少传播途中语境的"压缩""变形"。这构成了中国马克思主义话语早期建构的时代背景。

第二节　留法勤工俭学群体的形成过程

李石曾、蔡元培、吴稚晖等人发动的留法勤工俭学运动，是一场中法之间的文化交流、教育事业活动。这场运动孕育了中国共产党的留法勤工俭学群体，可谓"无心插柳"，而从留法勤工俭学生到中国共产党留法勤工俭学群体的演变过程颇为复杂，在某种意义上是五四青年一代思想转变的缩影。荷兰学者方德万认为 1923 年初之前中共旅欧组织与上海的中共组织没有关系，它在中共一大召开之后有很长一段时间没有融入国内的中共；旅欧的共产党组织有着复杂的谱系，各类中国学生团体之间的联系远比国内受陈独秀影响的各地共产党早期组织之间的

关系要紧密得多；各个共产党早期组织，更为重视以自身为导向的发展，而不是严格接受上海的中共中央领导。[①] 这也间接证明了中国共产党的成立是历史的必然，而非共产国际"输出革命"和陈独秀领导的直接产物。

从赴法前的思想倾向来看，近 2000 名勤工俭学生千差万别，并非"同质化"群体，大致可以分为三类：第一类是受各类新思潮影响，且有一定政治倾向者，如受工读主义或无政府主义影响较深的陈延年、陈乔年兄弟，以及李富春、萧三等人；第二类是或多或少受到各种新思潮影响，但没有明确政治倾向者，如推崇墨子思想的蔡和森[②] 等人；第三类是数量最多的出洋留学的"面筋学生"[③]，他们对现实社会或多或少有所不满[④]。从"雾里看花"到亲身体会，留法勤工俭学生对于工读互助主义和勤工俭学有了从笃信到怀疑的转变。蔡和森等"先觉者"的积极引导与团体的自发研学，使部分留法勤工俭学生由模糊或不确定的政治倾向初步转向社会革命之路。三次斗争的失败，则彻底浇灭了他们的勤工俭学幻想，他们中的部分人通过共同研讨马列主义，以及组织参与革命实践，先后确立共产主义信仰，留法勤工俭学群体得以形成。

一、初到法国勤工俭学后的动摇与迷惘

赴法前，受新思潮影响的留法勤工俭学生普遍对法兰西文明和工读主义有美好憧憬。当时各种思想流派"恰似烧烟火一般，火线交叉错综

---

① Ven H. J. V. D., *From Friend to Comrade: The Founding of the Chinese Communist Party, 1920–1927,* Berkeley: University of California Press, 1991, pp. 75–79.

② 李永春编著：《蔡和森年谱》，湘潭大学出版社 2008 年版，第 30 页。

③ 《萧三文集》，新华出版社 1983 年版，第 235 页。

④ 参见贾凯：《中共留法勤工俭学群体若干问题再探讨——与〈留法勤工俭学群体接受马克思主义过程再探讨〉一文商榷》，《中共党史研究》2019 年第 8 期。

地乱射，有目迷五色，光怪陆离之慨"①。陈独秀等人推崇的"民主"主要指法国式民主，认为法兰西为近代文明之源，"世界而无法兰西，今日之黑暗不识仍居何等"②。对于法兰西文明的偏爱在留法出身的李石曾、蔡元培等人身上体现更为明显，他们高赞法国作为"民气民智先进之国"是留学的最佳选择。③同为留法勤工俭学运动组织者的吴玉章将法国看作"欧洲文明中心"，"世界学术发明，多由法国，近又战胜德、奥，其人民性质与吾国颇相似"，还是俄国社会主义革命的思想源头之一。④此时法国工人运动蓬勃发展，李石曾、吴稚晖等人笃信无政府主义，并大量引介无政府主义和空想社会主义的书刊，这对青年学生产生很大的影响。

留法勤工俭学生中的学生团体领袖李维汉后来回忆说，学生们觉得无政府主义书刊中描绘的美妙远景——那种人人平等自由的新社会，非常新鲜美好，觉得这应该是未来奋斗的目标，幻想通过勤工俭学达到这个目的。⑤蔡和森将赴法勤工俭学与当时学生前往北京公费学校和西洋大学进行比较，觉得勤工俭学有助于"免去随俗迷梦"的风气，"吾人必耸恿而力赞之"。⑥贺培真在日记中多次谈到半工半读有利于劳逸结合，"于精神肉体二者之劳乏平均"⑦。还有的青年从个人全面发展角度出发，认为"勤工是谋物质方面的发展，俭学是谋精神方面的发展，合起来

---

① 中共广西壮族自治区党史资料征集委员会办公室编：《黄日葵文集》，广西人民出版社1989年版，第195页。

② 陈独秀：《法兰西人与近世文明》，《青年杂志》第1卷第1号，1915年9月15日。

③ 张允侯等编：《留法勤工俭学运动》（一），上海人民出版社1980年版，第11页。

④ 张允侯等编：《留法勤工俭学运动》（一），上海人民出版社1980年版，第300页。

⑤ 中共中央党史资料征集委员会编：《共产主义小组》（下），中共党史资料出版社1987年版，第924页。

⑥ 湖南省博物馆历史部校编：《新民学会文献汇编》，湖南人民出版社1980年版，第10页。

⑦ 贺培真：《留法勤工俭学日记》，湖南人民出版社1985年版，第149页。

说，勤工俭学是人生正当的生活"[1]，相信"工学生活是人的生活"，对于同时解决个人生活与求学问题充满信心。[2] 颇为有趣的是，盛成担忧生产与消费不平衡无法适应未来的人口爆炸趋势，认为"高生产就是勤工，低消费就是俭学。勤工俭学，在未来经济挂帅的社会里，是一剂灵丹妙药"[3]。另一位青年团体领袖赵世炎的着眼点是国家、社会与个人的共赢，"似此勤工俭学，躬亲操作，得适用之艺能，为国家实业发达计，为社会工艺兴起计，为个人生活远图计，皆莫善于此"[4]，并在《平民周刊》《少年》《工读》等杂志上发文高呼"工读主义前途底无限光明"[5]。总之，怀着这样的愿景，当时中国学生赴法如"乡下人进城一样"[6]，"每月陆续有去者，惟颇以船只舱位有限为憾云"[7]，可见赴法勤工俭学受欢迎之盛况，这是中法文化交流史上最富有激情的一页[8]。赴法勤工俭学运动以工读主义为主旨，这种大规模出国留学热潮在中国留学史上开创了一种新的模式[9]，大大扩大了留学人选范围，不过经济保障、语言障碍等问题使很多学生面临潜在的风险。

抵法之初，勤工俭学生普遍对未来持积极态度，对法国社会表示肯定和赞叹。陈毅回忆说："觉得是到了天国一样，社会秩序安定，城市清洁繁荣，对法国文明佩服得五体投地，觉得中国古代文明是一钱不值

---

[1]　清华大学中共党史教研组编：《赴法勤工俭学运动史料》第1册，北京出版社1979年版，第82页。

[2]　聂元素等编辑：《陈毅早年的回忆和文稿》，四川人民出版社1981年版，第54页。

[3]　盛成：《海外工读十年记实》，湖南人民出版社1986年版，第14页。

[4]　《赵世炎文集》，人民出版社2013年版，第14页。

[5]　《赵世炎文集》，人民出版社2013年版，第46页。

[6]　《萧三文集》，新华出版社1983年版，第231页。

[7]　《萧三文集》，新华出版社1983年版，第229页。

[8]　李喜所：《近代留学生与中外文化》，天津人民出版社1992年版，第395页。

[9]　王奇生：《中国留学生的历史轨迹：1872—1949》，湖北教育出版社1992年版，第72页。

了，再也不想读古书、作古诗了。"[①] 贺培真回忆说："大家极为高兴，以为又工又学，将要过合乎理想的新生活了。"[②] 聂荣臻在家信中表达了对法国社会各方面的赞美，认为"无一样不比我们中国好点"，立志"在法国不单学他的工业，凡是好的我就学，日后回来，在社会上为一个完全的好人"。[③] 留法勤工俭学的组织者之一蔡和森到法后在家信中邀请其父及兄姊赴法，一时传为美谈。至于勤工俭学实践，早期总体是顺利的，此时勤工俭学生基于在法的初步体验对于无政府主义、工读主义或互助主义更为信奉。陈毅"觉得进厂后的第一影响，是把自己的虚荣心除掉了"[④]，聂荣臻在家书中表明了对未来的无限憧憬："在法国诸事顺畅，而华法教育会日日进行（工作），勤工俭学生井然有序，所以日后当有至善之结果。"[⑤] 对于一些困难情况，勤工俭学生大多有信心克服，如王若飞说："吾辈立志来勤工俭学时，即已决心和困苦奋斗，今日所受，并不甚苦，纵令为苦，也应努力将他打破。"[⑥]

　　随着在法工学实践的开展，这些中国青年逐渐体会到劳动的艰苦，认识到以工俭学似乎有难度。首先，在经济问题上，很多勤工俭学生因语言不通、技术不熟，只得做"马老五"[⑦]，"生活过得苦，吃面包没有菜，用白开水送"[⑧]，"所得不能供生活，更无余资以求学"[⑨]。他们在学习、

---

① 聂元素等编辑：《陈毅早年的回忆和文稿》，四川人民出版社 1981 年版，第 34 页。

② 贺培真：《留法勤工俭学日记》，湖南人民出版社 1985 年版，"前言"第 1 页。

③ 祈福管主编：《聂荣臻青少年时代》，解放军出版社 1988 年版，第 211 页。

④ 蒋洪斌：《陈毅传》，上海人民出版社 1992 年版，第 59 页。

⑤ 祈福管主编：《聂荣臻青少年时代》，解放军出版社 1988 年版，第 215 页。

⑥ 《王若飞文集》，人民出版社 2014 年版，第 35 页。

⑦ "马老五"是法语 main-d'oeuvre 即"散工""苦力"的音译。参见《何长工回忆录》，解放军出版社 1987 年版，第 30 页。

⑧ 中共中央党史资料征集委员会编：《共产主义小组》（下），中共党史资料出版社 1987 年版，第 939 页。

⑨ 贺培真：《留法勤工俭学日记》，湖南人民出版社 1985 年版，第 53 页。

生活方面碰到了很多困难，与理想大不相同[①]，"法之勤工已完全变为劳动者矣，求学更不遑论"[②]。其次，在劳动是否真的"神圣"的问题上，王若飞在日记中形象地描绘说："下工时仿如初出监狱之囚犯，觉天地异色，形状很是憔悴。"[③]较高的劳动强度也使李维汉意识到："做了不到半年工，我的身体支持不住。"[④]除身体劳累之外，贺培真等人更陷入精神上的痛苦迷惘。因为白天工作十小时，所以晚上看书精力不济，"终日劳碌，永久劳碌，永久困苦"，"不知道我们的精神生活在那里，这样的枯燥无味，这样的呆板过着"。[⑤]最后，他们对法兰西文明和法国社会的认知更趋全面。中国青年对自己受到的种族歧视感到不满，罗益增愤慨道："竟把我们叫做 Cochon Chinois（中国猪），或是 Chien Camarade（狗朋友）……这样的侮辱，就在日本也没受过的。"[⑥]有的勤工俭学生开始从制度层面思考自身痛苦的根源。王若飞改变了"做工光荣"的观点，认为自己做工"完全是替别人做事，拿劳力卖钱，不是自动自主的劳动"。[⑦]贺培真的认识也有所变化："现在这种大组合生产制的工场，是建设在资本家的生产上面的，对于工人方面完全是一种掠夺的手段。"[⑧]如果说在中国国内，他们遭受的是帝国主义压迫、中国实业不发达之苦，那么身处资本主义大本营，留法勤工俭学生则直接感受到资本主义对无产阶级的剥削和压迫。近距离观察法国工人的生活状态，促使他们思考

[①]　聂元素等编辑：《陈毅早年的回忆和文稿》，四川人民出版社 1981 年版，第 47 页。

[②]　《周恩来书信选集》，中央文献出版社 1988 年版，第 18—19 页。

[③]　《王若飞文集》，人民出版社 2014 年版，第 28 页。

[④]　中共中央党史资料征集委员会编：《共产主义小组》（下），中共党史资料出版社 1987 年版，第 924 页。

[⑤]　贺培真：《留法勤工俭学日记》，湖南人民出版社 1985 年版，第 39 页；培真：《我之作工感想》，北京《晨报》1920 年 12 月 24 日。

[⑥]　李劼人：《法国 Groupement 工厂写真》，《少年世界》第 1 卷第 5 期，1920 年 5 月 1 日。

[⑦]　《王若飞文集》，人民出版社 2014 年版，第 28 页。

[⑧]　培真：《我之作工感想》，北京《晨报》1920 年 12 月 24 日。

法国资本主义的残酷真相。不过，此时勤工俭学生的反思与怀疑还停留在勤工能否实现积累资金目标的问题，绝大多数人还没有摆脱工读主义的影响。

二、留法勤工俭学生中的先驱引导与各团体的自主研学

在绝大多数勤工俭学生立志于以工俭学、实现留学梦想时，蔡和森算是一个"另类"。他抵达法国后，并未入学，也没有进入工厂做工，"日惟手字典一册，报纸两页，以为常"①，刻苦学习法文，"猛看猛译"法国共产党机关报《人道报》和马列主义著作。蔡和森通过对各种主义的研究比较，得出"社会主义真为改造现世界对症之方，中国也不能外此。社会主义必要之方法：阶级战争——无产阶级专政"②的结论，成为留法勤工俭学生中第一个马克思主义者，也是引导一大批留法勤工俭学生信仰转向的先驱③。蔡和森在阅读和翻译这些马列主义书籍的同时，向留法学生介绍宣传其中的主要思想。

一方面，在蒙达尼向新民学会和工学世界社成员传播马列主义。1920 年 7 月，在法新民学会会员围绕"改造中国与世界"问题进行了热烈讨论，在走俄式革命道路还是温和改良道路的议题上发生激烈争论。蔡和森主张组织共产党，建立无产阶级专政，并详细论述当时世界大势，以阐发激烈革命之必要性。持不同意见的各方写信回国来听取国内会员的意见。毛泽东回信指出，对萧三、李维汉等人的无政府主义主张"在真理上是赞成的，但在事实上认为做不到"④之后，在法新民学会会员采取共同研究、个人自学两个方法研读马克思主义，除蔡和森外，其

---

① 《蔡和森文集》（上），人民出版社 2013 年版，第 32 页。
② 《蔡和森文集》（上），人民出版社 2013 年版，第 56 页。
③ 《萧三文集》，新华出版社 1983 年版，第 84 页。
④ 湖南省博物馆历史部校编：《新民学会文献汇编》，湖南人民出版社 1980 年版，第 103 页。

余会员每天用三分之二的时间看书报，"仍以三分之一研究法文——为基础的研究……合居后，每日定时学术谈话一次"。^① 经过这样的学习，在法新民学会会员们逐步摆脱无政府主义的影响，如萧三后来回忆说："我们也觉得无政府主义站不住脚。会后不久，也就不知不觉的转向马克思主义了。"^② 与事后回忆的轻描淡写、一笔带过不同，实际的思想转变不是一蹴而就的，而是一个反复摇摆的过程。1920 年 8 月，李维汉不赞同俄式革命，"但也不反对人家赞成他，或竟取法他，说来很长，且待研究……要多读书，多考察，多与友人研究后再说"^③。至 1920 年底，以李维汉、李富春为代表的工学世界社成员经过反复讨论，大多数成员"对现社会都不满足，都以为要革命才行"^④，赞成把"信仰马克思主义，实行俄国式的社会革命"作为办社宗旨。^⑤ 而在工学世界社的这两次会议上，未加入该团体的蔡和森均与会，并试图引导该团体成员转向俄式社会革命道路。唐铎回忆自己"当时年纪小，文化水平又不高，这些著作中所讲的许多道理，一时还理解不了，但是，从蔡和森、陈绍休、李富春、李维汉等年长一些同志的谈话或辩论中"，认识到中国走俄国十月革命的道路建设新社会是最理想的选择。^⑥ 蔡和森也承认，"在蒙达尼组织工学世界社，这些虽不都是纯粹共产主义组织，但都是一步一步的倾向马克思主义的"^⑦。

---

① 中共中央党史资料征集委员会编：《共产主义小组》（下），中共党史资料出版社 1987 年版，第 814 页。

② 中共中央党史资料征集委员会编：《共产主义小组》（下），中共党史资料出版社 1987 年版，第 938 页。

③ 湖南省博物馆历史部校编：《新民学会文献汇编》，湖南人民出版社 1980 年版，第 99 页。

④ 贺培真：《留法勤工俭学日记》，湖南人民出版社 1985 年版，第 41 页。

⑤ 房维中、金冲及主编：《李富春传》，中央文献出版社 2001 年版，第 15 页。

⑥ 唐铎：《回忆五四时期的留法勤工俭学运动》（1979 年 4 月 10 日），载江西现代史研究会筹备小组：《现代史研究资料》第 1 期，1979 年翻印，第 74 页。

⑦ 《蔡和森文集》（下），人民出版社 2013 年版，第 793 页。

　　当然，至 1920 年底工学世界社的名称尚未更改，说明该团体成员的思想转变还是初步的、不彻底的，如果生存条件发生变化，他们的取向可能也会发生反复。再以陈毅为例，蔡和森的思想引导使他的思想发生第二次大震动，但后来随着工资提高、有了点积蓄，陈毅"感到自己有办法，有前途，可能爬上去，可以当个文学博士。所以又不大愿意和搞革命的人来往，怕被别人利用，要自己走出一条路子来"①。直到 1921 年春被工厂解雇，陈毅又转而参加学生运动，思想进一步趋向革命，而最终加入党组织则是"文学博士梦"彻底破灭之后。类似的还有聂荣臻，他在"里大事件"之后仍有进学校读书的想法，"手头上还有做工的一些积蓄，盘算着足够进一段学校的费用"，后到比利时沙洛瓦求学。②总之，蔡和森的思想引导、群体的共同研讨促使留法勤工俭学生对工读主义产生怀疑，经过一段曲折的过程其政治信仰也随之发生变化。

　　另一方面，主张向外拓展，开展系统的马克思主义文化运动。很多留法勤工俭学生明确走社会革命道路、确立共产主义信仰时，读过的马列主义书籍很少③，不知道什么是真正的马克思主义，对于研读马列主义缺乏方法指导。蔡和森在与陈独秀的信件中就注意到了这个问题，主张开展"有系统、有主张、极鲜明强固的"马克思主义文化运动。④聂荣臻回忆，三次斗争后他反复思索个人和国家究竟应当选择什么样的道路。受当时西欧共产主义运动的影响，他阅读了《共产党宣言》《共产主义运动中的"左派"幼稚病》《国家与革命》《共产主义 ABC》等著作，看国内发行的《向导》周报，与刘伯坚等人热烈讨论资本主义弊病、社会主义革命、中国现实问题，在旅欧"少共"成立以前"思想已经起了比

---

①　聂元素等编辑：《陈毅早年的回忆和文稿》，四川人民出版社 1981 年版，第 35 页。

②　《聂荣臻元帅回忆录》，解放军出版社 2005 年版，第 19 页。

③　中共中央党史研究室科研管理部编：《赵世炎百年诞辰纪念集》，中共党史出版社 2001 年版，第 81 页。

④　《蔡和森文集》（上），人民出版社 2013 年版，第 82—83 页。

较大的变化"①，加深了对马克思主义的理解。勤工俭学生中原本就有以蔡和森为代表的"蒙达尼派"和以赵世炎、李立三为代表的"勤工派"两大团体，他们内部经常共同学习、研讨。此外，团体也会通过个人关系联络、吸收团体之外的人。具体到个人，由于勤工俭学生赴法前思想基础有差异，其转变的历程也千差万别。如欧阳泽受蔡和森、李维汉的委托，向尹宽宣传革命主张，使尹宽"摒弃一切，抱着'法华新字典'，钻研马克思主义"。②从一般意义上看，大部分勤工俭学生早期往往接受过孔子学说、老庄哲学等中国传统文化的教育，后来乃至到达法国之后才受到"反对旧礼教，提倡新文化"思潮的影响，进而认同社会革命思想。据萧三回忆，蔡和森的思想、理论"远远走在了我们的前头。和森同志硬译的《共产党宣言》，就用粗大的字抄在纸上贴了一墙，他还向我们讲解……通过这些活动，促进了我们很多人的世界观的转变，从而摒弃了无政府主义，信仰了马列主义，走上革命的道路"③。因此蔡和森等先驱的引导和留法学生团体自发的研学对留法勤工俭学群体在思想层面怀疑工学主义、无政府主义，了解马列主义知识，最终完成信仰转变产生了重要影响。

三、勤工俭学梦想的破灭与留法勤工俭学群体的形成

1920 年前后，法国爆发严重的经济危机，很多勤工俭学生陷入无工可做的尴尬境地，而他们彻底抛弃工学幻想是在 1921 年经历三次较大规模的政治斗争之后。这三次大的斗争指的是二八运动、拒款斗争和进占里昂中法大学的事件。法国经济危机日趋严重使得大量勤工俭学生失业，不得不依靠救济金生活，而华法教育会对此不但不予同情，反而宣

---

① 《聂荣臻元帅回忆录》，解放军出版社 2005 年版，第 20 页。

② 《尹宽回忆赴法勤工俭学和到莫斯科东方劳动大学学习的经过》，《芜湖党史资料》1983 年第 4 期。

③ 《萧三文集》，新华出版社 1983 年版，第 84—85 页。

布与勤工俭学生断绝经济关系。1921年2月28日，蔡和森、向警予等率领巴黎近郊400多名同学向中国驻巴黎公使馆请愿，双方相持一段时间后，学生被警察驱散，史称"二八运动"或"二二八运动"。二八运动虽然没有达到目的，但是法国政府力劝北洋军阀政府和华法教育会做出让步，使其答应延长发放3月的救济金，并继续为没有工作的学生找工作。6月初，北洋军阀政府派遣专使朱启钤、财政次长吴鼎昌到巴黎，同法国政府商谈秘密借款和购买军火事宜。周恩来等愤慨国内军阀政府罔顾国家利益，联合巴黎华侨界六大团体，组织拒款委员会，发起拒款斗争，反对国内军阀向法国借款打内战，并于6月、8月相继召开了两次声势浩大的拒款大会，发表拒款宣言，这招致法国政府的愤恨，并决定停发维持费。9月初，与华法教育会颇有渊源的里昂中法大学开办，但该校拒绝勤工俭学生自动入学。为了争回受教育的权利，王若飞等人积极奔走[1]，团结100多人在巴黎召开留法勤工俭学生代表大会，决定发动"争回里大"的运动。9月21日，勤工俭学生听闻吴稚晖从国内招来的学生预计25日进里昂中法大学的消息。次日，100余名先发队员开展强占里大的斗争，结果蔡和森、李立三、陈毅等104名青年被法国政府逮捕、关押并最终遣送回国。进占里昂中法大学的斗争失败后，留法勤工俭学生的处境越发艰难。

这三次斗争使勤工俭学生明白勤工俭学无法实现，在不彻底改变社会制度的情况下个人发展没有可能，很多留法学生放弃工学主义，"因为勤工所得不能俭学，做十年八年于智识无补益，而时光可惜，若把勤工俭学当着一种主义，更为荒谬"[2]。通过勤工俭学进行科学救国、实业救国的愿望已基本破灭，"在法千余学生，均抱悲观"[3]，甚至有学生悲愤自杀。"以前的计划在现在环境中已是幻境不可达，所以到现在要改变

---

① 郭春涛：《哀忆若飞老友》，《解放日报》1946年4月23日。

② 陈毅：《我两年来旅法勤工俭学的实感（续）》，北京《晨报》1921年8月19日。

③ 祈福管主编：《聂荣臻青少年时代》，解放军出版社1988年版，第223页。

过才行"①，社会主义革命的思想像烈火一样燃烧起来②。"里大事件"后，周恩来写了长达 3 万字的长篇通讯《勤工俭学生在法之最后运命》，他在叙述了斗争全部经过后，满怀激愤地写道："途穷了，终须改换方向。势单了，力薄了，更须联合起来。马克思同昂格斯合声嚷道'世界的工人们，联合起来啊'他们如今也觉悟了'全体勤工俭学的同志们，赶快团结起来啊'"。③留在法国的汪泽楷"从这些痛切的经验教训中，深切了解了否认政权的无政府思想的错误，而接受马克思主义的革命理论了"④。李维汉认为："出现了勤工俭学界在空前规模上的新的联合和新的觉醒。"⑤萧三、陈毅等深刻认识到勤工俭学生的斗争失败是"生计为难教育不平等各种社会制度不良之结晶体"⑥，"法国的工厂生活，是寄在资本制度的下面，不容工学者有发展的余地"⑦。曾经将吴稚晖视为"圣人"的徐特立说："经过这次事件，我们就不觉转到革命方面来。"⑧当然，这样的觉醒并不是一蹴而就的。在进占里昂中法大学的行动失败后，很多失望不满的青年认为"求学"愿望落空在于行动组织者领导无方。汪泽楷被许多勤工俭学生认为没有尽到"代表"的职责，断送了勤工俭学生的求学前程，遂自取名为"裸体"，表明自己是清白无瑕的。熊志南心灰意冷、忧愤交加，自认前途渺茫，在道家思想中寻找依托，不久便发疯去世。但是，群众运动实践也淬炼了这些勤工俭学生，其中一部分人

---

①　贺培真：《留法勤工俭学日记》，湖南人民出版社 1985 年版，第 65 页。

②　王永祥等：《中国共产党旅欧支部史话》，中国青年出版社 1985 年版，第 86—87 页。

③　恩来：《勤工俭学生在法之最后运命》，天津《益世报》1921 年 12 月 23 日。

④　中国人民协商会议湖南省株洲市委员会文史资料研究委员会编：《劳人·汪泽楷》（《株州文史》第 17 辑），1993 年版，第 285—286 页。

⑤　参见李维汉：《回忆新民学会》，《历史研究》1979 年第 3 期。

⑥　《萧三文集》，新华出版社 1983 年版，第 259 页。

⑦　陈毅：《我两年来旅法勤工俭学的实感》，北京《晨报》1921 年 8 月 17 日。

⑧　徐特立：《回忆留法勤工俭学时代的若飞同志和齐生先生》，《解放日报》1946 年 4 月 23 日。

经受住考验，走向革命之路。王若飞在寄给国内的一位朋友的信中写道："我们都是同在一条路上走的人。我的生命，就是奋斗。我们当各自努力，开拓我们的生命。"[①]

　　显然，很多勤工俭学生转向社会革命道路是现实教育的结果。那么，之后应该采取什么具体行动呢？部分勤工俭学生从政治活动实践中总结斗争经验。贺培真注意到群众觉悟的问题，"群众运动是要大多数觉悟，少数觉悟，致大多数以利害相盲从，不能持久"。[②]李维汉指出，"里大事件"使大家认识到"在勤工俭学生中建立一个严格的战斗的共产主义组织的必要性"[③]赵世炎从里昂兵营出来之后[④]，到法国北方劳动，其间意识到正确的理论指导和灵活的政治手段相结合的重要性，"只会写写文章、空口说白话的书生"无法领导中国革命，"一个伟大的革命领袖必须是理论家兼实行家"。[⑤]总之，留法勤工俭学群体中的部分先进分子开始走上社会革命道路。

　　1921 年春，张申府、刘清扬、周恩来、赵世炎、陈公培在巴黎成立旅法中共早期组织。1922 年 6 月，旅欧"中国少年共产党"（以下简称旅欧"少共"）在巴黎成立，标志着中国共产党的留法勤工俭学群体形成。从旅法中共早期组织到旅欧"少共"的发展过程中，赵世炎、周恩来发挥了重要的组织协调作用，而他们二位也受到张申府的影响和

---

① 马连儒、袁钟秀：《王若飞传》，贵州人民出版社 2014 年版，第 50 页。

② 贺培真：《留法勤工俭学日记》，湖南人民出版社 1985 年版，第 59 页。

③ 李维汉：《回忆新民学会》，《历史研究》1979 年第 3 期。

④ 关于赵世炎的出营方式，至少有 4 种说法——公开手续说、换人说、名片带人说、跳墙说。具体参见中共中央党史资料征集委员会编：《共产主义小组》（下），中共党史资料出版社 1987 年版，第 968 页；《聂荣臻元帅回忆录》，解放军出版社 2005 年版，第 18 页；中共中央党史研究室科研管理部编：《赵世炎百年诞辰纪念集》，中共党史出版社 2001 年版，第 83、137 页。

⑤ 中共中央党史研究室科研管理部编：《赵世炎百年诞辰纪念集》，中共党史出版社 2001 年版，第 108 页。

带动①。旅欧"少共"是属于青年团性质的组织，但旅欧党、团组织合在一起活动，党一般以团的名义公开活动。1922 年底，旅居法国、德国的中共党员组成了中共旅欧支部。②

1923 年 2 月，旅欧"少共"改组为旅欧中国共产主义青年团，并设置了共产主义研究会、训练部等机构，通过成员通信、传阅通信集加强内部教育。③他们把"学共产主义"提到重要位置，如饥似渴地学习和研究共产主义，明确"内部训练问题——以进行共产主义研究会为最要之事"④。内部训练分为两部分进行，主要通过建立共产主义研究会和出版《共产主义研究会通信集》《共产主义教程》实施。每周六各地区、各支部召开讨论会，系统研讨马列主义理论，探讨马克思主义的哲学基础和经济学观点，尝试用马克思主义的立场观点方法分析世界与中国局势，分析中国进行共产主义革命的必然性与可行性。曾任旅欧团训练部副主任的聂荣臻后来回忆说："旅欧党团组织对训练工作抓得很紧"，"教育训练工作是很有成绩的"。⑤此外，留法勤工俭学群体在对外宣传活动中得到了淬炼。他们善于把阶级斗争和无产阶级专政结合起来，抓住了历史唯物主义的要义，使自身成长为真正的马列主义者。⑥旅欧党、团组织除了通过编辑机关报《少年》和《赤光》，在勤工俭学生和华工中进行马

---

① Ven H. J. V. D., *From Friend to Comrade: The Founding of the Chinese Communist Party, 1920–1927*, Berkeley: University of California Press, 1991, p. 76.

② 王永祥等：《中国共产党旅欧支部史话》，中国青年出版社 1985 年版，第 92 页。

③ 贾凯：《中共旅欧支部"学共产主义"述论——基于〈共产主义研究会通信集〉的考察》，《南开学报（哲学社会科学版）》2018 年第 6 期。

④ 中国社会科学院现代史研究室、中国革命博物馆党史研究室选编：《"一大"前后：中国共产党第一次代表大会前后资料选编》（一），人民出版社 1985 年版，第 433 页。

⑤ 《聂荣臻元帅回忆录》，解放军出版社 2005 年版，第 26 页。

⑥ 参见王刚：《马克思主义中国化的起源语境研究——20 世纪 30 年代前马克思主义在中国的传播及中国化》，人民出版社 2011 年版，第 85 页；鲜于浩：《论中共旅欧党团组织的内部训练》，《西南民族学院学报（哲学社会科学版）》2003 年第 2 期。

列主义宣传和普及之外，还承担了与非马克思主义思潮斗争的任务。到 1924 年，以曾琦、李璜为首的国家主义派代替无政府主义者，成为旅欧党、团组织的主要论战对象。据聂荣臻所言"每次论战，几乎都是以我们胜利、他们失败而告终"[①]，吸引了大量追求进步和真理的旅欧华人加入党、团组织，并促使旅欧党、团员研究和完善自身的马克思主义理论体系。旅欧国共合作统一战线建立后，旅欧党、团组织领导开展了声援国内五卅运动、反对帝国主义同盟代表大会等多项反帝实践活动，在一次次革命斗争中淬炼出一批职业革命家。

第三节　外部力量的指导训练与资料支持

勤工俭学生在深入法国、德国、比利时等国家的工厂工作、学校学习期间，不论是受到学校左翼人士的影响，还是与工厂工人的直接接触，他们或多或少受到马列主义熏陶和无产阶级国际主义教育。从 1923 年起，留法勤工俭学群体分批来到世界革命的"大本营"——苏联，之后接受到更为系统的政治训练。在苏联的课程学习、军事训练、工厂生产技能实习、政治活动体验，进一步强化了他们的马列主义理论和革命实务技能。留法勤工俭学群体在留法与旅莫期间既勤于自身钻研，又善于调动身边的资源，利用法共、比共、俄共（布）等外部力量的支持来弥补自身理论与实践方面的不足，拓展自身马克思主义素养，为之后领导中国革命和建构中国马克思主义话语打下了很好的基础。

一、留法期间的外部启迪与资料支持

第一次世界大战期间，欧洲遭受严重的战火侵袭，社会矛盾十分尖

---

① 《聂荣臻元帅回忆录》，解放军出版社 2005 年版，第 25 页。

锐。在俄国十月革命的影响下，法国、比利时、德国等国家出现了有利的革命形势，共产主义运动随之高涨。在列宁领导的第三国际的帮助下，这些国家建立了共产党和许多左翼革命团体。这些团体翻译和出版了许多马列主义书刊，如《共产国际》《共产党人》《俄事评论》《布尔什维克月刊》《人道报》等。当时马克思主义书刊在欧洲很流行，各国共产党广泛宣传马克思主义基本原理、介绍各国革命运动的发展情况，并编辑刊物登载第三国际的文章、文件。这些因素为留法勤工俭学生接触和学习马克思主义创造了有利条件。

一方面，欧洲国家的共产党人、左翼人士和工人阶级主动关心留法勤工俭学生。1920 年 12 月 29 日，法国社会党在都尔举行的会议上决定加入共产国际，法国共产党宣告诞生，这表现出法国工人阶级决心追随列宁领导的世界革命的意志。[①]何长工回忆当时法国工人对留法勤工俭学生的关心，包括生活和政治两个方面。他们不仅悉心教授技术，关怀中国青年的吃饭休息情况，"告诉我们工厂里哪个是坏蛋，哪个是政府派来暗地里监视工人的，工间、业余时间，还给我们讲法国工人运动的情况"。[②]此外，在由法共党员担任校长的圣雪尔旺学校，何长工得到了更多的帮助。对比在附近农场做工、学技术的同学受到的剥削，何长工感叹道，法共"在我们学校里也建立了党组织。我到这里学习真是幸运"[③]。这些勤工俭学生在做工、接触工人后能够感受工人生活的悲惨，开始受到工人阶级中流行思想的影响。陈毅因做工受伤被解雇后说："这些活生生的阶级教育，使我们站到工人阶级一边来了"，因受到法国工人中流行的社会主义思想影响而憧憬苏俄，"许多人说列宁好，希望在俄国"。[④]此外，

---

① 人民出版社编辑：《法国共产党为和平与民主而斗争》，人民出版社 1951 年版，第 1、5 页。

② 《何长工回忆录》，解放军出版社 1987 年版，第 31—32 页。

③ 《何长工回忆录》，解放军出版社 1987 年版，第 33 页。

④ 参见聂元素编辑：《陈毅早年的回忆和文稿》，四川人民出版社 1981 年版，第 35 页。

这种关怀在旅欧"少共"成立后更加明显，也就是说理论、理念映射到现实生活中。聂荣臻回忆当时德国工人中很多是党员，他们对自己非常热情，因为住房不宽敞，便把爱人、孩子打发到亲戚朋友家里，以便腾出房间安置他们。[①]总之，以法国工人为代表的欧洲无产阶级的国际主义友爱，对于勤工俭学生的思想转向和坚定共产主义信仰有着重要影响。

　　另一方面，接触共产党人和工人阶级也是部分勤工俭学生的主观愿望。赵世炎原本拟定的勤工俭学规划就包括"联系法国工人中觉悟分子，注意他们是怎么干事，学习他们组织工人、领导斗争的方法和方式"，"研究法国进步报纸杂志上所发表有关苏俄消息的文章"[②]。1921年9月"里大事件"之后，赵世炎到法国北方做工，期间与法国工人有着持续的接触。萧三回忆，中国党、团员经常参加法共组织的游行示威活动，还偶然结识了阮爱国（即后来越共领导人胡志明）。后来由阮爱国介绍，赵世炎、陈延年、陈乔年、王若飞、萧三5人加入了法共巴黎第十三区意大利广场支部，参加支部会议，交党费。1922年秋冬，旅欧"少共"发起学习运动，曾邀请法共理论家沙里·拉波波（Charles Rappoport，今译沙耳列·拉波播尔）来旅欧"少共"机关作了三四次免费演讲，介绍马克思主义的真谛、十月革命后的俄国和第三国际的状况。[③]实际上，1922年时旅欧"少共"与中共中央的联系已经建立，国内党、团中央的刊物也曾发行到旅欧华人中，萧三还把中国共产党出版的《前锋》杂志的目录译给沙里·拉波波看。此外，法共还为旅欧"少共"在法的正常活动提供便利。李富春、聂荣臻等共产党员还到法共机关报《人道报》办的夜校读书，阅读法共翻译出版的介绍俄国十月革命的书籍，并在那里同法共党员和工人一起学习和探讨政治经济学等马列主义

---

①　《聂荣臻元帅回忆录》，解放军出版社2005年版，第28页。

②　中共中央党史研究室科研管理部编：《赵世炎百年诞辰纪念集》，中共党史出版社2001年版，第105页。

③　《萧三文集》，新华出版社1983年版，第265—266页。

基础理论。^① 总之，旅欧"少共"创建时"最缺乏的仍然是马克思主义"的情况，在法共的支持和帮助下有所缓解。

在观察、接触欧洲工人阶级时，欧洲工人阶级的底层生活与资产阶级上层生活形成了鲜明的对比，让留法勤工俭学生直面资本主义社会的不公与无产阶级的苦难，而法国、比利时等国家的工人运动也在留法勤工俭学生的心里埋下了无产阶级革命的种子。张昆弟心系华工在海外的生存现状，对 290 多名华工的工作性质、工资收入、文化水平及与法国人的关系等方面进行了详细叙述和分析，最后得出结论："工人想要得到健康的衣食住，在现在这种资本制度底下，不想别的法子，无论工资增加到什么地步，都是不行的。非全世界工人全体有彻底的觉悟，把这种万恶的资本制度根本推翻不可。"^② 王若飞通过对法国工会、工人运动的实际观察和分析，领悟到"信念"和"行动方法"对于改造中国社会的极端重要性。法国记者将王若飞的《圣夏门勤工日记》全文译为法文发表，并评论道："他们思想中充满了革命的、共产主义的或布尔什维主义的原则"，"从这样的观点到在他本国采取社会行动，相距只有一步之远了"。^③ 法国、比利时等国家的工人运动给这些留法勤工俭学生提供了近距离观察工人运动的机会，成为他们学习相关革命运动知识技能的他山之石和现实教材。虽然当时法国的工人阶级还没有形成严密的组织，但法国工人罢工很常见，碰到一些不满意的事情只需商量一致后便罢工，真正有组织的大规模罢工不多。留法勤工俭学生虽然不参加他们的罢工活动^④，但观察罢工运动也是很好的学习机会，如王若飞观察法国社会的"五一节"活动实况后认为"法国大多数工人的智识，真是不足。

---

①　房维中、金冲及主编：《李富春传》，中央文献出版社 2001 年版，第 24 页；《聂荣臻元帅回忆录》，解放军出版社 2005 年版，第 25 页。

②　芝圃：《法国北海岸之华工》，上海《时事新报》1920 年 12 月 26 日。

③　张允侯等编：《留法勤工俭学运动》（一），上海人民出版社 1980 年版，第 12 页。

④　按照规定，旅法的中国勤工俭学生在工厂做工期间可以参加工厂工会，但不能参加示威游行和涉及法国政局的活动，否则就会被判定为干涉内政并处以惩罚。

我们以前由书报所闻法国如火如荼的社会运动，必有许多不实不尽的地方"①，而聂荣臻也领悟到法共当时"罢工就是练兵"的理论②。

有学者认为留法勤工俭学生的政治倾向受到欧洲共产党干预的特殊影响③，笔者认为这种影响可能不是主要的和决定性的。从现有资料来看，法国、比利时等欧洲国家的共产党人对于留法勤工俭学生的引导主要是基于朴素的无产阶级国际主义，他们的外部影响主要集中在启发阶级意识，为留法勤工俭学生学习马列主义提供便利。这并非法国、比利时工人阶级和共产党人有意为之，而是勤工俭学生进入工厂做工与欧洲工人频繁交往的必然结果。

在更广泛的近代社会思潮方面，法国是近代激进主义的发源地之一，到20世纪初期激进主义仍然是各种思潮激荡中的主调。由于第二国际开展活动的影响，整个欧洲当时都弥漫着社会主义—共产主义的氛围，五一劳动节、三八妇女节和《国际歌》确立，理论家发表大量论著，马克思主义成为社会主义的主导思想。④据聂荣臻回忆，不论是法国还是比利时，共产主义运动的影响都很大，《共产党宣言》《国家与革命》《共产主义ABC》等马列主义小册子很容易见到。⑤最后，浸染在这种运动氛围并从工学实践失败中觉醒过来的留法勤工俭学生组织起来，投入到反抗现实、抵制法国侵害中国利益、彻底改造社会的时代洪流之中。中国先进分子建立在共产主义信仰基础上的、组织化的革命建国运动，在欧

---

① 《王若飞文集》，人民出版社2014年版，第31页。

② 《聂荣臻元帅回忆录》，解放军出版社2005年版，第26页。

③ 参见［法］王枫初：《移民与政治：中国留法勤工俭学生（1919—1925）》，安延等译，北京大学出版社2016年版，第132—140页。

④ 高放：《国际共产主义运动史纲（1847—1917）》下卷，陕西师范大学出版总社2018年版，第432—435页；王学东：《纪念第二国际成立100周年学术讨论会综述》，《国际共运史研究》1989年第3期。

⑤ 《聂荣臻元帅回忆录》，解放军出版社2005年版，第20页。

洲确立了它最初的国际形态。[1] 总之，来自法国、比利时的共产党和工人阶级提供的指导和支持，对于思想转变期的留法勤工俭学群体产生了重要影响。

二、旅莫期间系统性政治训练的影响

列宁领导布尔什维克取得十月革命的胜利，将马克思主义第一次由理论变成了现实。列宁站在世界革命的高度领导制定了共产国际的战略，如 1918 年 3 月俄共（布）第七次（紧急）代表大会所指出的，"俄国革命最大的困难，最大的历史课题就是：必须解决国际任务，必须唤起国际革命，必须从我们仅仅一国的革命转变成世界革命"[2]。为实现世界社会主义革命的成功，俄共（布）和之后成立的共产国际的主要任务是传播马克思主义、输出革命，对各国共产党提供各方面的支持和指导。随着世界革命在欧洲连遭挫折，苏俄领导人将工作重心转向资本主义势力相对薄弱的远东和近东殖民地国家和地区，这便是"东方战略"。1920 年 2 月，俄共（布）中央决定"在东亚各国人民当中开展共产主义宣传的工作"[3]。随后苏俄和共产国际制定了旨在促进东方革命运动，进而呼应俄国社会主义发展的"东方战略"，指出东方落后民族的解放运动不再属于世界资产阶级民主革命的范畴，而成为世界无产阶级革命运动的同盟军，并将中国视为重点对象。他们实施"东方战略"的方式，主要有派遣代表、开驻机构、与进步知识分子和革命者接触，输送和出版各种出版物，协助发动反帝运动、纪念活动、会议等。1920 年 4 月，

---

① 参见任剑涛：《建国之惑：留学精英与现代政治的误解》，中国政法大学出版社 2012 年版，第 143—148 页。

② 《列宁选集》第 3 卷，人民出版社 2012 年版，第 439 页。

③ 中共中央党史研究室第一研究部译：《联共（布）、共产国际与中国国民革命运动（1920—1925）》，《共产国际、联共（布）与中国革命档案资料丛书》第 1 卷，中共党史出版社 2020 年版，第 36 页。

苏俄和共产国际派遣以维经斯基为首的代表团秘密来到中国，与李大钊、陈独秀等人进行接触，帮助中国共产主义者建党。

1920 年 8 月，苏俄红军东方战线第五军国际团训练干校成立，它是莫斯科东方大学的前身。1921 年初，俄共（布）中央决定组织东方训练班，10 月改名为东方劳动者共产主义大学，以期为苏俄东部各民族和东方国家培养和训练革命干部。该学校简称"东大"，斯大林为名义校长。中国较早赴莫斯科学习的是任弼时等人，他给萧三写信邀请其赴苏俄一游，该信由巴黎的华法教育会转达给萧三。一直负责与法共中央、法国青年团中央联系的萧三，经法共中央机关以及沙里·拉波波的帮助，到苏俄驻柏林大使馆取得签证得以赴俄。1922 年冬，陈独秀率领中共代表团赴莫斯科参加共产国际第四次代表大会。其间，他通过当时在莫斯科的萧三了解到在法勤工俭学生的生存环境日益恶化的情况。[①] 陈独秀决定让留欧学生分批转到东方大学学习，在争得共产国际同意后，立即通知旅欧党、团组织。1923 年 3 月，第一批旅欧党员、团员共 12 人辗转来到东大学习。第二、第三批共 37 余名旅欧党员、团员先后于 1923 年 9 月、1924 年 10 月进入东大学习。这些中国青年抵达革命"圣地"苏联开展学习和训练，自此开启职业革命家生涯。从投身留法勤工俭学运动到转向苏联"取经"有其内在逻辑，此时工团主义、无政府主义、社会主义—共产主义等思潮在法国颇有影响力，这些中国青年对于欧洲工人运动关注有加，"他们以对俄国革命的了解，确信劳工运动只能在社会主义革命建立起的社会主义国家中，才能得到真正的解决。不惟如此，国家革命与社会革命相互伴随的十月革命，乃是一场世界历史范围内最彻底的革命，是唯一可以通向无国家、无阶级的理想社会的道路"[②]。1925年 1 月到达东大的李富春明白此行目的是学习马克思主义理论、苏联革

---

① 《萧三文集》，新华出版社 1983 年版，第 99 页。

② 任剑涛：《建国之惑：留学精英与现代政治的误解》，中国政法大学出版社 2012 年版，第 146 页。

命与建设经验、军事战略技术，并将其应用于中国革命，"迫切希望向中国介绍苏维埃俄国，以便唤醒中国无产阶级的自觉性，同苏俄联合起来，为争取全人类的幸福而斗争。这就是我们的首要任务，也是我们的责任"。[1] 可见"努力研究，从早归国"的口号早已深入人心。

早在 20 世纪初，列宁撰写的《怎么办？》一文就强调职业革命家队伍建设的重要性和必要性，指出"任何革命运动，如果没有一种稳定的和能够保持继承性的领导者组织，就不能持久"，并将职业革命家分为"理论家""宣传员""鼓动员""组织者"四种类型。[2] 来自西欧的中国青年进入学校后多被分配到中国班学习，并配有翻译[3]，不与其他国家学员混合上课。开设的课程有：联共（布）党史，国际共产主义运动史，俄语和一种西方语言（英语、法语或德语），中国革命运动史，东方革命运动史，西方革命运动史，社会发展史，哲学，政治经济学（以卡·考茨基所著《马克思的经济学说》为基本教材），经济地理，列宁主义（以斯大林《论列宁主义基础》为基本教材），军事课和劳动技术课等。[4] 由于大多数人没有直接听讲外语的能力，这些中国学员的上课进度较慢。据留学中大的谢怀丹回忆，该校学生"文化水平参差不齐，有留学生、大学生、中学生，还有文盲（从法国转来的工人同学）……学校根据不同情况进行编班，分成普通班、外文班、理论班、特别班以及预备班……在普通班上课的，是没有学过俄文，尚不能听讲俄语的同学，上课要翻译。外文班分英文、法文、俄文等班。用外文授课，学生直接听讲，直接回答问题，学习进度比较快"。[5] 此外，学校课程是苏联政治文化的产

---

① 房维中、金冲及主编：《李富春传》，中央文献出版社 2001 年版，第 32—33 页。

② 《列宁选集》第 1 卷，人民出版社 2012 年版，第 366、404 页。

③ 东方大学中国班开办时翻译人才奇缺，当时访苏的记者瞿秋白、李宗武被请去担任教学翻译工作。后来，又选拔任弼时、罗亦农、王一飞等俄语成绩优秀的学生担任中国班的教学翻译。

④ 郝世昌、李亚晨：《留苏教育史稿》，黑龙江教育出版社 2001 年版，第 123 页。

⑤ 谢怀丹：《岁月展痕——一个莫斯科中山大学女生的回忆》，福建人民出版社 1991 年版，第 29 页。

物和体现，教学内容和课程设置完全侧重于苏联革命理论的灌输，认为苏联的革命和建设经验是放之四海而皆准的真理，是中国革命的未来图景，遂与中国革命的具体实际完全脱节。[①] 囿于语言障碍与课程设置的局限性，当时旅莫学员的理论学习主要依靠个人研究，但不可否认旅莫期间系统的马克思主义理论教授为他们日后从事革命工作奠定了坚实的基础。如 1924 年张伯简回国后，便根据莫斯科东方大学教材和自己的学习心得，译制了一张简明扼要、通俗易懂的社会发展史表解——《各时代社会经济结构原素表》。该表被多次印刷发行，影响甚大。1925 年，张伯简编纂的《社会进化简史》单行本在上海、广州印刷出版，成为农民运动讲习所等机构的教科书，在中国共产党早期宣传马列主义基本原理的过程中起过重要作用。[②]

值得一提的是，学员们的吃穿住医娱都由学校供给，比在西欧勤工俭学时的生活好很多。暑假期间，东大学生会统一到乡下避暑，每日做些掘地、拔草、挑土等体力劳动，接受劳动教育。1923 年暑假，在劳动之外，萧三和陈乔年根据法文、参照俄文翻译了《国际歌》，教给同学传唱，后来还将其带回国内。[③] 同时王若飞等人还到苏联的样板工厂、农村实习、参观，学习生产技能和经验。[④] 1925 年 2 月，叶挺、聂荣臻等23 人作为第一批学员，进入莫斯科的苏联红军学校，接受为期半年的秘密军事训练。他们在莫斯科野外学习战术、技术和打靶，还轮流站岗放哨，按照正规苏联红军的标准生活和训练。苏联红军学校良好的师资力量使学员受益匪浅，教官是从红军各单位抽调来的将军级别的高级指

---

①　张泽宇：《留学与革命——20 世纪 20 年代留学苏联热潮研究》，人民出版社 2009 年版，第 148—151 页。

②　王建国：《张伯简〈社会进化简史〉相关问题新探讨》，《广东党史与文献研究》2020 年第 4 期；胡一峰：《张伯简："社会发展史"的最早宣传者》，《炎黄春秋》2018 年第 4 期。

③　《萧三》，载《中国现代作家传略（上集）》，四川人民出版社 1981 年版，第 639 页。

④　参见《王若飞文集》，人民出版社 2014 年版，第 259 页。

挥官，聂荣臻回忆认为教官"有内战时期的实战经验，讲课的内容很实际，深入浅出，加上理论学习与实际训练互相穿插，近半年的学习，在军事知识方面还是有所收获的"①。

除学校活动以外，旅莫的中国学员还参加一系列政治仪式活动。政治仪式作为象征符号的集合，是"一种体现社会规范的、重复性的象征行为"②，具有规范性、重复性、象征性、神圣性等特点，是融入政治历史传统、政治情感价值的象征性活动。参加政治仪式活动，有利于提升旅莫学员对十月革命和苏联政权的认同。如来自西欧的学员到达苏联时，会被安排参观彼得格勒等地的十月革命遗迹，身临其境感受革命"现场"。1924年1月，旅莫的中国学员向列宁遗体告别，并"荣誉护灵"五分钟，萧三后来回忆说："面对着这位'大写'的人，我曾经暗自发誓，一定要把革命进行到底。"③1924年11月，聂荣臻等人应邀参观了红场庆祝十月革命的游行，亲眼看到劳动人民庆祝十月革命胜利的欢乐情景，这给他们留下了深刻印象。此外，旅莫学生还主动参与马克思主义、列宁主义在中国传播的工作。他们在东大成立三周年纪念会上听了托洛茨基的演讲，并把内容译成中文带回国，发表在《新青年》季刊第4期上。④旅莫支部还提议《新青年》出一期"列宁专号"、上海《民国日报》副刊《觉悟》出版"列宁的生活与列宁主义"，以纪念逝世的世界革命领袖，并将文章分批寄回国内。

1921年冬天，东大中国班成立了"中共旅莫组"，由中共中央直接领导，罗觉担任负责人。1923年4月28日，中共旅莫组开会，通过赵世炎、王若飞、陈延年、陈乔年、王圭、熊雄转入中共旅莫组的决议；

① 《聂荣臻元帅回忆录》，解放军出版社2005年版，第30页。
② ［美］大卫·科泽：《仪式、政治与权力》，王海洲译，江苏人民出版社2015年版，第11页。
③ 《萧三文集》，新华出版社1983年版，第275页。
④ 郑超麟译：《东方革命之意义与东方大学的职任——托洛茨基"东大"第三周年纪念会上之演说辞》，《新青年》季刊第4期，1924年12月20日。

吸收王凌汉、袁庆云为候补党员；决定成立党支部委员会，表决由罗觉、彭述之、赵世炎3人组成支部委员会。这时东大的中国班共有党员23人，团员35人。中共旅莫支部的主要任务是管理党员的训练工作，以及指导团员的训练工作。为此，中共旅莫支部设置训练部，仿照《俄共党团员教育蓝本》制定了《旅莫中国共产党支部和中国社会主义青年团支部关于训练工作的方针》，作为训练党、团员的指导文件，分别针对在国内已显露的"浪漫"、"无政府主义"和"个体主义"三类问题[1]，提出"思想和研究方面的系统化"、"行动方面的纪律化"、"个性方面的集体化"和"服务方面"4个方面34条内容。[2]内部训练形式包括组织会议、谈话和监督批评3种。支部将全部成员分成若干小组，成员每周要作谈话、看书、服务、通信等方面的个人检查报告，并上交接受组织监督，参加小组会、小组联席会、组长会议、支委会会议、支部全体大会等进行批评与自我批评、专题学习和讨论等。如1923年5月7日，旅莫支部召开临时大会，提出全体党员在学好功课的同时，还要研究一些问题，例如唯物史观、经济学、工人运动史、各种社会主义流派、殖民地问题、无产阶级的艺术、西欧的青年运动、军事问题、妇女问题、宗教问题和时事问题（苏俄、德意志、法兰西、印度和土耳其的政治、经济、文化和政党活动，法国的工团主义、意大利的法西斯主义和英国的新行会主义等）。每个党员都要选择其中的两个专题进行研究，并写成文章寄回国内，在《新青年》等党刊上发表。此外，旅莫团组织也十分重视团员的训练工作，要求研究水平较高的人常召集自由谈话会，将苏俄社会的状况和苏俄党、团的组织状况介绍给"少明了"的同志；提升为组织服务的意识，"除应努力研究（问题）之外，务要彼此发生密切关系"。[3]

---

[1] 《罗亦农文集》，人民出版社2011年版，第2页。

[2] 刘真主编，王焕琛编著：《留学教育——中国留学教育史料》第4册，台北"国立编译馆"1980年版，第1728—1732页。

[3] 参见周均伦主编：《聂荣臻年谱》上卷，人民出版社1999年版，第35页。

从干部成长角度来看，旅莫支部较为严苛的内部训练，对于懵懂转变期的共产主义青年而言，有助于消解他们的虚无感，帮助青年党员、团员形成"除了革命，别无职业"的政治认同，以及对团体工作全身心投入的行为模式，提高他们"革命的实际运动与理论并重的"能力[①]。这些训练技术在大革命后期传入中国，有助于中共开展全面的组织改造、改变建党之初组织松散的局面。[②]同时也应看到，旅莫支部的训练活动相当繁琐，占用了学员的大量时间，造成不必要的紧张气氛；旅莫支部的互相批评活动陷入对成员生活琐事和个人品性的批评，助长了教条主义，影响了学员对俄语和苏联革命理论与经验的学习，一定程度上阻碍了东大政治训练原初目标的实现，最终导致旅莫支部1926年5月被撤销。[③]

这些从西欧来的中国青年完成训练被调回国时，还要接受特殊的回国教育。共产国际直接参与他们的毕业派遣工作，学员被集中转移到秘密地点，由共产国际东方部和中共代表团的负责人开展集体或个别谈话，大意是强调中国革命形势发展很快，同学们要服从组织决定，回国积极工作。聂荣臻回忆第三国际书记向他们着重说明中国革命的性质是民主主义革命，"怕我们回国后搞'左'了"[④]。此外还有对学员的隐蔽工作训练，强调归国途中若干纪律细节，以免暴露，如不准学员单独行动，不能外出或接待客人；学员之间不准发生横向联系，甚至到食堂去

---

①　参见董焱尧、应星：《"精神气质"与中共早期党员的"训练"技术——以罗亦农及中共旅莫支部为中心》，《学海》2022年第2期。

②　参见孙会修：《旅莫支部成员的入党之路与中共早期组织建设》，《历史研究》2021年第4期；孙会修：《旅莫支部归国干部与大革命期间中共组织制度的改造》，《中共党史研究》2015年第5期。

③　参见白冰：《两个革命之间：在苏联的中国留学生（1925—1930）》，《理论月刊》2016年第1期；张泽宇：《莫斯科东方大学旅莫支部述论》，《广东社会科学》2011年第4期。

④　《聂荣臻元帅回忆录》，解放军出版社2005年版，第32页。

吃饭都不准一拥而入，要分批就餐，尽量减少横向接触等。[①] 总之，苏联和共产国际对于旅莫中国学员的教育和训练是全方位的。

综上所述，留法勤工俭学群体旅莫期间受到俄共（布）政治理论、劳动教育、军事训练、政治谈话等一系列政治训练，开始成长为理论素养较高、组织纪律严明，具备军事指挥、城市暴动、农村起义等方面技能的职业革命家，在五卅运动前后陆续回国投入中国革命洪流，其中部分成员对于中国马克思主义话语的早期建构发挥了重要作用。

---

① 郝世昌、李亚晨：《留苏教育史稿》，黑龙江教育出版社 2001 年版，第 92 页。

第二章　留法勤工俭学群体
与马克思主义文献的翻译

1920 年至 1922 年，留法勤工俭学生中的部分先进分子转向了共产主义，最终组建了旅欧党、团组织，中国共产党的留法勤工俭学群体得以形成。留法时期他们通过开展内部训练和"学共产主义"初步成为马克思主义者，并发表多篇译作。部分人经莫斯科回国途中在东方大学或中山大学接受政治训练成长为职业革命家，有人已经可以担负中共理论宣传、马克思主义传播的任务。本章通过对留法勤工俭学群体在《少年》《赤光》，以及《新青年》季刊和不定期刊、《向导》《中国青年》《中国工人》发表译文的梳理，分析这些译文的底本来源、所涉议题、词频特点，探讨该群体对马克思主义作家、文献内容的"选择性"，呈现留法勤工俭学群体建构中国马克思主义话语的原初文本基础。

第一节　在法期间留法勤工俭学群体
对马克思主义文献的翻译

日本、西欧、俄国（苏俄、苏联）是马克思主义传入中国的三大路径，其中翻译、编译文献无疑是基础性工作。马克思主义最早是由日本传入中国的，十月革命前中国知识分子已开始译介社会主义，翻译者主要是资产阶级改良派、革命派和一些无政府主义者。他们在宣传自身主张的同时，选择性译介马克思主义。在翻译马克思主义文献过程中，他们还汲取了大量的日语资源，参考了日本的译法。①除日本之外，西欧特别是法国，以及十月革命后的俄国是马克思主义文献翻译的两大渠道，这两大渠道无明显的先后之分。继早期的旅法无政府主义者吴稚晖、李石曾"无心插柳"式提及马克思主义之外，中国共产党的留法勤工俭学群体在翻译马克思主义文献方面发挥了重要作用。1922年6月之前，率先接受共产主义信仰的蔡和森出于在勤工俭学生中传播马克思主义的需要，已经开始"猛看猛译"马克思主义文献。旅欧"少共"成立之后，留法勤工俭学群体所译马克思主义文献主要刊登于《少年》《赤光》上，对旅法华人和国内民众产生了重要影响。

一、留法勤工俭学生与马克思主义文献的翻译

1919年3月17日，由华法教育会组织的第一批勤工俭学生赴法，之后近2000名中国青年先后踏上法兰西勤工俭学，马克思主义向中国广泛传播的西欧渠道自此出现，其中蔡和森与国内的毛泽东、陈独秀等人的通信，尤其是关于欧洲工人运动、建立共产党的论述，对于共产党早期组织的建立产生了一定影响，而这也是马克思主义、列宁主义相关思想和文献在中国、华人传播的过程。

（一）中共成立后马克思主义文献在中国的翻译概览

五四运动开启了传播马克思主义的新局面，马克思主义文献译介的路径被拓宽、传播阵地变大、传播内容丰富深化。②1921年7月中共成立之后，计划系统翻译马克思主义文献。9月，中共在上海组建人民出版社，其主要职责是出版发行马克思主义著作。而后又相继组建了华兴书局、上

① 陈红娟：《〈共产党宣言〉汉译本与马克思主义话语中国化研究》，科学出版社2021年版，第54页。

② 参见刘晶芳：《五四运动与马克思主义在中国的传播》，《史学集刊》2009年第2期。

海书店、湖风书局等，用以出版中共宣传物和马克思列宁主义译介品。①
除了出版马克思主义译著之外，中共还通过《新青年》《政治生活》等刊
物出版专号、特刊译载马克思主义文献，有力推动了马克思主义在中国
的传播。② 此外，还有大量的译文散见于非中共主办的期刊，如《东方杂
志》《星期评论》《政衡》《觉悟》《学灯》《少年世界》《时事新报》《建设》
《民国日报》等。据笔者不完全统计，1919 年至 1923 年相关文献中约有
120 篇译文、48 部译著是关涉马克思主义的。这 168 篇马克思主义译文或
译著，既包括了马克思、恩格斯、列宁等经典作家的著作③，还有日、法、
美、俄等各国共产党和社会主义者的著述；有 21 篇是译自马克思、恩格
斯的译作，有 18 篇翻译自列宁的著述。其中，大部分是以编译即摘译、
缩译、译述为主，全译较少。据不完全统计，全译本主要有：陈望道翻
译的《共产党宣言》，李立翻译的《劳农会之建设》（今译《苏维埃政权的
当前任务》），未署名的《劳动与资本》④，成则人（沈泽民）翻译的《讨

---

① 　参见邱少明：《文本与主义——民国马克思主义经典著作翻译史（1912—
1949）》，南京大学出版社 2014 年版，第 74—75 页。

② 　赵付科、季正聚：《中共早期报刊视域下马克思主义的传播路径及启示》，《社
会主义研究》2013 年第 2 期。

③ 　目前学界对于"马克思主义经典作家"的界定标准不一，目前有"六作家论"、
"四作家论"、"五作家论"，等等。邱少明在其著作《文本与主义——民国马克思主义经
典著作翻译史（1912—1949）》中将马克思、恩格斯、考茨基、普列汉诺夫、李卜克内西、
列宁、斯大林等纳为经典作家范畴之内。不过，中央编译局马列部和教育部社政司选编
的《马克思主义经典著作选读》，所选篇目只有马克思、恩格斯、列宁、斯大林的著作，
该书从 1999 年至 2007 年共印刷 15 次，所选篇目均未做增删。本书对"经典作家"的界
定主要参照中央编译局、教育部社政司的标准。参见马福运：《马克思主义经典文本：概
念、特点及功能分析》，《马克思主义理论学科研究》2019 年第 2 期；朱建田、谭希培：《马
克思主义经典著作和经典作家界定标准探讨》，《理论与改革》2013 年第 2 期。

④ 　今译《雇佣劳动与资本》。该译本为《雇佣劳动与资本》的第一个中译本。北
京《晨报》利用马克思 101 周年诞辰的契机开展活动时，李大钊主持编辑《新青年》第
6 卷第 5 号时也有此意，由此形成共同纪念马克思诞辰的行动。参见吕延勤主编：《马
克思主义在中国早期传播史料长编（1917—1927）》上卷，长江出版社 2020 年版，第
30 页。

论进行计划书》（今译《论无产阶级在这次革命中的任务》），李振瀛翻译的《过渡时代的经济》，WPK 翻译的《过渡时代之经济》（今译《无产阶级专政时代的经济和政治》），袁让翻译的《工钱劳动与资本》（今译《雇佣劳动与资本》），王静翻译的《共产党礼拜六》（今译《伟大的创举》），墨耕（李梅羹）翻译的《劳农政府之成功与困难》（今译《苏维埃政权的成就与困难》），李季翻译的《价值价格及利润》（今译《工资、价格和利润》），成舍我翻译的《无产阶级政治》，惟志翻译的《俄国近时的经济地位》，以及熊得山翻译的《哥达纲领批评》（今译《哥达纲领批判》）。值得注意的是，有一部分经典著作被以各种形式多次翻译，如《共产党宣言》《资本论》《哥达纲领批判》《俄国的政党和无产阶级的任务》《伟大的创举》《过渡时代的经济》。此外，还有一部分不属于经典著作的作品被多人翻译。如考茨基的《卡尔·马克思的经济学说》被渊泉（陈溥贤）、戴季陶、李汉俊、朱执信、胡汉民翻译成中文。

　　从 1919 年 3 月至 1923 年 6 月《新青年》季刊创办前，约有 139 篇译文明确标明著者。通过对这 139 篇译文的梳理，笔者大致厘清这一时期国内马克思主义译作的底本来源：译自英国的约有 12 篇，译自法国的约有 3 篇，译自俄国的约有 29 篇，译自德国的约有 27 篇，译自日本的约有 50 篇，译自其他国家的约有 5 篇。其中，译自日本的马克思主义译作数量最多，约占这一时期译文总数的 35.97%；俄国次之，约占 20.86%；来自马克思出生地德国的仅次于俄国，约占 19.42%。可见，1919 年之后日本和俄国的文献在马克思主义翻译和传播的过程中起到了重要的作用。其中日本社会主义者的著述主要分为两类：一是对马克思、恩格斯经典著作基本原理的转述，如河上肇《见于〈共产党宣言〉中底唯物史观》《见于〈资本论〉的唯物史观》《马克思底唯物史观》等文章，就是基于《共产党宣言》《资本论》写作的，这些文章被陈溥贤、周佛海、李汉俊、陈望道、邝摩汉、施存统、李达等人翻译为中文。二是对日译本马克思主义经典著作的"再译"，如陈望道译的《共产党宣言》

所参考的底本即是日文本。^①之所以出现这种现象可能与译者的留日背景、经典著作获得渠道较少有关。李达、李汉俊、陈望道、施存统和周佛海都是留学日本的，他们通过日本马克思主义著述而接触马克思主义，还经常同日本社会主义者通信，以获取日本马克思主义的最新动态。^②李达回忆说："当时马克思、恩格斯的著作很少翻过来，我们只是从日文上看到一些。"^③我们可以大致判断，这些留日知识分子日常接触到的多为日本社会主义者的著述，因而马克思、恩格斯本人的著作很少翻译成中文。总之，早期中国知识精英主要是被动转译日本的马克思主义文献。

至于俄国渠道，随着俄国十月革命思想影响的深入，国内的报刊开始集中译介苏俄的文章，比如《新青年》《曙光》《共产党》等。《曙光》杂志从 1920 年开始大量登载介绍苏俄的文章以及列宁著作的译文。同年 9 月 1 日，《新青年》第 8 卷第 1 号开辟《俄罗斯研究》专栏，专门译介俄国的马克思主义。这些文章大多数来源于 *Soviet Russia*^④，胡适感慨"《新青年》差不多成了 Soviet Russia 的汉译本"^⑤。非独《新青年》如此，《曙光》《东方杂志》《共产党》中许多有关苏俄的译文中，也注明来自 *Soviet Russia*。譬如《新青年》第 8 卷第 4 号所载李振瀛翻译的《过渡时代的经济》，和 WPK 在《曙光》第 2 卷第 1 号发表的《过渡时代之经济》，都译自 *Soviet Russia*。不过当代日本学者石川祯浩有不同的观点，他认为

---

① 参见陈红娟：《版本源流与底本甄别：陈望道〈共产党宣言〉文本考辨》，《中共党史研究》2016 年第 3 期。

② 参见田子渝等：《马克思主义在中国初期传播史（1918—1922）》，学习出版社 2012 年版，第 87—93 页。

③ 中国社会科学院现代史研究室、中国革命博物馆党史研究室选编：《"一大"前后：中国共产党第一次代表大会前后资料选编》（二），人民出版社 1980 年版，第 52 页。

④ *Soviet Russia*（《苏维埃·俄罗斯》）是纽约的苏俄政府办事处（Russian Soviet Government Bureau）的机关刊物，出刊期为一周。参见［日］石川祯浩：《中国共产党成立史》，袁广泉译，中国社会科学出版社 2006 年版，第 40 页。

⑤ 耿云志、欧阳哲生编：《胡适书信集》上册，北京大学出版社 1996 年版，第 265 页。

这一时期译自欧美社会主义刊物的比重较大：不仅有 *Soviet Russia*，还有美国社会主义刊物《阶级斗争》（*The Class Struggle*）、美国统一共产党的党刊《共产党》（*The Communist*）、美国的综合性期刊《民族》杂志（*The nation*）等。他进而指出，1920 年下半年以后传入中国的布尔什维克主义文献，并非直接来源于苏俄，而是来自欧美的英语文献。缘由是当时中俄交通因西伯利亚和远东地区的内战而时常处于隔绝状态，北京政府对于有关革命的消息进行管制，使得俄国的书籍难以流入中国。①

1921 年之后的译文数量明显增长，可能是因为同年成立的人民出版社出版各种马克思主义著作。1921 年 9 月，《新青年》第 9 卷第 5 号刊载了人民出版社的通告，通告中列出预计出版的书籍，包括"马克思全书""列宁全书""康民尼斯特丛书"以及其他有关马克思主义的论著，共约 49 种。其中《工钱劳动与资本》《共产党宣言》《资本论》《劳农会之建设》《讨论进行计划书》《共产党计划》《俄国共产党党纲》《国际劳动运动中之重要时事问题》已出版，《列宁传》《国家与革命》《共产党星期六》已经付印，其余均在编译之中，预计年内完全出版。人民出版社宣称，因新主义和新学说盛行，翻译和出版这些书籍是为了"一面为信仰不坚者祛除根本上的疑惑，一面和海内外同志图谋精神上的团结"②。中共诞生之前，由于大部分马克思主义文献是被节译到中国的，很多倾向于马克思主义的人甚至是中共党员对于理论也未有系统的了解，因此系统翻译马克思主义著作，有助于早期中共党员提高马克思主义理论水平，从而树立坚定的理想信仰。

（二）1921 年 9 月前蔡和森的翻译

马克思主义文献被译介到中国的过程不是机械的、独立的，而是交叉配合、相互影响的，呈现出一定的互动性。如周恩来赴法前曾阅读过

---

① 参见［日］石川祯浩：《中国共产党成立史》，袁广泉译，中国社会科学出版社 2006 年版，第 46—48 页。

② 《人民出版社通告》，《新青年》第 9 卷第 5 号，1921 年 9 月 1 日。

《新青年》杂志社出版的《共产党宣言》、《阶级斗争》和《十月革命》译本。①马克思主义传入中国的西欧路径主要依靠于留法勤工俭学生，他们身处马克思主义的发轫地、资本帝国主义统治的大本营——西欧，从理论上说能够最大程度还原马克思主义的初始语境。他们获取马克思主义文献的渠道更加多元，不但能接触到英、法、德文的马克思主义文本，而且通过《人道报》、《共产国际》和《国际通信》（今译《国际新闻通讯》）等报刊了解各国工人运动和各国共产党的论著，因而可供选择翻译的马克思主义文本更加丰富。

在 1922 年 6 月旅欧"少共"成立即留法勤工俭学群体形成之前，留法勤工俭学生中的先驱蔡和森已经开始"猛看猛译"马列主义文献。早在五四运动前，旅京的蔡和森在李大钊的影响下，开始了解马克思主义和俄国十月革命的经验。②据唐铎回忆：蔡和森接触马克思列宁主义之后，认为列宁思想比墨子更深刻、更广泛，因而很少再谈论墨子，而是谈论十月革命、布尔什维克主义和劳农专政。③在 1918 年 8 月 21 日、1919 年 7 月 24 日给毛泽东的信中，他懵懂地表达对列宁学说、苏俄革命的认可："若天下治乱，其转移在于一心，人之贡献于人道，其功过不在形迹之上。果为君子，无善不可为，即无恶不可为，只计大体之功利，不计小己之利害。墨翟倡之，近来俄之列宁颇能行之，弟愿则而效之"，"吾人之穷极目的，惟在冲决世界之层层网罗，造出自由之人格，自由之地位，自由之事功，加倍放大列宁与茅原华三（此二人亦不审其果有价值否，暂以为近人近事而假借之。）之所为，然后始可称发展如

———————

①　清华大学中共党史教研组编：《赴法勤工俭学运动史料》第 3 册，北京出版社 1981 年版，第 399 页。

②　中共双峰县委宣传部编：《怀念蔡和森同志》，湖南人民出版社 1980 年版，第 7—8 页。

③　中共双峰县委宣传部编：《怀念蔡和森同志》，湖南人民出版社 1980 年版，第 39 页。

量"。① 显然，蔡和森已经感性地初步倾向于列宁的学说和十月革命。

蔡和森于 1919 年 12 月 25 日从上海赴法，经过 35 天的航海旅行抵达法国马赛，1920 年 2 月 7 日抵达蒙达尼。② 蔡和森之后没有进工厂做工，而是起早贪黑、废寝忘食地学习法文，据说不到四个月就能看法文报纸了。③ 1920 年 5 月 28 日，他在给毛泽东的信中说："日看法文报一节，因校中功课浅，及求知欲切，决不上课，日惟手字典一册，报纸两页，以为常。"④ 同时，蔡和森搜集了一些关于马克思主义以及各国革命运动的小册子，这有赖于蒙达尼的法国社会党人的帮助，据唐铎回忆："男子中学的副校长沙情博士，是法国社会党人，比较同情我们，使我们除了学习法文之外，还可以读到一些介绍社会主义的著作，法国共产党人主办的《人道报》，以及《时报》《平民报》等进步报刊。"⑤ 我们可以推断，蔡和森"猛看猛译"的便是这些文献资料。

蔡和森赴法后半年多的时间里，翻译了不少马克思主义著作和各国共产主义运动资料。据李维汉、唐铎回忆，他从法文翻译了《共产党宣言》《社会主义从空想到科学的发展》《国家与革命》《无产阶级革命与叛徒考茨基》《共产主义运动中的"左派"幼稚病》和若干宣传十月革命的小册子。⑥ 不难看出，蔡和森对列宁的新著作较为关注。除《共产党宣言》《社会主义从空想到科学的发展》这两篇属于马克思、恩格斯的经典著作外，《国家与革命》《无产阶级革命与叛徒考茨基》由列宁写

---

① 《蔡和森文集》（上），人民出版社 2013 年版，第 9、27 页。

② 李永春编著：《蔡和森年谱》，湘潭大学出版社 2008 年版，第 53、55 页。

③ 中共双峰县委宣传部编：《怀念蔡和森同志》，湖南人民出版社 1980 年版，第 7 页。

④ 《蔡和森文集》（上），人民出版社 2013 年版，第 32 页。

⑤ 中共双峰县委宣传部编：《怀念蔡和森同志》，湖南人民出版社 1980 年版，第 41 页。

⑥ 参见中共双峰县委宣传部编：《怀念蔡和森同志》，湖南人民出版社 1980 年版，第 10 页；唐铎：《回忆五四时期的留法勤工俭学运动》（1979 年 4 月 10 日），载江西现代史研究会筹备小组：《现代史研究资料》第 1 期，1979 年翻印。

作，首次出版于 1918 年，而《共产主义运动中的"左派"幼稚病》完成于 1920 年，均属于当时最新的马克思主义著作。从这几本小册子的内容看，蔡和森较为关注现实的革命路径，这与中国救亡图存的时代主题有关。《共产党宣言》主要介绍了马克思主义的阶级斗争学说，论证资本主义必然灭亡而共产主义必然胜利的规律，指出无产阶级的历史使命，说明了无产阶级政党共产党的性质、目的、特征以及共产主义的特征；《社会主义从空想到科学的发展》由恩格斯创作，主要阐述了科学社会主义产生的历史条件、理论基础，深刻剖析了资本主义基本矛盾，论证科学社会主义代替资本主义的必然性及其步骤；《国家与革命》由列宁创作，总结了各国无产阶级革命的经验，特别是俄国 1905 年和 1917 年二月革命的经验，论述了无产阶级必须通过暴力打破资本主义国家的暴力机器而建立无产阶级的新兴国家；在《无产阶级革命和叛徒考茨基》中，列宁分析考茨基对马克思主义和无产阶级专政理论的歪曲和背叛，指出"无产阶级的革命专政是由无产阶级对资产阶级采用暴力手段来获得和维持的政权，是不受任何法律约束的政权"[1]；《共产主义运动中的"左派"幼稚病》阐述了俄国十月革命经验的普遍意义，分析了各国共产党成立初期的各类"左派"幼稚病。列宁批判这些"左"倾观点，旨在帮助各国共产主义者认识错误产生的根源。

　　蔡和森翻译的这 5 篇马克思列宁主义经典著作，基本都是关于什么是共产主义、实现共产主义的方法步骤、无产阶级专政的实质与形式的。除经典著作之外，蔡和森还翻译了有关各国革命运动的资料。在 1920 年 8 月 13 日致毛泽东的信中，蔡和森写道："现搜集各种重要小册子约百种，拟编译一种传播运动的丛书。"丛书内容主要包括：世界革命运动之大势、无产阶级革命运动之四种利器、世界革命之联络与方法、俄罗斯革命后之详情。他通过研究、比较各种主义，认为社会主义是改造世界对症之方，中国也不例外，而要实现社会主义，必须通过阶

---

　　① 列宁：《无产阶级革命和叛徒考茨基》，人民出版社 1964 年 9 月版，第 9 页。

级斗争实现无产阶级专政。[①]尹宽和李维汉的回忆也可印证："蔡和森这个怪杰，一到法国就不想进工厂，也不肯随班学法文，囚首垢面地高说马克思主义，开口闭口是无产阶级专政。除开会外，他终日抱着'法华新字典'，找僻静处看书"[②]，他"对当时社会上流行的各种主义进行反复比较，对当时不少人信奉的无政府主义，尤其作了研究。他得出的结论是，无政府主义不过是欺世盗名之谈，根本不能救中国"[③]。可见，此时的蔡和森已经成为一个马克思主义者，认为要改造中国社会非走俄国革命道路不可。

当时大多数勤工俭学生抱着"教育救国""实业救国"的愿望来到法国，有些还深受无政府主义影响。在法国的新民学会内部思想倾向不一，既有主张温和革命论的萧子升，也有激进马克思派的蔡和森。大多数勤工俭学生最初很少阅读马列主义著作，更倾向于改造社会应该从教育入手的思路，对于共产主义的理解停留在人人读书、人人劳动、不要纪律、不要政府的层次。蔡和森在成为一名共产主义战士之后，向在法青年积极讲解为何无政府主义不具可行性，一个人的行动不能不受到周围环境的约束，不能不受到社会纪律的限制，不受任何纪律限制的自由是不存在的，等等。[④]蔡和森作为勤工俭学生中的马克思主义者，不认可无政府主义者所谓的"共产主义"具有现实可行性，他通过汲取俄国革命经验、观察世界革命趋势已经对共产主义有了比较清晰的认知；认为共产主义绝不会自然而然到来，需要无产阶级发挥主动精神，需要无产阶级政党集中统一的领导，需要实行无产阶级专政。总而言之，对于共产主义这一改造社会的科学路径的关注，是1922年6月旅欧"少共"成

---

①　《蔡和森文集》（上），人民出版社2013年版，第55—56页。

②　《尹宽回忆赴法勤工俭学和到莫斯科东方劳动大学学习的经过》，《芜湖党史资料》1983年第4期。

③　中共双峰县委宣传部编：《怀念蔡和森同志》，湖南人民出版社1980年版，第8页。

④　《萧三文集》，新华出版社1983年版，第84页。

立前蔡和森翻译马克思主义文献的问题指向。

二、《少年》《赤光》所载译文概况

1922 年 8 月，旅欧党、团组织创办机关刊物《少年》，创刊一是为了加强内部的共产主义研讨，二是为了影响和争取留法勤工俭学青年。1923 年 3 月周恩来在向团中央作的汇报中提道：无政府主义者、基督教青年会分别编辑的刊物《工余》《青年会星期报》误导中国青年，是我们宣传共产主义的障碍；我们有宣传第三国际、中共方针战略和共产主义基本原理的必要，但是很多勤工俭学生不懂法文，所以决定创办《少年》月刊。[①]《少年》最初由陈延年、陈乔年负责刻版、印刷，限于人力、财力关系，印数很少。目前仅见第 2—13 期，其中第 2—11 期和第 13 期较为完整。1923 年 6 月，旅欧党、团组织决定创办新的刊物《赤光》，代替《少年》。1924 年 2 月 1 日，《赤光》创刊号发行，当时的定位是半月刊。目前所见《赤光》比较完整的有 16 期[②]，该刊物在宣传中共主张、国民革命方面发挥了重要作用。

为指导旅法华人的革命实践、宣传共产主义，旅欧党、团组织翻译了大量与马克思主义、共产国际以及各国共产主义运动相关的文章。如果把《赤光》第 28 期"中山逝世专号"所载的系列悼文、电文也计算在内的话，《少年》《赤光》所载马克思主义相关译文共计 37 篇，具体如表 2-1 所示。

---

① 《周恩来早期文集（一九一二年十月——一九二四年六月）》下卷，中央文献出版社、南开大学出版社 1998 年版，第 502 页。

② 有学者近来在法国国立海外档案馆内发现了此前已经"失传"的第 50、53 和 55 期原件，据其所言现存《赤光》的期数由 19 期增加至 22 期，已知的最后一期由第 54 期推进至第 55 期。具体参见蒋杰：《法国新见〈赤光〉杂志第 50、53 及 55 期概况——兼论主编人员更替与杂志流传》，《史林》2022 年第 5 期。

表 2-1 留法勤工俭学群体在《少年》《赤光》上发表的译文概况

篇名	著者	译者	所载刊期	原文来源	备注
《告少年》	列宁	—	《少年》第 2、3、4、6 号，1922 年 9 月 1 日、10 月 1 日、11 月 15 日、12 月 15 日。	—	从《少年》第 1 号开始连载，现第 1 号已遗失，未注明"译"，但笔者根据已有资料推断这是列宁《青年团的任务》的最早汉译本。
《赤俄最近之经济状况》	瓦伽（Eugène Varga）	允常（谢唯进）	《少年》第 2 号，1922 年 9 月 1 日。	1922 年 8 月 10 日巴黎《人道报》所载 "La crise del'économie russe"。	编译；文中提到该文最初刊于《国际通信》，后又被转载于 1922 年 8 月 10 日巴黎《人道报》，根据语境判断译自《人道报》所载版本。
《共产国际执行委员会驱逐法伯宣言》	—	红鸿（张伯简）	《少年》第 2 号，1922 年 9 月 1 日。	1922 年 6 月 7 日《国际通信》第 2 卷第 45 期所载 "Statement of the E.C.of the Comintern on the Exclusion of Fabre"。	摘译，文未注明翻译底本来源。
《少年国际纪念日——本年为九月三日——（少年共产国际执行委员会的一个通告）》	—	—	《少年》第 2 号，1922 年 9 月 1 日。		—
《赤色国际工联（I.S.R.）的通告（召集第二次国际会议）——告所有属于赤色国际工联的组织》	Lozovski（娄佐维斯基）	奈因（赵光宸）	《少年》第 2 号，1922 年 9 月 1 日。	根据内容推断译自 1922 年 8 月 8 日《国际通信》第 2 卷第 66 期所载 "To All the Organizations Affiliated With the Red International of Labor Unions"。	原作者应为 Lozovsky，今译洛佐夫斯基（1878—1952），他 1921 年至 1937 年任赤色职工国际总书记，曾多次当选共产国际执行委员会委员、主席团成员。
《革命的战略》	托洛斯基	允常（谢唯进）	《少年》第 3 号，1922 年 10 月 1 日。	托洛茨基的 Nouvelle Étape。	节译，译文注：摘译自托洛斯基的著作 Nouvelle Étape。
《现在的责任——共产国际执行委员会给德法无产阶级和国际工人阶级的通告》	—	—	《少年》第 3 号，1922 年 10 月 1 日。	根据内容推断译自 1922 年 9 月 2 日《国际通信》第 2 卷第 77 期所载 "To the German and French Proletariat! To the International Working Class!" 一文。	这是共产国际执行委员会 1922 年 9 月 2 日发出的通告；文中未注明"译"，根据内容的推断为译文。

篇 名	著 者	译 者	所载刊期	原文来源	备 注
《莫斯科的判决案——共产国际执行委员会的通告》	—	—	《少年》第 3 号，1922 年 10 月 1 日。	—	这是共产国际执委会 1922 年 8 月 8 日发出的通告；文中未注明"译"，根据内容推断为译文。
《共产国际第四次会议日程（从十一月七日开始）》	—	—	《少年》第 3 号，1922 年 10 月 1 日。	根据内容推断译自 1922 年 9 月 26 日《国际通信》第 2 卷第 82 期所载 "Agendaofthe Ⅳ．Congress of the Communist International"。	文中未注明"译"，根据内容推断为译文。
《少年国际第三次世界会议》	—	—	《少年》第 3 号，1922 年 10 月 1 日。	根据内容推断译自 1922 年 11 月 10 日《国际通信》第 2 卷第 97 期所载 "The Agenda of the Ⅲ Congress of the Communist Youth International"。	文中未注明"译"，根据内容推断为译文。
《美国劳动同盟》	Wm.Z.Foster	允常（谢唯进）	《少年》第 3 号，1922 年 10 月 1 日。	根据内容推断译自 1922 年 7 月 17 日《国际通信》第 2 卷第 57 期所载 "The American Federation of Labor Convention"。	原作者今译名威廉·福斯特。
《哈佛罢工的经过》	—	允常（谢唯进）	《少年》第 4 号，1922 年 11 月 15 日。	—	—
《五年的奋斗》	Victor Serge	W.	《少年》第 5 号，1922 年 12 月 1 日。	根据内容推断译自 1922 年 11 月 7 日《国际通信》第 2 卷第 96 期"俄国革命五周年特刊号"所载 "Five Years"。	原作者今译名维克托·塞尔吉，俄国革命家、作家。
《俄罗斯革命中的不朽》	季诺维埃甫	L.	《少年》第 5 号，1922 年 12 月 1 日。	根据内容推断译自 1922 年 11 月 7 日《国际通信》第 2 卷第 96 期"俄国革命五周年特刊号"所载 "The Immoral in the Russian Revolution"。	—

篇名	著者	译者	所载刊期	原文来源	备注
《十月革命和共产国际第四次世界会议》	托洛斯基	飞飞（周恩来）	《少年》第5号，1922年12月1日。	根据内容推断译自1922年11月3日《国际通信》第2卷第95号所载 "The October Revolution and the Ⅳ. World Congress of the Communist International"。	—
《什么是无产阶级专政？》	A.Lozovsky	石人（尹宽）	《少年》第7号，1923年3月1日。	这是《无政府工团主义者与红工团国际》的摘译文，译自1922年7月《共产国际》第21期。	摘译；文末附译者说明。
《马克思主义辩证法底几个规律》	V.Adoralsky	石夫（尹宽）	《少年》第7号，1923年3月1日。	—	节译。原作者应写作V.V.Adoratskij，今译名弗拉基米尔·维克多洛维奇·阿多拉茨基，曾任联共（布）中央委员会马列研究院院长等职务。
《国际共产党党纲底草案》	布哈林	石人（尹宽）	《少年》第8、9号，1923年4月1日、5月1日。	—	翻译者作多处批注。
《马克思——共产主义创造者》	杜诺瓦	赤君（《赤光》编辑）	《少年》第9号，1923年5月1日。	根据内容推断译自1923年3月18日《人道报》所载 "Karl Marx, fondateur du Communisme"。	摘译。
《无产教化》	波浪斯基（Polansky）	丝连（郑超麟）	《少年》第9号，1923年5月1日。	—	—
《片山潜演说》	片山潜	雷音（王若飞）	《少年》第9号，1923年5月1日。	—	节译自片山潜在莫斯科的演说。
《历史要变更到无产阶级专政》	马克思	石人（尹宽）	《少年》第10号，1923年7月1日。	《国际通信》。	文中注明摘译自《国际通信》上的《法兰西内乱》。
《离开政治的性质》	马克思	抱今	《少年》第10号，1923年7月1日。	—	今译《政治冷淡主义》。

篇 名	著 者	译 者	所载刊期	原文来源	备 注
《最近的国际青年运动》	白特诺魏青（讲）	列门泽夫	《少年》第10号，1923年7月1日。	—	时任青年共产国际东方部主任白特诺魏青向"旅俄中国共产主义青年团"作的演讲。"列门泽夫"可能是旅莫的中国党员使用的俄文名。
《十一月七日——俄罗斯无产阶级革命六周纪念》	—	拾遗	《少年》第13号，1923年12月10日。	—	未注明出处。
《苏维埃联邦底宪法》	—	匀锐（熊锐）	《少年》第13号，1923年12月10日。	1923年8月2日《国际通信》第3卷第54期所载"The Constitution of the Union of Socialist Soviet Republics"。	摘译：原文注明译自《国际通信》第28号，据笔者考证实际出自该刊第3卷第54期（1923年8月2日）。
《权力底原理》	昂格斯	抱今	《少年》第13号，1923年12月10日。	—	今译《论权威》，该译文是恩格斯这部著作的最早汉译本。
《无政府主义者与无政府工团主义者——对世界无政府党人的宣言》	—	匀锐（熊锐）	《少年》第13号，1923年12月10日。	—	译文中注：1923年6月14日寄自莫斯科。
《"北京反帝国主义大同盟"》	杜洛茨基	—	《赤光》第17期，1924年10月15日。	根据内容判断译自1924年10月4日《人道报》所载"La Russie solidaire des opprimés de Chine"。	—
《告被压迫人民》	—	—	《赤光》第18期，1924年11月1日。	根据内容判断译自1924年10月13日《人道报》所载"Aux peuples opprimés"。	—
《共产党人歌》	—	恩甫（即恩甫）	《赤光》第19期，1924年11月7日。	—	—
《我们的反对者之苏俄现状谈》	—	恩甫（即恩甫）	《赤光》第21、22期合刊，1924年12月15日、1925年1月1日。	根据内容判断译自1924年11月10日《人道报》所载"Une Interview de Fimmen sur son voyage en Russie"。	—

篇　名	著者	译者	所载刊期	原文来源	备　注
《中山逝世与国民党——中山将死之前一日致国民党中央执行委员会书》	—	—	《赤光》第28期（中山逝世专号），1925年4月1日。	莫斯科《真理报》。	—
《中山逝世与苏联——中山将死之前一日致苏联中央执行委员会书》	—	—	《赤光》第28期（中山逝世专号），1925年4月1日。	莫斯科《真理报》。	—
《中山逝世后之中国国民党与国际共产党——国民党中央执行委员会于中山死后致国际共产党委员会季诺维埃夫及俄国共产党总书记史大林电》	—	—	《赤光》第28期（中山逝世专号），1925年4月1日。	1925年3月13日莫斯科《真理报》。	—
《中山逝世与国际共产党》	—	—	《赤光》第28期（中山逝世专号），1925年4月1日。	《国际通信》，莫斯科《真理报》。	包括三部分内容，其中前两部分译自《国际通信》《真理报》，第三部分未说明。
《中山逝世与各国共产党》	—	—	《赤光》第28期（中山逝世专号），1925年4月1日	部分译自莫斯科《真理报》。	其中第一部分《俄国共产党中央执行委员会复国民党中央委员会电》译自莫斯科《真理报》，其他内容不详。

说明：译者为旅欧党、团组织成员或旅莫的前旅欧党、团组织成员。表格为笔者根据《少年》《赤光》所有刊期、《人道报》和《国际通信》相关刊期内容整理。

通过上表梳理可知,《少年》《赤光》刊载的译文大致可以归为以下三类。

一是马克思主义理论相关的译文,包括:译自托洛茨基 *Nouvelle Étape* 一部分内容的《革命的战略》,洛戈夫斯基(A. Lozovsky)的《什么是无产阶级专政?》,阿多拉茨基(V. V. Adoratskij)的《马克思主义辩证法底几个规律》,波浪斯基(Polansky)的《无产教化》,马克思的《历史要走到无产阶级专政》和《离开政治的性质》[①],恩格斯的《权力底原理》[②]。还有马克思主义先驱生平的译介文,如《赤光》编辑摘译的《马克思——共产主义创造者》一文,既介绍了马克思本人的生平,又概述了马克思的基本理论。整体来看,受版面限制,译文以摘译和节译为主。

二是共产国际、少年共产国际、赤色职工国际、俄国共产主义青年团的相关文件,包括《共产国际执行委员会驱逐法伯宣言》《现在的责任——共产国际执行委员会给德法无产阶级和国际工人阶级的通告》《莫斯科的判决案——共产国际执行委员会的通告》《少年国际第三次世界会议》,张伯简翻译的《少年国际纪念日——本年为九月三日——(少年共产国际执行委员会的一个通告)》,署名为奈因的《赤国际工联(I.S.R.)的通告(召集第二次国际会议)——告所有属于赤国际工联的组织》,尹宽翻译的《国际共产党党纲底草案》。值得一提的是,还有一篇学界不甚关注、无署名的译文——连载在《少年》第2、3、4、6号的列宁讲话《告少年》,今译为《青年团的任务》,这是1920年10月2日列宁在俄国共产主义青年团第三次代表大会上的讲话,该译文很可能是列宁这篇重要讲话的首个汉译本。

三是俄国十月革命、国际共产主义运动情况相关译文,如谢唯进翻

① 《历史要走到无产阶级专政》是马克思 1871 年撰写的《法兰西内战》的一部分,《离开政治的性质》今译《政治冷淡主义》。

② 《少年》目前仅见第 2—13 期。《权力底原理》今译为《论权威》,登载于第 13 期,这很可能是恩格斯这篇著作的首个汉译本。

译的《赤俄最近之经济状况》《美国劳动同盟》《哈佛罢工的经过》，W. 和
L. 分别翻译的《五年的奋斗》和《俄罗斯革命中的不朽》，拾遗翻译的
《十一月七日——俄罗斯无产阶级革命六周纪念》，周恩来翻译的《十月
革命和共产国际第四次世界会议》，王若飞翻译的《片山潜底演说》[1]，列
门泽夫翻译的《最近的国际青年运动》，熊锐翻译的《苏维埃联邦底新
宪法》。另外还有刊载在《赤光》上的 4 篇：《"北京反帝国主义大同盟"》
《告被压迫人民》《我们的反对者之苏俄现状谈》《中山逝世与国民党》系
列电文等。还有难以归类的译文，如田愚甫所译诗歌《共产党人歌》。[2]

　　从原文来源上看，除了明确注明译自马克思、恩格斯、列宁、托洛
茨基的著作和一些来源不详的文章之外，基本来自共产国际和各国共
产党的报刊。如《人道报》《真理报》《共产国际》《国际通信》《少年国
际》。就已确认来源的译文来看，译自法共《人道报》的共有 5 篇，分别
是《赤俄最近之经济状况》、《马克思——共产主义创造者》、《告被压迫
人民》、《我们的反对者之苏俄现状谈》以及《赤光》第 17 期的《"北京
反帝国主义大同盟"》。译自《真理报》的是《中山逝世与国民党》等若
干电文。还有 1 篇译自《共产国际》，其余来源于《国际通信》。在《共
产国际执行委员会驱逐法伯宣言》《历史要走到无产阶级专政》《苏维埃
联邦底新宪法》这 3 篇译文中，译者明确注明译自《国际通信》，还有几
篇译文虽然没有提及原文，但基本上也可以判断是相同来源。例如，《少
年》第 3 号的《美国劳动同盟》和《少年》第 5 号的《五年的奋斗》《俄
罗斯革命中的不朽》两篇译文，由于后两篇发表在同一期《少年》且原
文都刊载在同一期《国际通信》上，再比较《少年》译文、《国际通信》
原文的内容，基本可以判断《美国劳动同盟》《五年的奋斗》《俄罗斯革
命中的不朽》这 3 篇文章译自《国际通信》。综上，《少年》《赤光》上

---

① 原文系片山潜出席"旅俄中国共产主义青年团"会议时作的演讲。

② 参见贾凯：《中共旅欧支部与马克思主义文献的翻译》，《厦门大学学报（哲学
社会科学版）》2019 年第 2 期。

译自《国际通信》的译文约有 12 篇，约占译文总数的三分之一。

三、《少年》《赤光》所载译文的主要内容

留法勤工俭学群体于《少年》《赤光》上刊载的多篇译文主要涉及三个方面，包含对马克思主义基本原理、苏俄革命经验和各国共产主义运动现状的译介。

（一）介绍马克思主义基本原理

梳理马克思思想的发展脉络，基于辩证法对于资本主义进行剖析，批判巴枯宁主义、蒲鲁东学说。相关译文主要有 3 篇——《马克思——共产主义创造者》《马克思主义辩证法底几个规律》《离开政治的性质》，原文作者分别是杜诺瓦、阿多拉茨基、马克思。这 3 篇译文从不同角度阐释了马克思如何创立科学社会主义理论：马克思思想的重要组成部分，基于辩证法对于资本主义社会的剖析，马克思对巴枯宁主义和蒲鲁东的批判。

第一，梳理和介绍马克思思想的组成部分。《马克思——共产主义创造者》对马克思理论的脉络进行梳理，简要介绍了马克思主义理论的经典著作和重要内容。此外还强调了马克思主义的很多基本原理：马克思的经济学说之所以与其他经济学家不同，根本在于价值定义的不同，资本家生产的秘密在于剥夺工人剩余劳动；资本主义发展的直接后果是资本集中。一方面，工人阶级愈加贫困，另一方面工人阶级的反抗力也不断扩大。[①]

第二，基于马克思主义辩证法规律剖析资本主义。《马克思主义辩证法底几个规律》介绍了马克思辩证法的几个定律：社会意识不是先验的，而由真实的社会构造和人们的生存条件所决定的；普遍性和特殊性

---

① 杜诺瓦：《马克思——共产主义创造者》，赤君摘译，《少年》第 9 号，1923 年 5 月 1 日。

决定了各国革命和阶级斗争的差异性；要坚持运动观点，透过现象看本质；理论与实际相结合，不应只通过眼睛、头脑去观察、思考斗争，要加入现实的斗争之中，并从中汲取应有的教训；事物的本质绝对不是抽象的而是具体的，"凡真实都是具体的"。[①]

第三，批判巴枯宁主义、蒲鲁东学说。马克思在《离开政治的性质》一文中批判了巴枯宁主义：政治改良行为蕴含承认现存资产阶级国家之意，这是对共产主义原理的违背；劳动者罢工如果只是为了争取增加工资，便是对资本主义工资制度的承认，这与工人阶级解放的原理相违背。马克思还着力批判了蒲鲁东的学说，指出蒲鲁东主张的谬误在于：认为工人内心决定商品；反对自由竞争，认为允许结社的法律是不对的、反经济的，与维护社会秩序相违背；认为提高工人待遇和地位，会挑动有产阶级来仇恨工人阶级。[②]翻译这些批判巴枯宁主义、蒲鲁东学说的著作，旨在清除旅欧党、团员前期的无政府主义思想残余，以及与旅法华人中的无政府主义者作斗争。1923 年 6 月 14 日，熊锐寄自莫斯科的译文《无政府主义者与无政府工团主义者》反映的也是这样的旨趣。

（二）揭示共产主义社会代替资本主义社会的规律、逻辑与方法

《少年》《赤光》的译文重点论述了"转移资本主义的社会为共产主义的社会"[③]，即社会形态更替相关问题。相关译文有 4 篇，分别是《革命的战略》《什么是无产阶级专政？》《无产教化》《国际共产党党纲底草案》。译文主要论述无产阶级革命的步骤、战术，无产阶级专政的真实面貌以及未来共产主义社会的基本特征。

第一，阐述无产阶级革命的步骤及战术。《革命的战略》一文是谢唯进节译自托洛茨基 Nouvelle Étape 的第二部分，原作第一部分主要是介绍 1917 年至 1921 年第一次世界大战后各国的经济状况，用以揭示资

---

① V. Adoralsky：《马克思主义辩证法底几个规律》，石夫节译，《少年》第 7 号，1923 年 3 月 1 日。

② 马克思：《离开政治的性质》，抱兮译，《少年》第 10 号，1923 年 7 月 1 日。

③ 布哈林：《国际共产党党纲底草案》，石人译，《少年》第 9 号，1923 年 5 月 1 日。

本主义制度的缺陷以及无产阶级革命的必然性。译文分为"革命的物质前提""革命战术的问题""革命战略的学校"3 个部分。译文首先援引马克思对于社会形态变革的论述，同时也批判了将马克思论述作为教条而机械化运用的观点；强调革命有其存在的物质前提，社会形态的变革并不会自然而然地发生，而依赖于人的行为、依赖于阶级的斗争；在资本主义经济危机时期，无产阶级应承担历史使命，努力发展生产力，培植革命势力。无产阶级要反抗资产阶级，赢得革命最终的胜利，单靠自身力量很难实现，还必须依靠共产党和共产国际，即所谓"革命战略的学校"。① 该译文立足于资本主义发展的新阶段，论述了革命的步骤问题，指出革命的发生必须有无产阶级的参与，而无产阶级领导革命也必须接受共产党的指导。相较于其他马克思主义基本原理的译文而言，该译文强调了马克思论述的理论前提，特别是批驳了教条主义的倾向。共产主义社会究竟是自然而然地随着生产力发展而到来，还是需要无产阶级积极进行阶级斗争夺取政权才能实现的问题，其焦点在于马克思的进化史观和阶级斗争理论的"冲突"。针对这个问题，尹宽在《进化与革命》中引述了 Ch.Rappopoit 的革命历史哲学，认为个人的历史作用在革命时代更为显著，更容易使历史趋势变成事实；革命是必然的结果，但革命的胜利是由有意志的行动的人造就的。②

　　第二，批判无政府工团主义，还原无产阶级专政真实面貌。《什么是无产阶级专政？》由尹宽摘译自洛佐夫斯基的《无政府工团主义者与红工团国际》。洛佐夫斯基在写作这篇文章时，无政府工团主义仍然弥漫在工人阶级之中，致使工人不愿意加入红色工团国际。译文首先批判了无政府工团主义反对无产阶级专政的谬误，指出无政府工团主义的错误在于否认一切专政，其错误的实质在于反对工人运用一切暴力手段反抗资产阶级。无政府工团主义和红色工团国际之所以产生矛盾，是因为

---

① 托洛斯基：《革命的战略》，允常节译，《少年》第 3 号，1922 年 10 月 1 日。

② 石人：《进化与革命》，《少年》第 2 号，1922 年 9 月 1 日。

对于"无产阶级专政"这一概念的解释存在差异，而无政府工团主义的解释偏离了这个专政的实际。无产阶级革命胜利后，势必要创造一个专门组织生产的机关，而在无政府工团主义者看来这只不过是傀儡。无产阶级专政是为了能够在共同理想、共同纲领指导下，集中力量向真正的共产主义过渡。①无产阶级专政是推翻资产阶级统治的过渡阶段，这时"专政"的存在有其必要性，无政府工团主义反对一切专政的结果只会导致无产阶级革命的失败。

第三，培育无产阶级的阶级意识。资产阶级对于无产阶级的压迫不仅在政治、经济层面，还有思想和道德方面，因此无产阶级要推翻资产阶级的压迫，必须向资产阶级的思想、道德发起挑战。可实际上，纵使经过了社会革命的训练，无产阶级在实际斗争之中还是呈现出容易妥协的倾向，其根本原因在于无产阶级的阶级意识不够。《无产教化》一文由波浪斯基著、郑超麟译，回应的便是无产阶级之阶级意识培育的问题。译文指出以往的阶级教化不能充分教化无产阶级，原因在于感情的启发处处表现的是资产阶级的精神，而资产阶级在思想道德上牢牢将无产阶级束缚起来，这种精神压迫使得无产阶级无法自由充分发展自身势力。无产阶级教化之目的在于"使无产者能用新知识自卫，能用新艺术训练自身的感官，能用新精神处理社会的关系。这知识、艺术、精神等当然是真正的无产化，换言之的适合于同力协作的共同生活"②。此外，对于负责进行教化的革命的知识阶级而言，译文强调应当批判地继承旧社会文化，从旧文化之中找寻建设新社会的材料，并运用无产阶级精神创造新文化。

第四，指出共产主义社会的基本特征。布哈林制定的《国际共产党党纲底草案》为尹宽所翻译，内容重点是资本帝国主义的本质和发展历

---

① A. Lozovsky：《什么是无产阶级专政？》，石人摘译，《少年》第 7 号，1923 年 3 月 1 日。

② 波浪斯基：《无产教化》，丝连译，《少年》第 9 号，1923 年 5 月 1 日。

程、共产主义社会的特征、实现共产主义的方法以及无产阶级专政。译文指出，与资本主义不同的是，共产主义以其合理的、系统的组织代替自由竞争的、散乱自然的劳力和社会生产，以和平的、循序渐进的形式发展经济，消除财产和阶级之差别。而由资本主义发展到共产主义需经过一个漫长的时期，这也是实现共产主义艰巨性的体现。颠覆资产阶级社会之后必然经历无产阶级专政的阶段，为达到无产阶级专政就必须要巩固共产党、争取群众在共产主义的旗帜之下行动。[①]

（三）介绍各国共产主义运动状况

相关译文所涉及的内容和议题主要包括：美国工人运动，俄国的革命历史与现状，中国工人运动状况，而介绍已经建立社会主义政权的苏俄自然是重中之重。

第一，欧美工人运动的现状。《美国劳动同盟》由谢唯进译自 Wm. Z. Foster 的 "The American Federation of Labor Convention"，文章分为四部分：美国工人运动的普遍状况、高仆尔斯主义[②]（Gompensisme）于新新纳的（今译辛辛那提）、社会主义者与 A.F.L.、工联的教育同盟。译文批判了那种剥夺工人阶级集会和言论自由的高仆尔斯主义，认为如若坚持高仆尔斯主义，美国工人运动势必以失败告终。[③]谢唯进还在《哈佛罢工的经过》一文中译述了法国哈佛罢工运动的爆发、罢工中各方势力的态度、罢工活动被摧残的情形，他认为这次罢工表现出了工人们联合作战的精神，为劳动运动史增添异彩。[④]这篇文章体现出谢唯进对于工人运动有着一定的研究兴趣。

---

① 布哈林：《国际共产党党纲底草案（续第八号）》，石人译，《少年》第 9 号，1923 年 5 月 1 日。

② "高仆尔斯"即 Samuel Gompers，今译塞缪尔·龚帕斯，为"美国劳工联合会"（The American Federation of Labour）的创始人，他呼吁工会通过经济行动即通过罢工和抵制来对资产阶级实行抗争。

③ Wm. Z. Foster：《美国劳动同盟》，允常译，《少年》第 3 号，1922 年 10 月 1 日。

④ 允常：《哈佛罢工的经过》，《少年》第 4 号，1922 年 11 月 15 日。

　　第二，俄国的革命历史与现状，这是译文重点关注的议题。《少年》《赤光》刊载的有关俄国革命的文章有《赤俄最近之经济状况》《五年的奋斗》《十月革命和共产国际第四次会议》《俄罗斯革命中的不朽》《苏维埃联邦底新宪法》《我们的反对者之苏俄现状谈》，所涉问题无外乎俄国革命的历史进程、社会主义政权建立之后的苏俄现状。

　　《赤俄最近之经济状况》译述了苏俄经济恐慌的原因以及新经济政策。苏俄的财政支出多耗费在军费上，对于农业的投入太少，使得农业物产相较欧洲各国差距很大，工业亦如此。这样幼稚的经济难以与帝国主义匹敌。苏俄不仅国内经济发展状况不佳，还要面对外部帝国主义的压制，如资本家政府的经济封锁。译文指出为转变经济恐慌状况而采取的新经济政策的要点有：实行"实物税"办法，鼓励农民耕作；允许自由贸易。①《五年的奋斗》以编年的形式，梳理苏俄工人从 1917 年到 1921 年每一年的苦难与反抗。《俄罗斯革命中的不朽》一文指出俄国十月革命与巴里共治团（今译巴黎公社）的差异就像成人与婴儿一般，巴里共治团存活了仅仅 72 天，而俄国十月革命已经五周年，工人阶级的胜利已经得以巩固。欧美劳动运动先进国的工人文化水平较俄国高，但俄国已然实现苏维埃。俄国十月革命的胜利，也必将延续到世界各国，俄国十月革命是世界革命的起点。②除了介绍俄国十月革命的重要作用之外，还有译文总结和反思俄国十月革命的教训。托洛茨基著、周恩来译的《十月革命和共产国际第四次会议》一文列举了俄国革命的教训：无产阶级政党——共产党的问题，共产党对如何进行无产阶级革命已经给出"最宏大的式样"，涉及怎样为夺权而奋斗，采用最严密的方法使权力掌握在无产阶级手中。另外，托洛茨基还反思了战时共产主义政策的问题，例如，战时共产主义政策对资本主义经济的破坏程度要多于社会

① 允常：《赤俄最近之经济状况》，《少年》第 2 号，1922 年 9 月 1 日。
② 季诺维埃甫：《俄罗斯革命中的不朽》，L 译，《少年》第 5 号，1922 年 12 月 1 日。

主义的建设程度。①《苏维埃联邦底新宪法》由熊锐翻译，底本来自《国际通信》②，载于《少年》第 13 号。译文提到"社会主义苏维埃共和联邦"的新宪法包括一篇序言和 72 条约法，序言中将国家依照社会性质划分为资本主义国家和社会主义国家，规定苏联必须与其他社会主义国家要友爱的团结，坚决反对资本主义国家的不平等的奴隶制和帝国主义压迫；苏维埃社会主义联邦包括俄罗斯、乌克兰、白俄罗斯、高加索；修宪权由联邦苏维埃大会掌握；联邦的权力在于管理各国的外交关系、国际条约问题。③此外，田愚甫译自《人道报》的《我们的反对者之苏俄现状谈》，从对立面——黄色国际工会——的观察视野来展现苏俄现状。译文通过国际运输工会书记菲墨的真实感受反映俄国工人获取知识之渴望，而菲墨最后也承认自己对于"无产阶级专政"的认识错误源于愚昧且不知实际情形。④总之，苏俄的现状向反对者证明了无产阶级专政实现之可能，甚至展现了无产阶级专政的美好面貌。

第三，中国革命的现状。随着第一次国共合作的开展，留法勤工俭学群体的关注重点自觉或不自觉地转向介绍中国革命，因为需要向旅法华人介绍国内革命情况，这一点在译文中也有体现。涉及中国革命的译文主要有《片山潜底演说》和孙中山逝世专号。《片山潜底演说》由王若飞节译自片山潜出席旅俄中国共产主义青年团会议时作的演说，片山潜呼吁中日两国的劳动者和共产党应联合起来反抗帝国主义的压迫。对于

---

①　托洛斯基：《十月革命和共产国际第四次世界会议》，飞飞译，《少年》第 5 号，1922 年 12 月 1 日。

②　译者注明翻译底本来源于本年第 28 号的《国际通信》，但 1923 年 3 月 22 日刊出的第 3 卷第 28 期的《国际通信》无这一篇。《苏维埃联邦底新宪法》文中提到是 1923 年 7 月 6 日通过，而 1923 年第 28 期的《国际通信》刊行日期为 3 月 22 日，显然不可能提前预知开会的内容。笔者考证认为，其底本出自 1923 年 8 月 2 日的《国际通信》第 3 卷第 54 期。

③　《苏维埃联邦底新宪法》，匀锐译，《少年》第 13 号，1923 年 12 月 10 日。

④　《我们的反对者之苏俄现状谈》，愚甫译，《赤光》第 21、22 期合刊，1924 年 12 月 15 日、1925 年 1 月 1 日。

中国而言，虽有民主国之名，却无其实。中国也应该汲取日本革命的经验教训，防止资本家在对抗帝国主义的运动胜利之后又转向压迫工人。中国共产党目前虽不能公开活动，但应该在秘密活动中带领无产阶级走向胜利。①孙中山逝世专号登载在《赤光》第 28 期，各国共产党致中国国民党的唁电占了不少篇幅，内容主要是哀悼中国国民革命领导人孙中山的逝世，表示各国共产党在孙中山逝世之后，也将继续与中国人民团结协作完成国民革命这一孙中山未竟的事业。不难看出，译文是为了动员旅法华人投身国民革命，继承孙中山的革命遗志。

四、《少年》《赤光》所载译文的主要特征

由前文所述可知，《少年》《赤光》所载译文主要涉及马克思主义基本常识和国际共产主义运动的历史与现状，留法勤工俭学群体的翻译还很难称得上是组织性、系统性翻译，大概属于有什么就翻译什么、能翻译什么就翻译什么的阶段和水平。而群体成员之间、组织内部关于译文的讨论主要限于书信，如任卓宣、熊锐、赵光宸等人讨论用德文本还是用英文本节译《共产主义入门》的问题②，比较遗憾的是现有资料有限，无法详细呈现它们之间的差异。尽管如此，通过上述译文的梳理，我们仍然可以窥见这一时期留法勤工俭学群体译介的若干特点。

（一）时效性较强，侧重前沿问题的翻译和传播

除对马克思、恩格斯、列宁等经典作家的著作翻译之外，多数译文涉及对共产国际和国际共产主义运动最新进展，显示出较强的时效性。以《少年》所载译自《国际通信》的文献为例，1922 年 6 月 7 日出版的《国际通信》第 2 卷第 45 期载有文章 "Statement of the E.C. of the

---

① 雷音：《片山潜底演说》，《少年》第 9 号，1923 年 5 月 1 日。

② 任卓宣：《何谓资本帝国主义底正误》，《共产主义研究会通信集》第 7 号，1923 年 10 月。

Comintern on the Exclusion of Fabre"，对应的译文是《共产国际执行委员会驱逐法伯宣言》，刊载于 1922 年 9 月 1 日的《少年》第 2 号；原文载于 1922 年 7 月 17 日出版的《国际通信》第 2 卷第 57 期 "The American Federation of Labor Convention"，其译文《美国劳动同盟》载于 1922 年 10 月 1 日的《少年》第 3 号；载于 1922 年 11 月 7 日《国际通信》第 2 卷第 96 期 "俄国革命五周年特别号" 的 "Five Years" 和 "The Immortal in the Russian Revolution"，在 1922 年 12 月 1 日的《少年》上分别被译为《五年的奋斗》《俄罗斯革命中的不朽》；载于 1923 年 8 月 2 日《国际通信》第 3 卷第 54 期上的 "The Constitution of the Union of Socialist Soviet Republics"，其译文《苏维埃联邦底新宪法》刊载在 1923 年 12 月 10 日的《少年》第 13 号上。通过对目前已知底本来源及刊行日期的译文的分析可以看出，从一篇共产国际报刊上的文章刊行到被翻译成中文再刊载在《少年》上一般是 1 至 3 个月的时间，这反映出留法勤工俭学群体对国际共产主义运动最新局势和新载文献的关注。

（二）翻译文献缺少系统性、组织性，无专人负责

从表 2-1 可以看出，《少年》《赤光》的译文大多采用摘译、节译的方式，而非全译。对于采用摘译、节译的原因，译者在若干译文中也有解释。谢唯进表示虽有意全译托洛茨基的 *Nouvelle Étape*，但由于 "一时没得工夫，只从第二部中译出头三节藉以引起读者去看'全豹'的兴趣"[①]。尹宽翻译的《历史要走到无产阶级专政》译自《国际通信》的一段，而《国际通信》中的这篇文章也是从《法兰西内战》中摘录出来的，他在译文最后表示 "如欲窥其全豹请读原书"[②]。可见，缺少翻译全文的时间、能力以及受版面限制，这是采用摘译、节译的主要原因。不过也有例外，如列宁《告少年》的译文就采用了全译的方式，甚至是分 5 期

---

① 托洛斯基：《革命的战略》，允常节译，《少年》第 3 号，1922 年 10 月 1 日。
② 马克思：《历史要走到无产阶级专政》，石人译，《少年》第 10 号，1923 年 7 月 1 日。

在《少年》上连载，但这毕竟属于少数情况，大多数时候他们缺少翻译文献的规划。尽管有共产主义研究会、出版委员会、训练部等机构①，但是对于马克思主义文献的翻译，旅欧党、团组织实际上无专人或专门机构负责。从表2-1可以直观看出，每一篇译文基本是由一位译者负责，而非多位译者合作完成。也就是说，留法勤工俭学群体并未形成翻译马克思主义文献的固定译者群。

　　一般而言，相较于个体译者，群体翻译具有明显的优势。"群体的翻译水平并不是其内部诸多个体翻译水平的简单叠加，群体中的个体存在于相互补充、相互依存的网络关系之中，个体的翻译成果可以通过互动进行扩散，激发其他译者的翻译潜能，从而提升群体的翻译质量，彰显群体智慧的优势效果。"②群体翻译不仅能够集思广益，也能够减弱个体译者潜在的主观性、随意性。当然，留法勤工俭学群体不是专业翻译者，我们不能对做工时间多、学习时间少、法语能力不佳的勤工俭学生的翻译有过于苛刻的要求。不过从翻译本身也能够一瞥群体中不同成员的个性差异。《少年》《赤光》所载译文约37篇，有署名的译文24篇。其中尹宽和谢唯进翻译的最多，各译4篇。尹宽的译文有3篇附有译者说明，《国际共产党党纲底草案》这篇译文的批注多达62个，这是其他译文所不及的。从内容上看，《什么是无产阶级专政？》《国际共产党党纲底草案》《历史要走到无产阶级专政》这3篇文章都涉及无产阶级专政问题，而《进化与革命》则从哲学层面论证实现共产主义的必要条件——无产阶级发挥主动性，由此可以推断尹宽个人对于实现共产主义的问题十分关注。他的译作涉及马克思对无产阶级专政的论述、苏俄无产阶级专政的经验，关注到无产阶级革命之缘起、无产阶级专政的步骤、共产主义社会特征等方方面面，侧重于翻译理论类文章。允常

---

　　① 中共中央组织部等编：《中国共产党组织史资料（1921—1997）》第1卷，中共党史出版社2000年版，第716—717页。

　　② 张洋瑞：《众包翻译模式研究》，吉林人民出版社2017年版，第46页。

即谢唯进的译文共有 4 篇，分别是《赤俄最近之经济状况》《革命的战略》《美国劳动同盟》《哈佛罢工的经过》。除《革命的战略》外，其余 3 篇均是关于革命运动现状问题。相较于尹宽对翻译理论文章的青睐，谢唯进更加关注革命运动的现实问题。《少年》《赤光》所载马克思主义经典作家的译文仅有 4 篇，而抱朴一人便翻译了 2 篇，分别是马克思的《离开政治的性质》和恩格斯的《权力底原理》，由此推测抱朴的外语水平高于留法勤工俭学群体其他成员，颇为遗憾的是，笔者尚未推断出其真实姓名。

（三）所涉及的马克思主义作家、议题具有选择性，词频分布、译词使用具有一定的主观性和随意性

留法勤工俭学群体翻译的译文有 37 篇，篇幅不多，笔者将全部内容录入 Word 软件进行词频分析，结果如表 2-2 所示。

从表 2-1 可以看出《少年》《赤光》所载译自马克思、恩格斯的文章仅有 3 篇，约占译文总量（37 篇）的 8%。分析表 2-2 可知，还有 5 篇译文提及马克思、恩格斯，共提及马克思 54 次，恩格斯 8 次。具体来看，《革命的战略》共提及马克思 9 次；译自阿多拉茨基的《马克思主义辩证法底几个规律》共提及马克思 15 次、恩格斯 3 次；时任《赤光》编辑译自杜诺瓦的《马克思——共产主义创造者》一文，共提及马克思 25 次、恩格斯 5 次。《少年》《赤光》中直接翻译马克思、恩格斯的译文数量明显少于共产党领导人的马克思主义著作。这大概由于当时群体成员外文水平不高，大多不能直接阅读马克思、恩格斯的著作，特别是大部头作品，转而侧重对当时报刊常见的国际共产主义运动领导人的著作进行翻译。此外，除了 6 篇介绍马克思主义理论的译文以及田愚甫所译《共产党人歌》之外，其余 30 篇译文均与中国革命、苏俄革命和国际共产主义运动有关，约占《少年》《赤光》所载译文总量（37 篇）的 81%。从比重上来看，对各国共产主义运动最新进展的关注多于马克思主义理论，这呈现出群体成员翻译的"非经典性"和跟踪新前沿的特点。

表 2-2 《少年》《赤光》所载译文主要语词出现频次

篇　名	主要语词出现频次								备　注
	马克思	恩格斯	列宁	苏维埃	共产国际	共产党	共产主义	革命	
《告少年》	1	0	0	1	1	2	78	4	"共产国际"出现在"少年共产国际"中。
《赤俄最近之经济状况》	0	0	1	7	0	1	6	4	未出现"共产国际",但"国际共产党"1次;"帝国主义"出现1次。
《共产国际执行委员会驱逐法伯宣言》	0	0	0	0	5	6	4	2	"共产国际"出现5次。
《少年国际纪念日——本年为九月三日——（少年共产国际执行委员会的一个通告）》	0	0	0	0	7	0	0	20	"共产国际"出现7次,其中6次是"少年共产国际",按语和说明也在统计范围内。
《赤国际工联（I.S.R.）的通告（召集第二次国际会议）——告所有属于赤国际工联的组织》	0	0	0	0	0	0	0	1	"革命"出现1次,且是在"第二次革命工团"中。
《革命的战略》	9	0	0	2	2	19	1	32	"共产国际"出现2次;"共产党"出现19次,含"国际共产党"1次;"革命"出现32次。
《现在的责任——共产国际执行委员会给德法无产阶级和国际工人阶级的通告》	0	0	0	0	3	4	1	7	"共产党"出现4次,其中3次是"国际共产党"。
《莫斯科的判决案——共产国际执行委员的通告》	0	0	0	21	2	5	0	29	"共产党"出现5次,其中4次是"国际共产党"。
《共产国际第四次会议日程（从十一月七日开始）》	0	0	0	0	6	5	0	2	"革命"一词出现2次:"俄罗斯革命"1次,"世界革命"1次。
《少年国际第三次世界会议》	0	0	0	0	9	0	2	1	"共产国际"出现9次,其中7次为"少年共产国际"。
《美国劳动同盟》	0	0	0	1	0	0	0	2	"社会主义"出现了3次。
《哈佛罢工的经过》	0	0	0	0	0	0	0	0	—
《五年的奋斗》	0	0	3	3	0	0	2	13	"革命"出现13次,其中"俄罗斯革命"1次;"第三国际"出现1次。
《俄罗斯革命中的不朽》	0	0	0	14	2	0	0	18	"革命"共出现18次,其中"世界革命"3次,"俄罗斯革命""俄国革命""俄罗斯的革命"合计4次,"无产阶级革命"3次。

篇　名	主要语词出现频次								备　注
	马克思	恩格斯	列宁	苏维埃	共产国际	共产党	共产主义	革命	
《十月革命和共产国际第四次世界会议》	0	0	0	0	2	2	2	21	"革命"出现21次，其中"俄罗斯革命"3次、"无产阶级革命"2次、"世界革命"2次、"十月革命"1次。
《什么是无产阶级专政？》	0	0	0	0	1	2	1	27	"共产国际"出现1次，是在"译者附注"中说明译自《共产国际》。
《马克思主义辩证法底几个规律》	15	3	8	1	0	0	0	5	"恩格斯"以"昂格尔"一词出现3次；"革命"出现5次，其中"俄国革命"出现1次。
《国际共产党党纲底草案》	0	0	0	13	0	20	18	24	《少年》第8、第9号两部分内容合并为一篇统计。"苏维埃"出现13次，其中有4次出现在译者的批注中。"共产党"出现20次，其中"国际共产党"出现11次。"革命"出现24次，其中"世界革命"4次、"俄国革命"1次、"共产主义革命"2次。"帝国主义"也是高频词，出现18次。
《马克思——共产主义创造者》	25	5	4	0	0	4	7	6	"共产党"出现4次，均是在对《共产党宣言》的介绍内容中。
《无产教化》	3	0	0	0	0	1	2	7	"帝国主义"出现1次。
《片山潜底演说》	0	0	0	1	0	10	3	5	"共产党"出现10次，其中"俄罗斯共产党""俄罗斯的共产党""苏俄共产党"各1次；"帝国主义"出现8次。
《历史要走到无产阶级专政》	0	0	0	0	0	0	0	0	译文系对《法兰西内战》的摘译，仅249字。
《离开政治的性质》	0	0	0	0	0	0	0	3	今译《政治冷淡主义》。
《最近的国际青年运动》	0	0	0	0	0	4	13	7	"共产主义"出现13次，包括《少年》记者介绍中提到1次。"青年团"出现31次；"帝国主义"出现6次；"法西斯蒂"出现2次。
《十一月七日——俄罗斯无产阶级革命六周纪念》	0	0	0	1	0	0	1	5	"革命"出现5次，其中4次与"俄国"或"俄罗斯"连用。
《苏维埃联邦底新宪法》	0	0	0	15	0	0	0	2	"帝国主义"出现1次。

篇　名	主要语词出现频次								备　注
	马克思	恩格斯	列宁	苏维埃	共产国际	共产党	共产主义	革命	
《权力底原理》	0	0	0	0	0	0	0	5	本篇中采用的恩格斯中译名为"昂格斯"。
《无政府主义者与无政府工团主义者——对世界无政府党人的宣言》	1	0	0	2	7	11	3	73	"第三国际"出现1次;"革命"出现73次,与俄国十月革命相关的是13次;"帝国主义"出现4次。
《"北京反帝国主义大同盟"》	0	0	0	0	0	1	0	4	电文仅400余字,"帝国主义"出现5次;"革命"出现4次,其中"中国革命"1次、"世界革命"1次。
《告被压迫人民》	0	0	0	0	0	2	0	1	"帝国主义"出现4次。
《共产党人歌》	0	0	0	0	0	7	0	0	"法西斯蒂"出现6次。
《我们的反对者之苏俄现状谈》	0	0	0	1	0	2	1	2	—
《中山逝世与国民党——中山将死之前一日致国民党中央执行委员会书》	0	0	0	0	0	0	0	2	—
《中山逝世与苏联——中山将死之前一日致苏联中央执行委员会书》	0	0	1	0	0	0	0	0	—
《中山逝世后之中国国民党与国际共产党与俄国共产党——国民党中央执行委员会于中山死后致国际共产党委员会季诺维埃夫及俄国共产党总书记史大林电》	0	0	1	0	0	4	0	5	"国际共产党"出现2次。
《中山逝世与国际共产党》	0	0	1	0	4	10	0	29	"国际共产党"出现5次,"第三国际"出现2次。
《中山逝世与各国共产党》	0	0	0	0	0	13	1	2	—
总计	54	8	19	83	51	135	146	370	"革命"一词与俄国十月革命相关的是32次,"世界革命"出现11次,"帝国主义"出现48次,"第三国际"出现4次,"国际共产党"出现27次。

说明：这是笔者将《少年》《赤光》中所有译文内容录入 Word 软件后进行检索统计的结果。

根据表 2-2 的词频统计来看，"革命"一词出现的频率最高，共计 370 次。"革命"主要涉及俄国革命、世界革命和中国革命这三个方面。另外，一些与"革命"相关的语词频次也很高，如革命的领导者——共产党，有 135 次；革命的目标和形式——共产主义，有 146 次；革命的对象——帝国主义，计 48 次。可见，群体成员最关心的议题是革命，其中"世界革命""俄国革命""俄罗斯革命""俄罗斯的革命"出现的频次都很高，且比较平均地分布于《少年》。他们对于俄国革命的关注聚焦在俄国革命成功的原因、俄国革命的历程、俄国革命后的社会现状、俄国革命和世界革命的关系问题；与中国革命相关的语词"中国共产党"一词，出现的频率不高。这体现出不同时期留法勤工俭学群体关注点的变化，即从学习俄国革命经验到推动中国国民革命的转向。

呈现留法勤工俭学群体与马克思主义文献翻译的西欧渠道特点的，还有一些重要概念的对应译词尚未统一和固定。如《少年》《赤光》所载的 37 篇译文中，"共产国际"一词仅出现 51 次。而法语"L'internationale communiste"的其他对应词还包括第三国际、国际共产党，总共出现 31 次。在《赤俄最近之经济状况》《现在的责任——共产国际执行委员会给德法无产阶级和国际工人阶级的通告》《莫斯科的判决案——共产国际执行委员会的通告》中，甚至出现了"共产国际"和"国际共产党"这两个词混用的情况，这说明"L'internationale communiste"的对应词尚未固定，而同时期中共中央的译词使用也类似。另外，马克思主义创始人之一的 Friedrich Engels 即恩格斯的译法也不固定，出现了几个对应词，仍处于一词对应多种对应词的状态。如《马克思——共产主义创造者》中的译法与今天的译法一致，均译为"恩格斯"，而《马克思主义辩证法底几个规律》中译为"昂格尔"，《权力底原理》采用的译名为"昂格斯"。相比之下，"马克思"的中译名使用更为统一，当然我们还要考虑"马克思"出现频次不高这一情况。

马克思主义在中国传播的"选择性"特点，指的是作为传播者的知识精英为解决中国实际问题而选择性传播马克思主义。[①]不论是早期的资产阶级维新派、革命派，还是无政府主义者、留日知识精英，对于马克思主义文献的翻译和传播都具有这种特点。这一时期关于马克思主义资料的来源，外部影响很大，因而不得不有什么就翻译什么。对于留法勤工俭学群体而言，他们翻译马克思主义有着明确的目标——学共产主义。而其身处西欧相较于国内更容易获取到马克思主义、各国共产党和工人运动的文献，因而他们对文本的选择更有主动性。在 1922 年 6 月留法勤工俭学群体形成之前，蔡和森率先确立共产主义信仰。为批判无政府主义和形形色色的社会主义学说、找到实现共产主义的科学路径，他翻译了马克思、恩格斯、列宁有关无产阶级专政和国家建设的著述。梳理 1922 年 6 月旅欧"少共"成立后他们对于马克思主义文献的翻译，可以看出他们对国际共产主义运动最新局势尤为关注，关心的核心议题是革命。不过由于他们的翻译是以个体为单位开展的，没有专门的翻译机构，不同译文体现了不同成员的个性差异。有成员倾向于翻译革命原理，也有成员更为关注现实情况。总体来说，留法时期留法勤工俭学群体翻译马克思主义文献的落脚点，是无产阶级如何通过革命建立无产阶级专政、实现共产主义，更具体说则是中国如何走十月革命道路——共产主义革命。

第二节　回国后留法勤工俭学群体
与马克思主义文献的翻译

旅欧党、团组织与中国国内关于马克思主义文献的"交流"具有双向性，既包括将西欧的马克思主义传入中国，又涉及中共中央、团中央

---

① 参见王刚：《马克思主义中国化的起源语境研究——20 世纪 30 年代前马克思主义在中国的传播及中国化》，人民出版社 2011 年版，第 115 页。

对于旅欧党、团组织的指导和领导。留法勤工俭学群体对马克思主义文献的翻译是一个连续的历史过程，不仅包括留法时期中国青年的传播和翻译，还涉及他们经苏联回国后将苏联和共产国际的文献译为中文，这呈现出留法勤工俭学群体传播马克思主义与马克思主义传入中国西欧渠道的交叉而非同一性。此外，留法勤工俭学群体翻译文献与马克思主义传入中国的俄国渠道又有关系。这种复杂性是历史的常态，也是本节内容着力呈现的历史面向。

一、回国后留法勤工俭学群体翻译马克思主义文献的历史背景

马克思主义在中国的传播与马克思主义文献的汉译往往交织在一起，构成了中国先进分子接受马克思主义的基本图景。李大钊很早就参考日文书籍介绍马克思主义，并收集若干英语文献来理解俄国革命的性质，呈现出布尔什维克主义在中国被接受乃世界性"思想链条"之一环。①本书接下来将呈现留法勤工俭学群体回国后继续翻译马克思主义文献的历史背景。

（一）中国共产党关于党刊与马克思主义文献翻译的认识

教育宣传工作是中共自成立之后便极为重视的一项工作，而党报党刊为其提供了依托载体，马克思主义文献的翻译则提供了理论基础。1923 年 11 月，中共已经形成了包括《新青年》《向导》在内的党报党刊体系，同时还有针对青年、工人、农民的专门性刊物。为改善对内训练、对外宣传工作，中共中央局要求：各地党组织的政治讨论应该由教育委员用《前锋》或《向导》作为材料；各地在情况允许的条件下设立社会科学研究会，或者利用其他学会、团体，用《新青年》和新翻译的

① ［日］石川祯浩：《中国共产党成立史》，袁广泉译，中国社会科学出版社 2006 年版，第 51—54 页。

关于主义的书籍作为研究资料。[①] 到 1924 年 5 月，情况仍然不佳，"《新青年》季刊应出三期，只出二期；《前锋》月刊应出十期，只出三期；《社会科学讲义》应出五期，只出三期；《向导》尚能按期出版。铁委之《工人周刊》亦未能按期出版"[②]。

1925 年 1 月中共四大召开，此时中共对于宣传工作的评价只能说是基本满意："我们党的宣传工作之努力在全民族革命运动中，我们党的机关报《向导》竟得立在舆论的指导地位，我们许多同志亦得立在行动的指导地位。但同时大会亦承认因为党的幼稚，党的教育宣传还未切实，致使党的理论基础常常动摇不定，尤其对于民族革命理论的解释和鼓吹，《向导》、《新青年》、《前锋》以及《党报》中的文章，在第三次大会后竟因三次大会关于国民运动决议文的稍欠明了"而发生右的错误，今后党的宣传工作"努力宣传民族革命运动与世界革命运动之关联和无产阶级在其中的真实力量及其特性——世界性与阶级性，以端正党的理论方向"。[③] 也就是说，中共中央认为宣传工作过于强调国民革命，忽视了对于世界革命、无产阶级革命的阐释，原因大概是中共党员忙于国民党改组和国共合作，对于本党工作有所忽视。之后，中共中央决定进行整顿：一是宣传部的各项工作要更为"强固"，下设一个实际能做事的编译委员会；二是《向导》的定位是宣传本党政策，要做到解释详细、文字浅显；三是既然无力办很多刊物，不如集中力量办《新青年》，"使其根据马克思列宁主义的见地，运用到理论和实际方面，作成有系统的多方面问题的解释，以扩大我们宣传范围，实为我们目前急要之图"，

---

①　参见《建党以来重要文献选编（1921—1949）》第 1 册，中央文献出版社 2011 年版，第 355—356 页。

②　《建党以来重要文献选编（1921—1949）》第 2 册，中央文献出版社 2011 年版，第 32 页。

③　《建党以来重要文献选编（1921—1949）》第 2 册，中央文献出版社 2011 年版，第 254—255 页。

等等。而中央编译委员会的工作重点是编译小册子，尤其是关于列宁主义、国际政策、政治经济状况以及工人常识。^①至 10 月，中共中央再次强调"翻译马克思主义的书籍——是文字上的宣传和鼓动的根本职任"^②。

1926 年 7 月，中共中央针对中央宣传部的报告，提出了今后的整顿思路：《向导》增加鼓动色彩，能够反映和指导中国民众日常的斗争，不可偏于理论分析；《新青年》务必按月出版，"适应革命的思想斗争之急需"；由于党内理论人才稀缺，可以把《向导》《政治生活》上偏重理论分析、历史分析的文章登载于《新青年》；《新青年》应当增加关于中国经济、工农运动历史的理论论述，增加团组织可以讨论和研究的材料，成为党、团的共同出版物。^③也就是说，中共中央意识到既然无法解决理论人才不足问题，只能集中办好《新青年》，使其成为党、团共同的理论分析、历史介绍的刊物。为了保证党对于各类团体的机关报、各地方的出版物的指导和审查，决定成立编辑委员会，委员会至少每月开会一次。^④至于编译工作，规定中央宣传部迅速着手"理论的译著，应先定一最小限度的计划，大致应当编译可以继续共产主义 ABC 的书籍"^⑤。显然，《共产主义 ABC》这类编译的小册子成为中共中央大力推广的形式。只不过，之后随着国民革命军北伐的开始，中共已无力编辑《新青年》这样的理论性机关报，最后一期《新青年》的出刊日期恰恰是 1926 年 7 月 25 日。

---

① 《建党以来重要文献选编（1921—1949）》第 2 册，中央文献出版社 2011 年版，第 256 页。

② 《建党以来重要文献选编（1921—1949）》第 2 册，中央文献出版社 2011 年版，第 530 页。

③ 参见《建党以来重要文献选编（1921—1949）》第 3 册，中央文献出版社 2011 年版，第 285—286 页。

④ 参见《建党以来重要文献选编（1921—1949）》第 3 册，中央文献出版社 2011 年版，第 286 页。

⑤ 《建党以来重要文献选编（1921—1949）》第 3 册，中央文献出版社 2011 年版，第 287 页。

　　综上，中共中央将翻译马克思主义理论和共产国际的文献作为宣传鼓动工作的根本责任，并意识到设立专门的编译委员会的必要性。受限于人力、物力因素，中共所设立的党报党刊体系中除《向导》之外很难按时出刊，决定将各类偏重理论阐释、历史分析的文章刊登于《新青年》。同时国共合作一年左右之后，中共中央意识到党的各项工作不能全部围绕国共合作，应该加强对世界革命、无产阶级革命即本党理论的教育宣传。这是留法勤工俭学群体回国后翻译各类文献的历史背景。

　　（二）留法勤工俭学群体与马克思主义文献的翻译概述

　　留法勤工俭学群体回国参加革命的路线大概有三类：第一类是蔡和森、李立三、陈毅等人 1921 年 10 月因参加"里大事件"被法国政府驱逐回国；第二类是多数情况，如赵世炎、陈延年、陈乔年、尹宽、郑超麟、刘伯坚、李富春等人，先到莫斯科东方大学或中山大学接受一段时间的政治训练再回国；第三类是自行回国，如李维汉在旅欧"少共"成立后奉命回国汇报工作，周恩来响应中共中央"从速回国"的号召直接回国。中共四大之后，具有留法勤工俭学经历的中共党员在党内逐渐发挥骨干作用，如赵世炎、陈乔年先后担任北方区委的实际负责人，尹宽担任山东党组织负责人，王若飞为河南党组织负责人；在重点城市或部门中，高风担任保定市委书记，李慰农任青岛市委书记，汪泽楷任安源地委书记；陈延年担任广东区委书记后，该地党、团组织的涣散状态也得到实质性改变。① 而莫斯科回来的干部中罗觉等是纯粹留苏，其他都出身于留法勤工俭学生，这些人很多之后参与理论宣传、马克思主义文献翻译工作。

　　1922 年 7 月中共二大召开前后，蔡和森已经成为中共宣传战线的重要人物。他之所以能够在回国后不久便负责全党宣传工作有一系列因

---

　　① 参见孙会修：《旅莫支部归国干部与大革命期间中共组织制度的改造》，《中共党史研究》2015 年第 5 期。

素的影响。陈望道、李达、李汉俊等人原本是上海共产党早期组织、上海马克思主义研究会的重要成员。据相关人士回忆，上海马克思主义研究会时期，他们要领会历史唯物主义哲学，掌握其基本原理，倒不需要花很大力气，然而使他们迷惑不解，有时不免要为之惊异不已的却是马克思的政治经济学。每当从事历史唯物主义哲学研究时，李达是学习主持人。但一当转到研究马克思的政治经济学时，李汉俊就取代李达成为学习的主持人。还回忆说，李达和李汉俊两人是博学多才的，他们真正懂得辩证法，同其他人作比较，形成了鲜明的对照。这些学习和研究材料从哪里获得呢？主要来自共产国际的代表，通过维金斯基同志、通过杨明斋陆续地把来自莫斯科和美国的资料，送到编者的手里，资料的文本是多种多样的，有小册子，有杂志和报纸，最通常的是用俄文或英文编写，但有时也有用德文或法文编写的。如果上述提到的文献版本是用俄文编写的，负责翻译的就是杨明斋，如果文献版本是用英文、德文或法文编写的，那就毫无疑问交给李达和李汉俊负责翻译了。从中不难看出，尽管马克思主义理论颇为深奥，但是陈望道、李达、李汉俊可以将英、法、德文的文献翻译成中文，而且属于集体翻译性质。但是这种情况随后发生变化，陈望道、李达、李汉俊等人均淡出党组织，"与陈独秀的霸道固然有关，但更深层的原因，这些观念人物对党的日趋布尔什维克化越来越不习惯，而列宁主义政党本身就是行动人物主宰的天下，长于思考、拙于行动、热衷宣传、不谙政治的书生们，绝对缺乏布尔什维克的气质，自然只有离开组织，成为党外的布尔什维克"①。蔡和森正是此时回到中国的，之前与陈独秀的国际通信也使陈对其理论功底较为认可，蔡和森便在中共二大前后成为宣传工作的负责人，并创办了《向导》周报。

---

① 许纪霖：《五四知识分子通向列宁主义之路（1919—1921）》，《清华大学学报（哲学社会科学版）》2020 年第 5 期。

　　1923 年 1 月，瞿秋白离开苏联回到中国。之后瞿秋白开始编译各种马克思主义理论、共产国际文献。中国共产党逐渐形成陈独秀、蔡和森、瞿秋白三人编译、撰写政论文的基本格局。1924 年 8 月，从苏联回国的干部对此也有深刻印象：蔡和森很会写文章，可以真正称得上"握有一支宣传家的笔杆子"。在《新青年》杂志上，可以读到一些蔡和森写的出色文章；陈独秀一直是写作最多的《向导》周报编辑，蔡和森跟随陈独秀之后也表现得很出色，特别值得一提的是，唯有他们两人，有能力独立思考，并且毋须依靠任何人，可深入钻研思想问题；瞿秋白给《新青年》撰写最基本的文章，其中大部分是论文和译文，这些译文是直接译自莫斯科来的文件，还给《新青年》撰写了一系列有关中国社会问题的论文，以供讨论。由于大部分同志不懂俄文，瞿秋白事实上成为党内马克思主义理论家之一。1925 年 1 月，中共四大召开，彭述之以旅莫支部代表参加，之后担任中央宣传部部长，主编《向导》和《新青年》。不久之后发生彭述之生病、蔡和森因家庭原因离开《向导》编辑部等事件，中共中央的党报党刊队伍演变成瞿秋白和郑超麟编辑《新青年》，陈独秀、瞿秋白为《向导》写文章而郑超麟编辑、补凑文章的情况。[①]不难看出，蔡和森、郑超麟在中共中央政治性机关报《向导》和理论性机关报《新青年》编辑的过程中发挥了重要作用，而这两个刊物又是马克思主义译文刊载的主要平台。

　　与蔡和森一样，郑超麟回国伊始便参编《向导》《新青年》，根本原因还是党内人才稀缺，且即便是留法生、留苏生未必都能翻译、编写文章。如陈延年原本在《工余》杂志发表过多篇文章，之后担任《少年》编辑时却未署名发表任何文章；在莫斯科时对所学课程都充满兴趣，刻

---

　　①　关于《新青年》《向导》编辑、作者的变化可参照这两个刊物所载文章的演变，一些研究成果和人物回忆也涉及这一问题。参见徐方平：《蔡和森与〈向导〉周报》，华中师范大学 2005 年博士学位论文，第 43—44 页。

苦钻研。"他平时沉默寡言，但在讨论一些重要原则问题时，却总是滔滔不绝，热烈地阐明自己的见解，与持不同意见的同学进行辩论，经常与别人争得面红耳赤，与平日里的他简直判若两人。"回国担任中共广东区委书记期间，他仅以"陈东"或"林木"的笔名、化名在《人民周刊》《革命青年》和《我们的生活》发表寥寥数篇文章。①据此可以推断，陈延年理论水平很高，但是外语能力可能达不到翻译文章水平。1923年5月11日，陈乔年入学东方大学时填的履历表自称："我只能懂法文，而且也不大高明。我学法文虽久，但在学校里时候极少，多半自己用功，缺乏人指导，好几年的功夫才能看书报，还是不纯熟，有的地方不能真正的懂得。没有翻译过书报，普通信札当免〈勉〉强可写。"②目前尚未发现陈延年的履历表，但根据陈延年、陈乔年兄弟二人长期共同工作、求学的情况，可以估计陈延年的法语水平也是如此。当时在中央工作的人士对于郑超麟的翻译能力则给予了很高评价：郑超麟"的确是一位有力的合作者，除了他无比的翻译（俄、法、德、英）文件的能力，他也以明晰的中文，印成可依据的文章"。尽管回忆时已时间久远未必准确，但是从郑超麟翻译、撰写的文章之多来看，评价非虚。他还翻译了前文提到的《共产主义的 ABC》③，这是布哈林写的解释共产主义理论的入门读物。郑超麟将原文的序言、党纲删去，留下解释性文字，随译随排随校随印，在当时成为仅次于《三民主义》的畅销书。这本小册子告诉人们共产党是干什么的，正如一位读者所言："这本书要算是我读过的讨论共产主义书中之最好的，并且亦是不可多得的一个译本。"④这本译著出版之后，中国共产党发行的书刊对其进行全方位宣传，中共党

---

① 曹典：《陈延年与伟大建党精神》，《上海党史与党建》2023 年第 3 期；秦正：《莫斯科东方大学的"小列宁"陈延年》，《炎黄春秋》2021 年第 5 期。

② 俄罗斯国家社会政治史档案馆，全宗 495，目录 225，案卷 654，第 18 页。

③ 该书 1926 年 1 月由新青年社作为"新青年社丛书之一种"出版，仅署"著作者布哈林"，未注明译者。

④ 张荣福：《"共产主义的 ABC"》，《国民新报副刊》第 80 号，1926 年 3 月 5 日。

员也通过借阅、赠送等形式进行推广，这本"原作者写得好、译者译得好"的通俗书颇受好评，并被多次重印。①

除此之外，曾使用红鸿、洪鸿笔名的张伯简回国之后，1924 年 11 月担任中共中央出版部书记。他根据东方大学的教材和自己的学习心得，"译制了一张简明扼要、通俗易懂的社会发展史表解《各时代社会经济结构原素表》，说明从原始共产社会到共产主义社会各个历史阶段的政治经济结构。先由党的出版发行机构上海书店套色石印发行……张伯简又编纂了《社会进化简史》一书。这是我国最早用历史唯物主义原理阐述社会发展史的理论著作之一"。1925 年该书在上海、广州印刷出版，后来成为农民运动讲习所的读物之一，恽代英也极力向青年推荐该书。② 这本书参照了波格达诺夫的《经济科学大纲》，有力地推动了唯物史观在近代中国的传播。总之，留法勤工俭学群体的部分成员参与中共中央理论宣传、马克思主义文献翻译工作主要是因为党内人才稀缺，以及他们的外语能力较好。

二、回国后留法勤工俭学群体所译马克思主义文献的主要内容

中共二大后马克思主义在中国的传播进入新阶段，列宁主义在中国的传播迅速展开，中共的党报党刊也重点刊载列宁主义相关文献，为国民革命和国共合作提供指导。1923 年 6 月，《新青年》以季刊形式重新办刊，相继开辟"共产国际号""列宁号"等专号，成为刊载、传播列宁

---

① 参见王玉：《〈共产主义的 ABC〉在中国的翻译、出版与传播》，《出版与印刷》2024 年第 5 期。

② 中共云南省委党史资料征集委员会编：《中共云南党史研究资料 第 1 辑 张伯简文辑》，云南民族出版社 1987 年版，第 143—144 页。据笔者统计，《社会进化简史》的内容有 8 章，字数共计 20760 字；《各时代社会经济机构原素表》字数为 8404 字。

相关理论论述的重要平台。[①] 除此之外，上海《民国日报》副刊《觉悟》、《向导》周报、《中国青年》、《中国工人》[②] 或多或少登载列宁主义相关译文、论述。由于当时很多报刊的篇幅与小册子相当，这意味着书籍和报刊在文献传播方面具有同等意义。尽管说留法勤工俭学群体的翻译水平参差不齐，不过他们在马克思主义文献翻译方面仍然发挥了重要作用。据现有资料来看，1922 年至 1926 年他们在报刊所发表的译文有 20 余篇，具体如表 2-3 所示。

从表 2-3 中 21 篇译文的概况可知，留法勤工俭学群体翻译文献从 1922 年持续到 1926 年，之后大概是因为国民革命军北伐而中断；这些译文主要围绕列宁主义和世界革命主题而翻译和组稿；郑超麟翻译数量最多，赵世炎、尹宽、陈乔年、任卓宣、张申府均有译作，翻译量不均大概是因为郑超麟是中央宣传部专职工作人员，其他人另有职务和工作；译文的底本大部分来自共产国际的报刊，部分是留法勤工俭学群体旅莫时期现场聆听演讲、回国时带回材料译制，未注明出处的大概是共产国际在华工作人员直接提供的材料。值得注意的是，蔡和森并未发表译文，这可能是因为他的兴趣在于阐述中国革命现实问题，也可能是因为他本身外语能力稍逊，毕竟留法时期"猛看猛译"的蔡和森未留下任何译文资料。从表 2-3 中篇名能窥知内容主要围绕无产阶级专政、马克思主义辩证法、国际共产主义运动的历史与现状、罢工与暴动、列宁主义等主题展开，也有部分译文涉及马克思如何看待中国问题。

---

① 吕廷勤主编：《马克思主义在中国早期传播史料长编（1917—1927）》上卷，长江出版社 2020 年版，"序二"第 12 页。

② 本书论及的《中国工人》是 1924 年 10 月中共中央在上海创办的综合性工人刊物，罗章龙担任主编，主要作者有邓中夏、赵世炎、刘少奇等人。该刊物在五卅运动后停刊，共出 5 期。之后，该刊物曾多次复刊、停刊。

表 2-3　留法勤工俭学群体回国后在报刊发表的译文概况

篇名	著者	译者	译者情况	所载刊期	原文来源
《马克思学说之两节》	贝尔	褚（张申府）选译	张申府，时任中共驻柏林通讯员。	《新青年》第9卷第6号，1922年7月1日。	未说明。
《辩证法与逻辑》	蒲列哈诺夫（Plekhanoff）	郑超麟	郑超麟，时任中共中央宣传部秘书和《新青年》《向导》编辑。		未说明。
《马克思主义辩证法底几个规律》	阿多那斯基	石夫（尹宽）节译	尹宽，时任中共中央局秘书。	《新青年》季刊第3期，1924年8月1日。	译文曾刊登于《少年》。
《社会主义的社会之基本条件和新经济政策》	布哈林	尹宽			未说明。
《现在的力量》	罗若夫斯基	赵世炎	赵世炎，时任中共北方区执委兼北京地执委委员。		未说明。
《罢工的战术——赤色工联国际第三次大会中讨论罢工战术时罗若夫斯基之演说》	罗若夫斯基	士炎（赵世炎）	赵世炎，中共北方区执委兼北京地执委委员。	上海《中国工人》第1期，1924年10月。	未说明。
《马克思主义与暴动——给俄罗斯社会民主工党（波尔札维克）中央执行委员会的一封信》	列宁	超麟（郑超麟）	郑超麟，时任中共中央宣传部秘书和《新青年》《向导》编辑。	《向导》第90期，1924年11月7日。	译文注：这封信写于1917年9月，原文出自《列宁全集》第14卷。原文载于1921年《无产阶级革命》杂志第2期，被收入《列宁全集》第2版第32卷，第235—241页。今译名《马克思主义和起义——给俄国社会民主工党（布）中央委员会的信》，全文参见《列宁选集》第3卷，人民出版社2012年版，第274—280页。

篇名	著者	译者	译者情况	所载刊期	原文来源
《十月革命》	列宁	郑超麟	郑超麟，时任中共中央宣传部秘书和《新青年》《向导》编辑。	上海《民国日报》副刊《觉悟》，1924年11月7日。	译文注："这是临时政府推翻之后一天，列宁在彼得城工兵苏维埃的演说"，原文出自《列宁全集》第15卷。原文载于1917年10月26日《中央执行委员会消息报》第207号，被收入《列宁全集》俄文第5版第35卷，第2—5页，今译名《关于苏维埃政权的任务的报告》，全文参见《列宁全集》第33卷，人民出版社1985年版，第2—3页。
《东方革命之意义与东方大学的职任——托洛茨基"东大"第三周年纪念会上之演说辞》	托洛茨基	郑超麟	郑超麟，时任中共中央宣传部秘书和《新青年》《向导》编辑。	《新青年》季刊第4期（国民革命号），1924年12月20日。	托洛茨基到东方大学向中国学生演讲。
《一九〇五年的列宁》	季诺维埃夫	超麟（郑超麟）	郑超麟，时任中共中央宣传部秘书和《新青年》《向导》编辑。	《向导》第99期，1925年1月21日。	节译自季诺维埃夫1918年9月6日在得堡苏维埃的演说。
《托尔斯泰与当代工人运动》	列宁	超麟（郑超麟）	郑超麟，时任中共中央宣传部秘书和《新青年》《向导》编辑。	上海《民国日报》副刊《觉悟》，1925年2月13日。	列宁1910年的论文，译文注："这是《思想之十月》杂志新近出版一期中，第一次将他转载的"。原文被收入《列宁全集》俄文第5版第20卷，第38—41页，今译名《列·尼·托尔斯泰和现代工人运动》，全文参见《列宁全集》第20卷，人民出版社1989年版，第39—41页。

篇　名	著者	译者	译著情况	所载刊期	原文来源
《社会主义国际的地位和责任——译自一九一四年十一月一日〈社会民主党人〉》	列宁	陈乔年	文末署译者名：陈乔年，时任中共北京地方区执委兼北京地执委书记。		原文刊于1914年11月1日《社会民主党人》第33号，被收入《列宁全集》俄文第5版第26卷，第36—42页。今译名《社会党国际的状况和任务》，全文参见《列宁全集》第26卷，人民出版社1990年版，第40—46页。
《专政问题的历史观——译自〈共产国际〉第十四期》	列宁	郑超麟	文末署译者名：郑超麟，时任中共中央宣传部秘书和《新青年》《向导》编辑。	《新青年》不定期刊第1号（列宁号），1925年4月22日。	原文刊于1920年11月9日《共产国际》第14期，被收入《列宁全集》俄文第5版第41卷，第369—391页。今译名《关于专政问题的历史》，全文参见《列宁全集》第39卷，人民出版社1986年版，第367—388页。
《第三国际及其在历史上的位置——译自〈共产国际〉第一期》	列宁	郑超麟			原文刊于1919年5月1日《共产国际》创刊号，被收入《列宁全集》俄文第2版第36卷，第289—297页。今译名《第三国际及其在历史上的地位》，全文参见《列宁选集》第3卷，人民出版社2012年版，第789—797页。
《托洛茨基主义或列宁主义？》	斯达林	郑超麟	文末署译者名：郑超麟，时任中共中央宣传部秘书和《新青年》《向导》编辑。	《新青年》不定期刊第2号，1925年6月1日。	作者名今译斯大林。原文载于1924年11月26日苏联《真理报》第269号。今译名《托洛茨基主义？》，全文参见《斯大林全集》第6卷，人民出版社1956年版，第281—309页。
《西欧农民运动的前途——译自本年二月号的〈共产国际〉》	马丁诺夫	郑超麟			1925年2月的《共产国际》。
《马克思与中国》	里亚赞诺夫	超麟（郑超麟）	文末注：译者超麟。郑超麟，时任中共中央宣传部秘书和《新青年》《向导》编辑。	《向导》第124期，1925年8月15日。	未说明。

篇　名	著　者	译　者	译者情况	所载刊期	原文来源
《八年的苏维埃政权——一九二五年十二月拉狄克校长在莫斯科孙中山大学演说辞》	拉狄克	青锋（任卓宣）	任卓宣，时任莫斯科中山大学的中共组织负责人。	《中国青年》第115期，1926年2月27日。	莫斯科中山大学校长拉狄克的演讲。
《马克思主义者的列宁》	布哈林	郑超麟	文末均注：郑超麟译，时任中共中央宣传部秘书和《新青年》《向导》编辑。	《新青年》不定期刊第3号，1926年3月25日。	未说明。
《马克思主义者的列宁（续）》	布哈林	郑超麟		《新青年》不定期刊第4号，1926年5月25日。	未说明。
《国际共产主义运动之目前的问题——在共产国际扩大执行委员会的提案》	季诺维埃夫	郑超麟		《新青年》不定期刊第5号（世界革命号），1926年7月25日。	未说明。

资料来源：《新青年》第9卷第6号，1922年7月1日；上海《中国工人》第1期，1924年7月1日；上海《民国日报》副刊《觉悟》，1924年11月7日，1925年1月21日，1925年8月15日；《中国青年》第115期，1926年2月27日；《新青年》季刊第1—4号，不定期刊第1—5号，1923年6月15日—1926年7月25日；中共中央党史研究室第一研究部编著：《中国共产党第一至第六次全国代表大会名录》，中共党史出版社2014年版；中共中央组织部等编：《中国共产党组织史资料（1921—1997）》第1卷，中共党史出版社2000年版，第698页。

（一）无产阶级专政问题

无产阶级专政时期是资本主义进入共产主义的必经阶段。尽管今人看来无产阶级革命与专政是 20 世纪 20 年代中国革命遥不可及的事业，但是如果回到"以俄为师"色彩浓厚的历史现场，很多中国共产党人认为中国处于俄国二月革命之前、至少是 1905 年俄国革命之前的阶段，十月革命也并不遥远。这是当时中国共产党人翻译和传播无产阶级专政内容的理论假设。阶级斗争是唯物史观的重要观点，无产阶级专政理论也是基于阶级斗争提出的。

中共成立时期，陈独秀等人便与梁启超、张东荪等人展开了一场中国有无阶级、有无阶级斗争的论战。1922 年 7 月 1 日，张申府从法国寄给陈独秀的译文《马克思学说之两节》在《新青年》第 9 卷第 6 号上发表，这可以视为论战的延续。这篇译文采用的是"选译"形式，包括"阶级与阶级争斗""劳动运动与无产阶级专政"两部分。原文作者是德国的贝尔，选择这篇文章与张申府旅欧时期关注欧洲哲学、逻辑学以及张的德文能力不错有一定关系。该译文起首指出："马克思在使人了解历史的过程上有许多最重要的贡献。就中有一个就是他的对于社会阶级与对于阶级争斗的见解。"关于阶级划分的标准和阶级斗争的性质，译文指出："社会的各阶级，不论其中又有多少小分别，必都有那个公共的特性，即生资的来源是同的，或者来自个人的劳动，或者来自固有资本。一个阶级但能出卖劳力，一个阶级则有出产工具。马克思说，在这两阶级之间，是有根深蒂固，不可沟通的对抗的。由这种对抗，乃生成阶级争斗"，由经济的对抗进而发生工团、工联的组织，之后劳动者"晓得那种经济制度，却不是不可灭的，是能拿出产工具归社会所有分子共有的制度来代替的。那么，这时阶级对抗便发展成了阶级争斗"。推翻现有生产资料所有制与否是区分经济性质斗争和阶级斗争的依据。科学社会主义"不但证明社会主义之正当合于道理，并且明白指出，社会主义的新经济制度正在资本主义的胎中孕育着，就是资本主义暗中实在正把社会主义酝酿着"，社会主义运动自此进入自觉阶段，"阶级战争好比社会革命的楔子，有了阶级战争，社会革命遂因之而起"。简言之，阶级斗争导致了社会革命，"无产阶级专政乃是很对很正当之制"。由资本主义社会向共产主义社会演变的过程中，无产阶级专政是不可避免的，因为"社会方面这种变迁的时候，政治方面也有一个过度〈渡〉时期。这个时期的国家制度只能是一种革命性质的无产阶级专政制，除此以外，任凭什么都不济"。为论证无产阶级专政问题，贝尔摘选了《哥达纲领批判》《新时代》《共产党宣言》《法兰西内战》等书刊里的相关段落，最后提醒说"马克思对于有产阶级的和平主义是一点也不相信的"。① 也就是说，要坚持马克思主义的社会革命论，反对和警惕议会道路和改良主义。

关于资本主义社会进入社会主义社会时的无产阶级与封建社会进入资本主义社会时的资产阶级的发展程度，布哈林在《社会主义的社会之基本条件和新经济政策》一文中指出二者截然不同："从教育的观点上看，无产阶级是少发展的，并且我们应该要承认很无知的，比有产阶级很落后些"，无产阶级的成熟只能待无产阶级专政实现之后，"这个资本主义底成熟与社会主义底成熟之原理底区别很值得注意"。对于"穿入社会主义"和革命的态度也是修正主义的谬误之处，"修正派不愿意革命，所以他们认定这个穿入底历程在资本主义社会底怀中就已开始。至于我们，我们认定他只在无产阶级专政以后才开始。无产阶级应该毁坏有产阶级的国家，占据权力，于是利用这个杠杆来改变经济的条件。我们是在这里有一个长的发展的历程"，这样便由资本主义进入社会主义社会了。② 这段译文揭示了无产阶级不可能在自身发展成熟、有能力管理国家之后再开展革命，而是有合适时机时便举行暴动取得国家政权、实行阶级专政，然后无产阶级才能逐渐发展起来。

---

① 参见贝尔：《马克思学说之两节》，赭选译，《新青年》第 9 卷第 6 号，1922 年7 月 1 日。

② 布哈林：《社会主义的社会之基本条件和新经济政策》，尹宽译，《新青年》季刊第 3 期，1924 年 8 月 1 日。

　　1925 年 4 月《新青年》不定期刊第 1 号所载列宁的《专政问题的历史观》系统论述了无产阶级专政问题，主要是围绕俄国革命史上布尔什维克、孟什维克两派力量的相关论争。列宁首先指出了认识无产阶级专政问题的视角——无产阶级斗争史："无产阶级专政问题是所有资本主义国家中当代工人运动的根本问题。为完全明了这个问题起见，必须知道其历史"，"无产阶级专政学说史，是与革命社会主义史，特别是与马克思主义史，互相混合为一的"，"被压迫、剥削阶级反抗剥削者的所有革命史是我们对于专政问题的认识之最重要的材料和源泉。谁不明了任何革命阶级为自己的胜利有施行专政之必要，谁就是一点也不明了革命历史或一点也不愿意知道革命历史"。尽管说无产阶级专政问题是 1902 年至 1903 年俄国社会民主工党党纲提出的，"可是最重要的意义自然是革命经验，换言之，就是一九〇五年俄国革命经验"。这一年的最后三个月革命力量大为发展，"发生武装暴动与群众罢工联络起来，与无产阶级这特有的工具联络起来"，自然而然提出了革命政权问题和专政问题，"因为这种斗争方法必然要引起——起初是地方性质的——排斥旧政权、无产阶级和革命阶级夺取政权、驱逐地主、有时占领工厂等事实"。与布尔什维克有分歧的是孟什维克，他们在 1905 年的革命运动中貌似承认"苏维埃"的价值，但是不肯承认它是革命政权的萌芽，"简直拒绝了专政口号"，他们作为改良主义者只是口头承认无产阶级革命，实际上否认革命，而布尔什维克与孟什维克之后的所有争辩都可追溯到这个问题。是否承认"专政"是真假革命的分野，"当统治阶级不仅看见而且感觉到被压迫阶级有不可屈挠的力量时候，所有问题——理论家的或实际政治家的——就都归到革命中各阶级之真确的分野。没有'专政'观念，就不能够有这个真确的阶级分野。没有预备专政就不能算做实际上的革命者"。至于当时白狼克（今译鲁·布兰克）先生对于布尔什维克党人的攻讦，"这本是国际社会自由派、和平主义者及其他倾向的惯技"，他们到处称颂改良派机会主义者、考茨基派、朗格派是"理性"的社会党人，抵制"疯狂"的布尔什维克党人。至 1920 年，德国的第特曼、考茨基、克里斯宾、希尔费丁等人，法国朗格派，意大利的杜拉底派，以及英国的麦克唐纳尔和司奴丁等人对于专政的非难论调，与 1905 年白狼克、立宪民主党人的论调一样，"他们不懂得什么叫做专政，不会预备、了解、实现专政"。① 十月革命后列宁领导的苏俄和第三国际的世界意义在于，"开始实现马克思最伟大的口号，结算几世纪以来社会主义发展和工人运动的口号，确定无产阶级专政意义的口号"。② 上述内容均出自《新青年》不定期刊第 1 号，翻译它们的背景是 1925 年 1 月中共四大要求"努力宣传民族革命运动与世界革命运动之关联和无产阶级在其中的真实力量及其特性——世界性与阶级性，以端正党的理论方向。没有革命的理论，即没有革命的运动"③，这可以视为对此前党的干部几乎都忙于国民党改组和发展事务的纠偏。

（二）马克思主义辩证法与逻辑问题

马克思主义在中国的早期传播的内容较为侧重阶级斗争学说和唯物史观，关于辩证法的传播要稍迟一些。有学者认为在《少年》上发表的译文《马克思主义辩证法底几个规律》是"第一篇宣传马克思辩证法规律的专论"④，这篇译文之后又刊发于《新青年》，同期还有另一篇译文《辩证法与逻辑》，这两篇译文在马克思主义早期传播史上具有重要价值。前者为尹宽节译⑤，后者是郑超麟翻译。这两篇译文是郑超麟、尹宽在旅莫党组织的催促下翻译完成的，之后直接邮寄到广州，刊登于《新

---

① 列宁：《专政问题的历史观——译自〈共产国际〉第十四期》，郑超麟译，《新青年》不定期刊第 1 号，1925 年 4 月 22 日。

② 列宁：《第三国际及其在历史上的位置——译自〈共产国际〉第一期》，郑超麟译，《新青年》不定期刊第 1 号，1925 年 4 月 22 日。

③ 《建党以来重要文献选编（1921—1949）》第 2 册，中央文献出版社 2011 年版，第 255 页。

④ 田子渝：《在历史语境中审视马克思主义在我国的早期传播史——以瞿秋白是"在中国传播辩证唯物主义的第一人"的说法为例》，《中共党史研究》2012 年第 7 期。

⑤ 相关考证参见王磊：《马克思主义辩证法在中国早期传播的一篇重要文献——〈马克思主义辩证法底几个规律〉译文作者考》，《党史研究与教学》2014 年第 5 期。

青年》季刊第 3 期。同一期还刊载了赵世炎翻译的罗若夫斯基（今译洛佐夫斯基）撰写的《现在的力量》一文。[①]《马克思主义辩证法底几个规律》这篇译文第一次发表于 1923 年 3 月 1 日出版的《少年》第 7 号，译文起首署名 "V.Adoralsky"，文末注明"石夫节译"。1924 年 8 月 1日，该译文被转载于《新青年》季刊第 3 期时，正文前标注"阿多那斯基著，石夫节译"，这意味着首次发表时尹宽可能不知道如何翻译"V.Adoralsky"这一人名。比较两篇译文的内容可以发现，尹宽仅对个别细节做了修正，如"一八九十年"改为"一八九〇年"，当然修改是尹宽个人作了调整还是《新青年》编辑统一修改已无法知晓。由于前一节已叙述过这篇译文的主要内容，本节不再赘述。《辩证法与逻辑》由普列汉诺夫著、郑超麟翻译，阐述了辩证法在马克思的学说中的地位，分析了辩证法与形式逻辑的区别，批判了各类否定、反对马克思唯物辩证法的错误观点。[②]尽管说十月革命后马克思主义在中国已开始广泛传播，但是由于普列汉诺夫个人后期政治立场的摇摆和反复，以及同列宁在许多重大问题上的原则性分歧，直至 1923 年 11 月才有其译作在北京的《晨报》等中文书刊上刊载。[③]从这个意义上说，郑超麟翻译普列汉诺夫的《辩证法与逻辑》在当时具有开拓性意义。

　　《辩证法与逻辑》开篇就谈到了写作缘由："马克思与昂格思底哲学，不仅是唯物的哲学，而又是辩证的唯物论。反对这个学说的人，表示两种意见，他们以为：（一）辩证法本身受不起批评，（二）唯物论与辩证法不能相容。我们对于这两种意见须得答辩一下。"接下来，文章指出推理有同一律、矛盾律、不容间位律三大定律。伊伯尔凡格认为矛盾律与不容间位律可以合二为一，即关于某一事物应该说"是或否"，

[①]　具体内容参见 1924 年 8 月 1 日出版的《新青年》季刊第 3 期。

[②]　参见中国社会科学院哲学研究所编：《中国哲学年鉴 1983》，中国大百科全书出版社 1983 年版，第 478 页。

[③]　奚洁人、余源培主编：《二十世纪中国社会科学·马克思主义卷》，上海人民出版社 2005 年版，第 194 页。

而不能答复"是与否"。按照这样的逻辑，马克思主义的"是——否与否——是"即否定之否定便无法成立。普列汉诺夫指出，物质的运动是形成一切自然现象的基础；运动的物质因子结合成物体，物体因凝结程度而有所区分，存在一段时间后"就变成他种总体而消灭了"。"物质底'动'永久是一个，物质本质是不灭的。不过在永'动'底结果中，一定的和暂时的物质总体发生了以后及其未消灭以前，解决它的存在问题，必须抱着肯定的态度"，"公式底权力，并非无限的。固然对于已经发生出来的物体底存在问题，应该明确地答复；但是如果物体还在发生中，那有时就不能毅然决然地答复出来。一个人失落半头头发了，我们可以说，他有大部分秃头；但如果请你确定，几时这个人底头发完全失落，成了一个十全秃子，那就不容易了"。对于运动而未发生质变的物体，应该按照"——是是与否——否"去判断；而对于已经发生了质变的物体，就该应用矛盾逻辑。至于唯物论与辩证法不相容的观点，普列汉诺夫指出，"辩证法并不打消了形式逻辑，它不过废除了形而上学给形式逻辑的那些有绝对意义的律"，而黑格尔的辩证法与马克思的辩证法相反，"在黑格儿，事物底过程，被规定于观念底过程。在我们，观念底过程则用事物底过程来说明；思想底过程则用生活底过程来说明"。最后，运动的观点、辩证法对于科学社会主义理论的创立至关重要，"马克思把辩证法应用到社会主义上来，即以此，把社会主义造成科学，同时就给乌托邦主义一个致命伤。马克思已不求援于人性了；他并不管这种社会制度适合于人性或否"，"马克思又在《资本论》中说，人在环境内生活，改变了环境，即以此改变了自己的本性。这个就是辩证法底观点，它放射簇新的光明，在社会生活问题中"，"私有财产底形式及财产关系俱被规定于生产力底发展。某一社会关系底形式与生产力发展之一个阶级相符合"。[①]总之，普列汉诺夫通过对"辩证法本身受不起批评""唯物论与

---

① 以上参见蒲列哈诺夫（Plekhanoff）：《辩证法与逻辑》，郑超麟译，《新青年》季刊第 3 期，1924 年 8 月 1 日。蒲列哈诺夫，今译普列汉诺夫。

辩证法不能相容"两个错误观点的反驳，指出了马克思主义否定之否定规律的运用条件、马克思主义"运动"观点、马克思唯物辩证法与黑格尔辩证法的区别、马克思运用辩证法使社会主义理论成为科学等重大问题，而该译文的发表与传播推动了马克思主义辩证法在中国的传播。

（三）工人运动的历史、现状与战术

工人运动是社会主义运动的主体，也是无产阶级世界革命的实现路径。1921年7月《中国共产党第一个决议》明确指出："本党的基本任务是成立产业工会"，工会组织的研究工作包括"工人运动史，组织工厂工人的方法，卡尔·马克思的经济学说，各国工人运动的现状"。[①] 中国共产党成立后第一次工运高潮的兴起，本身就是长辛店工运模式传播的结果[②]。由于中国革命受世界革命的影响，国际工人运动的历史和发展、工人运动的战术战略自然也是留法勤工俭学群体翻译文献的重点。

罗若夫斯基著、赵世炎译的《现在的力量》一文是介绍当时国际工联组织的短文。译文开篇指出"在一九一九至二〇两年间，工会运动在全世界各国中经过一个非常迅速的发展形势。一九二〇年之末，国际工联运动差不多包含有五千万人。然而自从一九二一年初以后，资本主义之进攻又开始离散了这一营伟大的劳动军"，这些劳动大军按照政治、民族、宗教而分门别户，其中改良派的工团影响最大，革命的工团次之，独立的工团再次之，主要的国际工联组织有安姆斯坦国际工联协会，二十九个工业国际协会，赤色工联国际（莫斯科），在各工业协会中做宣传的十二个国际委员会（莫斯科）。译文概述了其中两个国际工联组织的基本情况，如分布范围、会员数量、在各国的差异、涉及行业、性质等。安姆斯坦国际工联协会结合了24个工团，在这些工团里都有"革命的少数派"在内部开展工作并反对其领袖，会员有2100万

---

① 《建党以来重要文献选编（1921—1949）》第1册，中央文献出版社2011年版，第4—6页。

② 具体参见贾凯：《一九二〇年至一九二四年中国共产党与工人建立联系的探索》，《中共党史研究》2021年第4期。

人，其中 1500 多万人在英国、德国，别的国家合计有 600 万人，"倘若我们将安姆斯坦底真实的数额表检查起来，凡加入赤色工联国际底革命分子除外，我们或者只能得一千五百万为最大的数目"，安姆斯坦国际工联协会已经在衰落。赤色工联国际由几个国家的工团中央和一些国家的革命少数派所组成，部分国家的工团因白色恐怖严重而无法加入，"赤色工联国际底真实数额，约在一千二百万与一千三百万间统一的，密接的，战斗的"。整体来看，无产阶级的组织"一部分尚在有产阶级的手中，一部分在其势力影响之下，一部分又背叛而反对他"，工人运动处于"预备革命"阶段。[①] 郑超麟翻译的《托尔斯泰与当代工人运动》载于 1925 年 2 月 13 日的上海《民国日报》副刊《觉悟》，这篇短文翻译得很拗口，语言表达不清楚，篇幅较短，大概属于"补白"性质。由于不是载于中共党报党刊，所以政治色彩不强。译文主要探讨作为思想家的托尔斯泰思想的社会背景：旧的、宗法的俄国在 1861 年之后开始破产，农民陷入饥饿、死亡、破产状态，不得不走向城市，城市的铁路、作坊、工厂靠着利用破产农民而发展起来，俄国的财政资本、商业、工业随之兴起，旧制度的损坏"遂表现在艺术家的，托尔斯泰底著作里，思想家的，托尔斯泰底观点中"，"增加了他对于他周遭的兴趣，引导至他整个的人生观之恐慌"。托尔斯泰的思想批评与当代工人运动代表者的批评的区别在于，"托尔斯泰是站在宗法的，朴实的农民底观点上的"。[②] 如果说当代工人运动代表者的批评属于"反抗"态度，那么托尔斯泰的批评则是代表破产农民的"失望"和"遁世"心理。之所以翻译这篇文章，大概是出于比较中、俄两国国情的缘故。

赵世炎翻译的《罢工的战术》一文是赤色工联国际（今译赤色职工国际）负责人罗若夫斯基在赤色工联国际第三次大会的演讲，刊载于工

---

① 以上参见罗若夫斯基：《现在的力量》，赵世炎译，《新青年》季刊第 3 期，1924 年 8 月 1 日。

② 参见超麟译：《托尔斯泰与当代工人运动》，上海《民国日报》副刊《觉悟》1925 年 2 月 13 日。

人刊物《中国工人》创刊号。翻译这篇文章的时代背景有：一是 1924 年夏，共产国际五大和赤色工联三大在莫斯科召开，中共派李大钊、王荷波等人出席这两个会议，赵世炎等东方大学的学员获准列席会议，另外赵世炎还给参会的王荷波充当翻译①，借此广泛收集会议材料和各国工运的资料；二是共产国际五大认为中国的反帝反封建运动到了"决战"时刻，"在招展的共产国际旗帜下，准备进行最后的决定性的斗争，对资本主义堡垒发动总攻击"②；三是中国共产党领导的工人运动处于复兴期，1924 年 5 月中共中央执委会扩大会议强调"只要有可能，到处都应当努力去组织大工会。这种大工会的基本组织是工会小组"③，但是对于如何开展工运和罢工缺少理论指导。因此，赵世炎的这篇译文可谓应时所需。译文开头便说："我们能不能从世界各国所有罢工经验中得出共同的方法或原则"；对于过去各类不同罢工的经验，能不能"推演出来成为一种战术"；使现在散漫的、不健全的工人运动能够转变成有秩序的、有条理的罢工。④ 罗若夫斯基首先区分了"政策"、"战术"和"战略"三个概念：政策是实现某项目的、计划的方法，战术是"实现计划所用方法的道路"，战略是"在实行某一件工作的战术时，怎样规划这个工作之详细的方法"，三者之间的关联又可以概括为"政策在纲领范围内规定本阶级战斗的基本方向，以提起战斗的力量，猛烈地推翻仇敌阶级。战术为施行目标而筹划方向，并寻找进攻的出发点。战略指明在某一段战线上怎样才得胜利，怎样才进到第二战线，以至最后战线"。罗若夫斯基将罢工与战争做了比较：战争是"有意的"爆发，且从上面组织；

① 姚仁隽：《赵世炎传》，中共党史出版社 1998 年版，第 111—112 页。

② 中共中央党史研究室第一研究部编：《联共（布）、共产国际与中国国民革命运动（1917—1925）》，《共产国际、联共（布）与中国革命档案资料丛书》第 2 卷，中共党史出版社 2020 年版，第 638 页。

③ 《建党以来重要文献选编（1921—1949）》第 2 册，中央文献出版社 2011 年版，第 65 页。

④ 士炎译：《罢工的战术——赤色工联国际第三次大会中讨论罢工战术时罗若夫斯基之演说》，上海《中国工人》第 1 期，1924 年 10 月。

罢工是因反抗运动而往往偶然爆发，没有预先的目标和谋划，之后工人才会组织团体，而偶然的罢工会变成有组织的争斗。之后，译文将罢工归纳为 13 个种类，并指出"为最后成功的效果起见，许多环境的条件是必需知道的"。关于罢工的指导者需要懂得的问题，罗若夫斯基概括为 26 个方面，强调"对群众下动员令，必要简单、明瞭，罢工的条件要准对群众利益又普遍化，大本营的指导者与工人群众的关系要十分贴切密接。认识敌人，懂得敌人——这是我们胜利的先决问题"。关于零碎的、偶然的罢工，要依据环境状况和群众观点，"即使罢工失败亦未尝不可作胜利的宣传，因为工人若能团结集中组织就算是胜利。本来革命的组织与预备，群众爆发的力量与含蓄增加的毅力都是需要的"，也就是说不能仅看一次行动之成败。对于一提起罢工就想立即实现总同盟罢工的想法，译文强调"经济的罢工与政治罢工一样，在阶级争斗中有同一的使命。革命的工会要能够运用小的争斗使之切合于公共的目的。每一个劳资间的争斗要放在反抗资本制度运动之群众使命上出发。我们讲罢工的战术，正是站在这个观点上，站在无产阶级斗争之总战术上。我们的总战术就是一个为经济制度而作政治争斗"，经济罢工终将汇聚为政治斗争。那么罢工有没有一般性规律呢？译文强调"必然胜利"的科学是不存在的，重点在于减少失败的机会、增加胜利的概率，"每一个阶级争斗的时机需要一次具体的答案"，"胜利的科学是不能捏造，而经验与明确地分析事实却是可贵的"。[①] 即罢工没有死公式，重要的是"去参加战斗"，总结实践经验。1926 年 6 月至 9 月，赵世炎发表 7 篇文章专论上海的罢工潮，这在党的历史上非常罕见，可以视为对上述译文所述精神的实践。

　　翻译和贯彻共产国际的文件是中国共产党的重要义务和责任。1926年 7 月 25 日《新青年》不定期刊第 5 号所载《国际共产主义运动之目

---

①　士炎译：《罢工的战术——赤色工联国际第三次大会中讨论罢工战术时罗若夫斯基之演说》，上海《中国工人》第 1 期，1924 年 10 月。

前的问题》（今译《国际共产主义运动的当前问题》）是 1926 年 2 月 17 日至 3 月 15 日共产国际执行委员会第六次扩大会议通过的、季诺维也夫（译文中用的是"季诺维埃夫"或"季诺维埃甫"）拟定的"提纲"①，这份文件为郑超麟所译。译文首先指出资本主义的"稳定"，"并不是资本主义已经渡过崩坏和衰落时期的意思，并不是资本主义已经医好了第一次帝国主义世界大战给它的创痛的意思，并不是它已经调剂了那经过这次战争后特别显露的特别加紧的矛盾。资本主义崩坏时期仍继续着"，这种"稳定"是建立在加紧剥削和压迫工人阶级和劳动群众基础上，应当看到"苏联之巩固和殖民地半殖民地反帝国主义运动之增长"，"许多大国家中不断的政府恐慌，资产阶级政党内部的纷乱和分裂"。伴随而来的则是，"在各国广大的工人群众中间，特别有力地表现出统一的倾向"，"就是在阶级斗争基础上的统一的倾向"，"达到了联合战线策略之初步的重大的成功，尤其在英国比利时瑞士及其他国家"。共产国际及其支部采取的态度是"迎受"："在这意义之下，仅仅现在才造成了真正应用联合战线策略之广大的基础"。对于联合战线应该采取的态度是："尽可能地联合国际无产阶级广大群众之唯一正确的方法，是以马克思主义精神有系统地训育广大的社会民主党和无党工人群众使之反对改良主义之唯一正确的方法"。季诺维也夫高度评价东方工人运动和民族解放运动的意义，认为"东方民族解放运动之觉醒和工人运动之逐渐强大，成了新的第一等重要的事实"，"共产国际必须分出最大限度的力量，从各方面赞助并巩固东方诸国的工人组织，使东方工人日渐接近于无产阶级的国际斗争"，"更加注意东方！使工人知道东方民族解放（和工人）运动对于无产阶级革命斗争有最接近的最切实的关系"。对于五卅运动以来的中国革命，他也给予了高度评价，"中国的运动无疑有全世界历史的意义，确实指明帝国主义统治已根本动摇了，指明世界无产阶级革

---

① 参见吕瑞林、戴隆斌主编：《国际共产主义运动历史文献》第 42 卷，中央编译出版社 2013 年版，第 346—382 页。

命在东方有不可测量的有力的后备军。新兴的中国工人运动在全民族解放运动中的作用一天天大起来"。[①] 该文件中关于东方革命、联合战线策略的论述对于当时的中国革命有指导意义，特别是考虑到当时国民党新右派的崛起，中国共产党内部对于国共合作的认识处于混乱时期，这也是《新青年》刊载这篇文件的因素之一。从共产国际会议召开到译文刊载仅 4 个月时间，作为中共中央宣传部秘书的郑超麟的翻译能力着实很强，如果考虑他还要编辑、撰写其他刊物文章，这显得尤为可贵。

（四）国际共产主义运动的历史

留法勤工俭学群体所译文献中涉及国际共产主义运动历史的占比最多，代表性的有《十月革命》《一九〇五年的列宁》《第三国际及其在历史上的位置》《西欧农民运动的前途》《八年的苏维埃政权》《马克思主义者的列宁》。这些译文可以大致归为两类。

一类是关于俄国革命历史。《十月革命》一文是列宁在十月革命胜利之后的演说，翻译底本出自《列宁全集》第 15 卷。列宁在这次演讲中阐述了十月革命的意义："这个工农革命究竟有何意义呢？这个革命的意义首先在乎我们将有一个苏维埃的政府，这是我们自己的权力机关绝无资产阶级参加在内。被压迫的群众自己创造了权力。旧的国家机关将根本被打碎。新的统治机关，以苏维埃组织为形式，将建立起来。从现时起，俄罗斯历史已到了新的时代，这回俄罗斯第三次革命的结局应该达到社会主义的胜利。"[②] 这篇短文属于十月革命胜利 7 周年的纪念和宣传文章之一，载于上海《民国日报》副刊《觉悟》。除了世界革命之外，还有关于 1905 年俄国革命的介绍和宣传，文章节译自季诺维埃夫1918 年 9 月 6 日在彼得堡苏维埃的演说。译文指出，1905 年革命时孟什维克创立的彼得堡苏维埃已随着布尔什维克党前进，革命失败后马尔多

---

① 以上参见季诺维埃夫：《国际共产主义运动之目前的问题——在共产国际扩大执行委员会的提案》，郑超麟译，《新青年》不定期刊第 5 号，1926 年 7 月 25 日。

② 郑超麟译：《十月革命》，上海《民国日报》副刊《觉悟》1924 年 11 月 7 日。

夫、普列汉诺夫都批评布尔什维克党人的暴动策略。列宁则给出了不同的评价："莫斯科武装暴动之外，在历史中，再也找不出别的一页，比较更高贵的，更光荣的……此次暴动是向世界资本阶级的第一个队伍整齐的斗争。……此次暴动有全世界历史的意义，此次暴动虽然失败，掩〈淹〉没在工人的血泊里，但仍然可算是最落后的国家中，反对沙尔制度和反对资产阶级之第一次的光荣的工人暴动"。重要的是苏维埃的口号不是儿戏，"列宁把苏维埃看成，取得政权后，将工人变成支配阶级的一种组织"。[①]1925 年 6 月 1 日《新青年》不定期刊第 2 号所载斯大林的《托洛茨基主义或列宁主义？》[②]一文，重在澄清关于托洛茨基与十月革命历史的"传说"，反映了俄国和共产国际内部斯大林与托洛茨基的斗争。斯大林在发言中说："我不否认同志托洛茨基在暴动中的作用之重要，但我应该说他在这中间没有也不能有特别的作用"，"托洛茨基在我们党内是较新的党员，不能在党中及暴动中有特别的作用，他不过如一切负责任的战士一样执行中央委员会及其各机关的意志而已"。之后，斯大林指出"托洛茨基同志及其朋友因十月革命及其准备而传播出来的许多不利吾党和关于列宁的神话"，"攻击吾党，吾党的中心人物，暴动的指导者，为的是从对党的攻击过渡到对列宁主义的攻击"，为提出和宣传托洛茨基主义是唯一的、无产阶级的思想做铺垫。托洛茨基主义的特点主要在于主张革命无间论，它还破坏党的整体性，不信任布尔什维克主义的首领并"企图使他们丧失信用"。[③]

关于十月革命之后社会主义俄国的发展，也是留法勤工俭学群体关注的重要内容。任卓宣翻译的 1925 年 12 月莫斯科中山大学校长拉狄克

---

① 季诺维埃夫：《一九〇五年的列宁》，超麟译，《向导》第 99 期，1925 年 1 月 21 日。

② 今译《托洛茨基主义还是列宁主义？》，这是 1924 年 11 月 19 日斯大林在全苏工会中央理事会共产党党团会议上的演说。

③ 斯达林：《托洛茨基主义或列宁主义？》，郑超麟译，《新青年》不定期刊第 2 号，1925 年 6 月 1 日。

的演讲便是对苏俄社会主义发展的概括，题目是《八年的苏维埃政权》。首先，苏维埃联邦的性质与其他国家不同，它是一个无产阶级统治的，"一切土地与一切工厂都属于工人与农民"的国家。其次，革命和苏维埃政权制度不是"根据于什么预定的计划。这种制度是从斗争的中间产生出来的。俄罗斯的工人与农民夺得政权之后，要保持这种政权，就不能不继续奋斗"，"苏维埃制的形成不是从上到下，而是从下到上。它不是成立在莫斯科而是散布在各地的"。苏俄政权建立之后便遭到帝国主义的攻击，苏俄采取了军事共产主义政策，它"不是生产的制度，而是消费的方法。我们占有了一切储藏室，充公了农民的面包。为战争的胜利，这是必要的，但是军事共产主义不是发展社会主义的道路"。1921年春，与反革命势力的战争结束之后，苏俄采用了新经济政策，它是共产主义发展的开始，经过 5 年的发展城市里已经建立起比较发展的社会主义，但是农村还没有。由于国有资本的发达和占据优势，"私人资本决不能占有都市与乡村中的全部交易事业"。随着电气站、机械化的发展，乡村经济的合作事业将不断扩大，"相信这些方法会把乡村放到社会主义的路上"，"这些事实都可以使我们相信工农的联合定能维持下去，社会主义在苏俄定能实现"。① 也就是说，十月革命后苏俄经历军事共产主义、新经济政策两个阶段，现在城市、农村正朝着社会主义迈进。

　　另一类是关于国际共产主义组织的演变，主要涉及第二国际的破产和第三国际的历史意义。1925 年 4 月 22 日《新青年》所载《社会主义国际的地位和责任》译自 1914 年 11 月 1 日的《社会民主党人》。列宁在这篇文章中分析了第二国际的破产原因，"现在的危机中，最可痛心的一件事，就是资产阶级国家主义、爱国主义对于欧洲社会主义大多数官僚代表之胜利"，"第二国际的破产，就是机会主义的破产"。他们拥护阶级合作、迎合国家主义，抛弃社会革命和阶级斗争的方法，忘记民族

---

① 青锋译：《八年的苏维埃政权——一九二五年十二月拉狄克校长在莫斯科孙中山大学演说辞》，《中国青年》第 115 期，1926 年 2 月 27 日。

和国家的历史暂时性，迷信资产阶级的"合法"，像小资产阶级一样惧怕广大人民群众。不论是社会民主党左派还是瑞士"稳健派"的报纸都承认这些问题，考茨基还要遮盖这一机会主义的破产。他们没有认识到战争是帝国主义的战争、资本主义最后阶段的战争，"把适用于资本主义初生时期的真理，搬到资本主义终结时期。在这个时期，无产阶级在斗争中的责任，不是推翻封建制度，而是推翻资本主义"。文末列宁总结说："第二国际死了，被机会主义战败了。打倒机会主义！……第三国际责任在于组织无产阶级势力向资本主义政府做革命的进攻，向各国资产阶级宣布国内战争、夺取政权、护得社会主义胜利！"①也就说第二国际被机会主义打败后，第三国际将承担起无产阶级世界革命的重担。

同期刊载的《第三国际及其在历史上的位置》一文是国际共产主义运动的经典文献，原文出自1919年5月1日第三国际的机关刊物《共产国际》创刊号，由郑超麟翻译。译文开头便对帝国主义的虚伪性进行了嘲讽："协约国的帝国主义者封锁俄罗斯，看苏维埃俄罗斯像瘟疫发源地一样，企图使之与资本主义世界隔绝"，"那些最开化的、最文明的、最'德谟克拉西'的国家，全副武装了又在军事上旁若无人地统治全世界，现在反被从那个破产的、饥饿的、落后的、甚至他们以为半野蛮的国家传染来的思想上之瘟疫所慑住了！"文中还概括了第三国际的特性和使命在于，"输入马克思主义原则于生活之中，在于实现几世纪的社会主义和工人运动的思想"，"删除了资产阶级的、小资产阶级机会主义和社会爱国主义的分子，开始实现无产阶级专政"。对于苏维埃和无产阶级专政的历史意义，文中指出"全世界工人群众从本能上就认识了苏维埃的意义是无产阶级斗争的工具和无产阶级国家的形式"，"全世界历史是定归要走向无产阶级专政去的。但所走的决不是平坦的、单纯的、一直的道路"。即无产阶级专政存在一般性和特殊性的问题。第一

---

① 列宁：《社会主义国际的地位和责任——译自一九一四年十一月一日〈社会民主党人〉》，陈乔年译，《新青年》不定期刊第1号，1925年4月22日。

次世界大战的爆发和苏维埃俄国的建立宣告了第二国际的破产，因为第二国际的领导人"完全不能明了苏维埃或无产阶级德谟克拉西的意义及其与巴黎公社的关系及其历史上的位置及其成为无产阶级专政形式的必要"，他们所恭维的资产阶级的德谟克拉西"从来只是资本压迫劳动者的机器，资本政权的工具，资产阶级的专政"，"劳动群众在资本主义底下是不能够享受德谟克拉西的"。他们所谓的联合、调停资产阶级专政与无产阶级专政是异想天开的见解，现实中"克伦斯基时代在俄国已经经过孟雪维克党人和社会革命党人联合派——这些自称社会主义者的小资产阶级民主派试验过了"，理论上马克思已经揭示"在资本主义社会每个紧张的顷刻中、每个激烈的阶级冲突里，只能有唯一的资产阶级专政或唯一的无产阶级专政这一层道理"。[①]《西欧农民运动的前途》可算作西欧农民运动的"近史"。西欧农民问题是 1848 年出现的，广大农民处于"资产阶级封建政党的影响和指挥之下"，"当世界大战爆发，摇动欧洲资本主义直至其根基之时，农民问题重新以其剧烈的形式——没收地主财产问题——在西欧提出来"。尽管西欧只有受压迫程度最深的农民走上了抗争道路，但是"最重要的在于冰山已经摇动了"，如果善于运用列宁主义策略，那么问题终会解决。整体来看，西欧农民运动还处于转机阶段，希望各国共产党能够与各种小农运动建立密切联系并将其置于自己的指导之下，此外还应该积极促成旧的农党的解体，这样革命高涨时农民将会支持共产党。[②]

（五）列宁主义的发展历史与理论构成

列宁主义是帝国主义时代的马克思主义，中国共产党的建立便与列宁主义东方战略的实施直接相关。留法勤工俭学群体在《新青年》《向导》《中国青年》《中国工人》发表的系列译文中，直接论述列宁主义理

---

①　列宁：《第三国际及其在历史上的位置——译自〈共产国际〉第一期》，郑超麟译，《新青年》不定期刊第 1 号，1925 年 4 月 22 日。

②　马丁诺夫：《西欧农民运动的前途——译自本年二月号的〈共产国际〉》，郑超麟译，《新青年》不定期刊第 2 号，1925 年 6 月 1 日。

论与实践的篇目不多，大部分译文是将列宁主义的立场观点方法融入各类专题论述中。如 1924 年 3 月 21 日托洛茨基在莫斯科东方大学的演讲中回应东大学生关于马克思与列宁的辩论说："你们在校报上有关于马克思和列宁之辩论：一派以为马克思是一位纯粹的理论家，而别一派则反对之，以为马克思也是一位革命的政治家，正和列宁一样，理论与实行相辅而行的。后一派意见自是不错，但这二位历史人物中间却因时代不同而有差别。马克思主义不是学院派学说，而是革命行动的骨干"，"马克思在其理论中虽能解释十年和百年的发展步骤，但他的学说随后已部分的变了态，到了列宁才将他的学说整理起来，应用在广大历史范围的行动上。你们已看过这个行动了，东方劳动者共产主义大学就是建设在这行动上头的"。列宁主义的另一显著特点是强调资本主义国家的阶级革命和殖民地半殖民地国家民族革命的合作来促成世界革命的成功，"你们在东方大学中应该懂得阶级思想与势力之世界运动是向着一个伟大目的走去的，你们应该懂得联络印度人暴动，中国苦力运动，国民党资产阶级德谟克拉西的政治宣传，朝鲜人独立奋斗，土耳其资产阶级德谟克拉西复兴，高加索文化运动等等，他们应该懂得将这些势力联合于第三国际在英国工作与斗争之上"，"这种理论的和政治的训练，你们应该在东方大学内取得，这个大学将变成由莫斯科联络西方无产阶级革命与东方被压迫民族运动种种线索之总汇"。此外，尽管中国革命是国民革命性质，但是共产党人要将革命往前推动，"中国解放斗争，孙文思想也是德谟克拉西的，进步的斗争，但这种斗争也终是资产阶级的。我们主张共产党人拥护中国国民党，推动它向前进步"。①

集中介绍列宁主义理论与实践的译文是布哈林著、郑超麟译的《马克思主义者的列宁》②，刊载于《新青年》不定期刊第 3 号、第 4 号，但

---

①　郑超麟译：《东方革命之意义与东方大学的职任——托洛茨基"东大"第三周年纪念会上之演说辞》，《新青年》季刊第 4 期，1924 年 12 月 20 日。

②　今译《作为马克思主义者的列宁》，这是 1924 年 2 月 17 日布哈林在共产主义学院庆祝会上的一篇报告。

未连载完，1927 年 1 月其全译本以"新青年社丛书"的形式出版①。由于第 4 号该译文末尾注明了"未完"，1926 年 7 月 25 日《新青年》不定期刊第 5 号是目前看到的最后一期，我们可以推断郑超麟因为种种因素未及时译完，也就无法继续连载。布哈林的这篇报告的原文包括引言和正文，正文有 8 部分，第 1—3 部分和第 4—6 部分分别刊载于《新青年》第 3 号、第 4 号。第 1—3 部分论述马克思、恩格斯时代的马克思主义，第二国际的"马克思主义"，列宁的马克思主义等三个问题，其中第 2 部分的马克思主义加了引号，意为它不是真正的马克思主义。马克思、恩格斯时代的马克思主义"乃在看出社会发展必然要达到无产阶级专政"，是"用来做推翻资本主义制度最有效的一种工具"；第二国际的"马克思主义"诞生于资本主义有机发展的"稳定"时期，德国社会民主党内部出现了修正主义倾向，"其他一派的马克思主义，即考茨基领导的自命为急进派的或正统派的马克思主义，其离开马克思主义的痕迹则比较不十分明显"，这两派最近几年合二为一，"去除马克思主义的革命性，抛弃了马克思主义的革命的理论、革命的辩证法、论资本主义崩坏的革命学说、论资本主义发展的革命学说、论专政的革命学说等，而代之以凡庸的资产阶级德谟克拉西进化论的学说"；列宁的马克思主义是异常骚动、异常革命时代即帝国主义时代的产物，"绝不是变性的或修正的马克思学说的方法论"。②第 4—6 部分主要涉及"列宁的理论和实际""帝国主义、民族问题、殖民地""国家、无产阶级专政、苏维埃政权"，基本涵盖了列宁主义理论的主要内容。译文多次强调列宁主义的"实际"色彩，"完全指示出任何理论之实际的意义，乃是列宁的马克思主义之异常宝贵的和积极的特点"，"当党内或党外发生某种离开马克思主义的理论倾向时，他即刻用实际的办法去纠正，因为他明显地把理论

①　蒋成德：《中国近现代作家的编辑历程》，中国书籍出版社 2019 年版，第 250—251 页。

②　以上参见布哈林：《马克思主义者的列宁》，郑超麟译，《新青年》不定期刊第 3 号，1926 年 3 月 25 日。

和实际连系起来，明显地扯破了字句的外壳"，即强调理论和实际的结合。布哈林强调这还体现"在他的著作里，所有理论及其统计数目，都与他所做出的实际政治结论息息相关"。相比于马克思、恩格斯，列宁主义的独创性还体现在民族和殖民地问题，"这里实际上列宁的学理自成一家言。根本上因为马克思对于许多问题的抽象化之程度是很大的，需要中间加入许多逻辑的环，才能做出直接的实际的结论"，这些中间的"环"便是殖民地暴动、民族战争、被压迫民族反抗强国求自由的斗争，列宁的论述"学理的意义是十分正确的了"。列宁另外的贡献还有国家学说，他不仅指出无产阶级革命时国家政权破坏的历史必然性，并且"用算术演算出，无产阶级专政问题，即苏维埃政权为工人专政形式的学说"。而这个国家政权问题，是目前的中心问题，是一切问题的问题，"列宁是工人国家的理论家，是这国家的积极的实行建设者，是这国家的指导者，是国际无产阶级中诲人不倦的使徒"。[①]

三、回国后留法勤工俭学群体翻译马克思主义文献的主要特点

爬梳上述留法勤工俭学群体回国后翻译的诸篇译文，我们对于1922年至1926年马克思主义文献在中国翻译和传播有了一定认识。概言之，自北京大学马克思学说研究会、上海马克思主义研究会成立后，早期共产主义者便十分重视马克思主义文献翻译工作，并拟定了翻译和出版计划，只不过受限于各种因素仅完成一部分。中共成立后原本计划通过新青年社、人民出版社刊行这些译作，同样仅完成部分工作，而人力有限是主要原因。自1923年《新青年》季刊创刊，中共重视通过党报党刊刊载、传播马克思主义译文，而《新青年》原本就是文化刊物，且中共各刊物都有不同定位和读者对象，故改为季刊、不定期刊的《新青年》成

---

① 以上参见布哈林：《马克思主义者的列宁（续）》，郑超麟译，《新青年》不定期刊第4号，1926年5月25日。

为马克思主义理论译作的重要刊载平台，前文亦反映了这一基本特点。纵览上述 20 余篇译文，我们可以发现回国后留法勤工俭学群体翻译文献具有几个特点。

　　一是留法勤工俭学群体成员并非全员参与文献翻译、著作撰写工作，任职于中共中央宣传部、担任专职编译人员的郑超麟撰文最多，蔡和森因为种种原因翻译文献稀少，这与他们留法时期多人翻译的情况明显不同。从时间脉络来看，相关译文在 1924 年 8 月至 1926 年 7 月较多刊载，这与 1924 年 6 月中共中央机关机构和编辑委员会的设立有关，即有专职编译人员，而 1926 年 7 月之后随着国民革命军北伐的开始中断。尽管赵世炎、陈乔年、尹宽的译文在《新青年》刊载，实际上是因为他们当时在莫斯科东方大学，有一定的空闲时间可以翻译，译完之后寄回国内。与中共中央原本计划通过新青年社、人民出版社编译一套经典文献的计划不了了之类似，留法勤工俭学群体的编译也没有专门计划，大多因时因势相机处之。如学术界关注较少的赵世炎所译《罢工的战术》一文，是赵世炎列席赤色工联大会、担任王荷波的翻译而偶然收集到的材料，他将其翻译成文有可能是便于王荷波之后查阅和中共贯彻大会指示的需要，之后不久刊载于工人刊物《中国工人》，可谓物尽其用。而译文最为丰富的郑超麟，主要任职于中共中央宣传部和《新青年》《向导》编辑部，同时在上海大学任教、中共上海区委任职，也会出现无法按期交付译文的情况，如前文所述《马克思主义者的列宁》这篇文献没有刊载完。郑超麟的翻译水平很高，但是估计受限于时间因素也翻译了《托尔斯泰与当代工人运动》这类文不对题、云里雾里的译文。至于刊载的刊物以《新青年》季刊、不定期刊居多，此外便是散见于《向导》、《中国工人》、《民国日报》副刊《觉悟》，由此呈现出译文既注重加强中共党员的马克思主义理论素养，又侧重对于党外人士、工农群众的宣传特点。与不同刊载媒介相关的还有译文的篇幅、文体，《新青年》自然是政论文居多、篇幅较长，而其他刊物可能涉及文艺问题、篇幅普遍较短。

　　二是所涉议题不成体系，底本来源多元、不系统，兼顾经典文献和最新文件。上述译文主要涉及阶级斗争与无产阶级专政、马克思主义辩证法与逻辑、国际共产主义运动的历史与现状、罢工与暴动、列宁主义的历史发展与理论构成等议题，大致可以归为马克思主义基本理论、发展史和国际共产主义运动前沿问题两大类，而专门涉及中国问题的译文不太多，只有《东方革命之意义与东方大学的职任》和《马克思与中国》2 篇，其中前者还涉及其他东方殖民地半殖民地国家的学生，其实也不能算针对中国革命而讲。这些译文之后能够纳入马克思主义传播史上经典文献的大概有《马克思主义与暴动》《托洛茨基主义或列宁主义？》《马克思主义者的列宁》《国际共产主义运动之目前的问题》4 篇，它们已列入或后被列入马克思主义经典作家的全集，有的在中国传播的过程中影响颇大。就底本来源来看，有的直接出自旅莫时期留法勤工俭学群体现场聆听演讲或收集的材料，如托洛茨基、拉狄克的演讲；有的直接译自《列宁全集》；还有多篇译自共产国际的机关刊物《共产国际》，它是一个多语种的党刊；也有的译自报刊《思想之十月》《社会民主党人》，这些材料可能来自在华共产国际和苏俄（苏联）代表。从底本生成时间来看，一部分是十月革命前后撰写或发表的，又有很大比例是1924 年至 1925 年的最新讲话、文件，而十月革命前后的译文大多在之后影响不大，这也说明马克思主义文献的"经典化"是个历史过程，稍迟才出现这一趋向。如果进行归类，1925 年之前译文主要属于国外马克思主义者对于马克思主义的诠释文献，这些马克思主义者能否算作马克思主义经典作家尚有争议；而 1925 年中共四大之后更为侧重翻译共产国际的文件和领导人的讲话，随意性减弱，这与中共中央编译委员会的指导不无关系。值得注意的是，中共中央此时已经强调译文要体现中国革命与世界革命的关系，但是实际上马克思主义作家专门论述中国问题的并不多，所以仅有《马克思与中国》这篇里亚赞诺夫的论文载于《向导》，而《向导》的定位又使得这篇译文的历史阐释和理论分析色彩不可能浓厚。

三是介绍和宣传列宁主义、第三国际的色彩浓厚，呈现出列宁去世后马克思主义在中国传播的新特点。笔者将前文涉及的所有文献合并在一起作统计，发现主要语词的频次为："无产阶级专政"45 次，"无产阶级"（不含"无产阶级专政"）215 次，"工人阶级"68 次，"工人"（不含"工人阶级"）299 次；"农民"208 次，"农民阶级"2 次，"农民运动"10 次；"阶级"805 次，"阶级斗争"21 次，"阶级争斗"27 次，"阶级革命"35 次，"阶级战争"2 次；"列宁"284 次，"列宁主义"65 次，"马克思"327 次，"马克思主义"180 次；"共产主义"39 次，"共产国际"90 次，"第三国际"12 次，"第二国际"29 次，"共产党"117 次，"国际共产党"0 次，"社会民主党"150 次，"社会民主工党"8 次；"资本主义"207 次，"资本"311 次，"帝国主义"75 次，"帝国"80 次，"革命"594 次，"世界革命"4 次；"东方"72 次，"中国"62 次，"俄国"103 次，"俄"166 次，"苏俄"4 次，"苏联"41 次。根据上述词频可知，"革命"一词出现的频率颇高，这与金观涛等统计认为 1926 年"革命"一词使用达到最高峰一致①，说明那是一个高唱"革命"的时代。译文涉及无产阶级专政和国际工人运动的论述很多，对于农民问题和农民运动的关涉较少；"阶级"一词并无固定搭配，"阶级争斗"出现于 1922 年至 1925 年，"阶级斗争"和"阶级革命"两个语词散布于各时间段译文，"阶级战争"仅出现于张申府 1922 年的译文中。值得注意的是，列宁主义成为重点译介和传播的内容，不过很多内容是围绕列宁的生平和思想，而且对于列宁的论述往往是置于马克思主义发展史的脉络中考察，目的是澄清列宁主义与第二国际修正主义的界限，如"社会民主党"出现的频次不低，这也是留法勤工俭学群体译介列宁主义的显著特点。这些译文绝大多数来自苏俄和共产国际，与苏俄、俄国相关的内容比与中国相关的内容要多，对上文"东方""中国"与"俄国""俄""苏联"出现的频次作对比便能发现这一特点。即便是探讨中

---

① 金观涛、刘青峰：《观念史研究：中国现代重要政治术语的形成》，法律出版社 2009 年版，第 600 页。

国问题，译文也是从世界革命和殖民地半殖民地问题、东方革命的整体视角加以考察，这意味着对于中国革命特殊性的关注不够。

综上所述，1919 年至 1927 年留法勤工俭学群体翻译马克思主义文献时对经典作家、文献内容具有"选择性"特点。留法时期该群体的译介时效性较强，侧重前沿问题的翻译和传播；翻译文献缺少系统性、组织性，无专人负责；涉及的马克思主义作家、议题具有选择性，词频分布、译词使用具有一定的主观性和随意性。而回国之后该群体并非全员参与文献翻译、著作撰写工作，任职于中共中央宣传部、担任专职编译人员的郑超麟撰文最多，这与他们留法时期多人翻译的情况明显不同；所涉议题不成体系，底本来源多元、不系统，兼顾经典文献和前沿文件；介绍和宣传列宁主义、第三国际的色彩浓厚，呈现出列宁去世后马克思主义在中国传播的新特点。

第三章 留法勤工俭学群体对马克思主义术语的接受和运用：以"帝国主义"为中心

　　"帝国主义"是列宁主义的重要术语和概念。它不仅提供了对于世界形态的解释，还包含着指导民族运动的革命纲领，中国共产党人欲实现中国的发展与安定，就要反对国际帝国主义。[①]1922年9月创刊的《向导》明确指出："军阀的内乱固然是和平统一与自由之最大的障碍，而国际帝国主义的外患，在政治上在经济上，更是钳制我们中华民族不能自由发展的恶魔。"[②]能否认识国际帝国主义的实质和表现，事关理解中国经济政治重要问题的科学性。留法勤工俭学群体是中国共产党宣传战线的骨干力量，他们在接受和运用马克思主义理论的过程中较为关注"帝国主义"的概念、实质、情势及对中国的影响。一方面，从理论上探究帝国主义相关问题；另一方面，基于帝国主义对华的压榨与侵略，唤醒反抗国际帝国主义的力量——中国国民。该群体对"帝国主义"术语的接受和运用，呈现出帝国主义论在中国传播的早期图景，也折射出中国马克思主义术语诞生于马克思主义术语在中国的运用过程中。

---

　　① 毕玉华：《建构与调适：中共革命意识形态中的"帝国主义"概念》，《近代史研究》2018年第5期。

　　② 《本报宣言》，《向导》第1期，1922年9月。

第一节　对"帝国主义"概念的接受

概念和术语在旅行中会经受时空的挤压，"帝国主义"一词也不能例外。"帝国主义"一词从西方经由日本传入中国时，它的含义、语境与形象都有所不同。五四运动后，伴随着马克思主义在中国的广泛传播，列宁的帝国主义理论也被传入中国。"以俄为师"的中国共产党接受了列宁的帝国主义概念，并将其运用到自身意识形态话语的建构中。[①]旅法期间，中国共产党的留法勤工俭学群体在接受马克思主义过程中，也注重根据列宁的帝国主义理论来认识国际帝国主义的历史与现状。

一、"帝国主义"概念的生成与流布

"帝国主义"一词的英文为"imperialism"。一般认为它来源于法语，从 19 世纪 30 年代开始，法文中开始频繁出现"帝国主义"一词，指代的是拿破仑一世和拿破仑三世创建的帝国。[②]大约在 19 世纪下半叶，英国人开始使用"帝国主义"一词，大概是为了顺应庞大殖民帝国的需要，该词也具有了殖民扩张的含义。[③]帝国主义不仅是一种经济政治形态，它对外扩张的同时伴随着对应概念的传播和旅行。该词也正是在这样的背

---

① 毕玉华：《建构与调适：中共革命意识形态中的"帝国主义"概念》，《近代史研究》2018 年第 5 期。

② 曹龙虎：《近代中国帝国主义概念的输入及衍化》，《武汉大学学报（人文科学版）》2017 年第 4 期。

③ 高岱：《帝国主义概念考析》，《历史教学（高校版）》2007 年第 2 期。

景下传入中国的，只不过是由日本中转。^①明治维新后，"帝国"一词在日本广泛流行。^②"主义"作为汉字词汇涌现于 17 世纪至 19 世纪，日本人最先单独使用它^③，并在日语中逐渐流行起来。"帝国"与"主义"两个词汇的广泛流行，使两词组合成一词似乎顺理成章。但实际上，由于日本自称"帝国"，故该词与"主义"的结合容易产生歧义，所以直到 1898 年前后"imperialism"才与"帝国主义"译法挂钩。^④据学者考证，"imperialism"一词原被译为"帝位"，高山樗牛写于 1898 年底的《罪恶の一千八百九十八年》里开始使用打引号的、以汉字形式出现的"帝国主义"一词。而在欧美资本帝国主义发展兴盛的同时，"帝国主义"一词1901 年开始在日文中频繁出现。^⑤显然，词汇使用与现实发展互动产生的话语建构，在"帝国主义"一词上同样适用。

清末留日高潮出现的同时，日语词汇、概念和话语也大量传入中国。在中文中最早使用"帝国主义"一词的是《清议报》。^⑥该报纸是近代中国转型期的一个重要新闻媒体，在传播新思想新概念上发挥了巨大的作用，并很大程度上扮演着转借日语词汇、概念的角色："《清议报》

① 相关研究参见高岱：《帝国主义概念考析》，《历史教学（高校版）》2007 年第 2 期；陈力卫：《"主义"概念在中国的流行及其泛化》，《学术月刊》2012 年第 9 期；曹龙虎：《近代中国帝国主义概念的输入及衍化》，《武汉大学学报（人文科学版）》2017 年第 4 期；毕玉华：《建构与调适：中共革命意识形态中的"帝国主义"概念》，《近代史研究》2018 年第 5 期；李映珵：《"帝国主义"还是"大国家主义"：大革命时期"Imperialism"的概念争论及其政治考量》，《上海党史与党建》2022 年第 3 期。

② 曹龙虎：《近代中国帝国主义概念的输入及衍化》，《武汉大学学报（人文科学版）》2017 年第 4 期。

③ 陈力卫：《"主义"概念在中国的流行及其泛化》，《学术月刊》2012 年第 9 期。

④ 曹龙虎：《近代中国帝国主义概念的输入及衍化》，《武汉大学学报（人文科学版）》2017 年第 4 期；陈力卫：《"帝国主义"考源》，（台湾）《东亚观念史集刊》第 3 期，2012 年 12 月。

⑤ 孙江主编：《亚洲概念史研究》第 2 卷，商务印书馆 2018 年版，第 258—259 页。

⑥ 曹龙虎：《近代中国帝国主义概念的输入及衍化》，《武汉大学学报（人文科学版）》2017 年第 4 期。

中弘扬的主义几乎百分之九十以上取自日本，特别是对帝国主义的认识有一个渐进的过程，它基本起到一个承上启下的知识转型的作用，将日本资源化为己有，为其后'主义'在中国大陆的流行做好了铺垫。"①该报纸刊载了诸多关于帝国主义的文章。如第 2 册的译文《极东之新木爱罗主义》中提到"举用此议，使美英二国操持世界共通之新帝国主义"。再如，1899 年的第 13 册："其他或云帝国主义。或云侵略主义。或云平和主义。"在第 17 册中还对"帝国主义"进行解释："帝国主义者谓专以开疆拓土扩张己之国势为主即梁惠王利吾国之义也。"②该报主编、旅居日本的梁启超对"帝国主义"的议论也很多。如《论民族竞争之大势》载有："欧洲列国中，其最能发挥现世帝国主义之特性，代表近来世界历史之趋向者，莫德国若也。德人行帝国主义之政策，不过近十年事耳。"③值得注意的是，当时也是日本资本帝国主义的发展时期，故日本众多思想家，如浮田和民、高山樗牛、德富猪一郎，都对帝国主义持褒义姿态，这对中国思想界也产生了影响。

　　话语之所以能够产生影响，很大程度上在于它能用于解释和改变现实世界。"帝国主义"一词能够产生广泛影响，也因其与意识形态产生了紧密关联，特别是成为列宁主义用于阐释资产主义发展新阶段的关键术语和概念。1914 年至 1917 年，列宁发表了《论欧洲联邦口号》《机会主义和第二国际的破产》《帝国主义和社会主义运动中的分裂》《无产阶级革命的军事纲领》等著作，论述其对资本主义发展的认识。此外，1916 年完成的《帝国主义是资本主义的最高阶段》于 1917 年印出，使人们对"帝国主义"有了全新认识。按照列宁的论述，1914 年各资本主义国家为了瓜分和重新瓜分殖民地、金融资本的势力范围而发动世界大战，这是一场帝国主义的侵略的、掠夺的、强盗的战争④。列宁在"帝国主义是

---

① 陈力卫：《"主义"概念在中国的流行及其泛化》，《学术月刊》2012 年第 9 期。
② 孙江主编：《亚洲概念史研究》第 2 卷，商务印书馆 2018 年版，第 259 页。
③ 《梁启超全集》第 2 册，北京出版社 1999 年版，第 890 页。
④ 参见《列宁选集》第 2 卷，人民出版社 2012 年版，第 577 页。

资本主义的特殊阶段"这一节中对帝国主义下定义："帝国主义是发展到垄断组织和金融资本的统治已经确立、资本输出具有突出意义、国际托拉斯开始瓜分世界、一些最大的资本主义国家已把世界全部领土瓜分完毕这一阶段的资本主义。"① 这段论述对于各国共产党人影响颇大，自此人们对于资本帝国主义的认识上升到新阶段。

"十月革命一声炮响，给中国人送来了马克思列宁主义。"俄国十月革命的胜利促使部分中国知识分子求助俄国布尔什维克的革命经验，五四运动的爆发极大地促进了马克思主义在中国的传播，列宁的帝国主义论也传入中国。1919 年 5 月 20 日，北京《晨报》刊登的《列宁之激励演说》一文，是最早传播列宁帝国主义论的文献，报道了列宁"布尔塞维克主义能战胜帝国主义而后世界革命始可得而成就也"② 的论说。中国共产党成立前后便关注到列宁对帝国主义的认识，中共在上海创办的第一个出版机构——人民出版社创办之后便制定了出版包括《帝国主义论》在内的列宁 14 种著作的计划。1925 年 2 月，列宁的《帝国主义是资本主义的最高阶段》中译本由李春蕃翻译后以《帝国主义浅说》为名公开发行。之后随着中国共产党的宣传和中国共产主义运动的勃兴，在列宁那里基本意涵得到极大扩展的帝国主义概念在中国被广泛传播和运用。③ 而早在 1921 年 8 月陈独秀与区声白的论战中，前者已经提到帝国主义的对外侵略特点，只不过仍然把帝国主义与军国主义并列使用。④ 至1922 年 5 月的第一次全国劳动大会，其大会宣言已经宣传"国际帝国主义和本国军阀也是我们的敌人"⑤ 主张，说明中共已接受列宁帝国主义理

---

① 《列宁选集》第 2 卷，人民出版社 2012 年版，第 651 页。

② 《列宁之激励演说》，北京《晨报》1919 年 5 月 20 日。

③ 曹龙虎：《近代中国帝国主义概念的输入及衍化》，《武汉大学学报（人文科学版）》2017 年第 4 期。

④ 参见《建党以来重要文献选编（1921—1949）》第 1 册，中央文献出版社2011 年版，第 42 页。

⑤ 《建党以来重要文献选编（1921—1949）》第 1 册，中央文献出版社 2011 年版，第 66 页。

论，反帝反封建纲领也基本确立。

二、留法勤工俭学群体对"帝国主义"概念的接受

不论是作为旅欧党、团组织"喉舌"的机关报《少年》或《赤光》所载文献，还是群体成员的书信、日记等私人资料，都反映出留法勤工俭学群体对于"帝国主义"的认识在 1922 年夏出现明显的变化。在此之前，他们对于"帝国主义"的认识主要散见于关涉民族主义和爱国情感的商战、资本主义竞争，以及对法国和欧洲社会现状的描述性文字中，而在此之后他们已普遍使用"帝国主义"或"国际帝国主义"概念，用以描述中国革命和中国人民的斗争对象。

留法勤工俭学运动有推动中法文化交流之义，同时有解决中国教育不发达、中国青年求学机会少等问题的考虑。受新文化运动时期"劳工神圣"、工读主义思潮的影响，留法勤工俭学生对于法兰西充满着憧憬和向往。初到法国的徐特立对法国充满了赞誉："法国人民尚平等自由。现在华侨协社之号房，原系学校教员，待工作之留学生，多与之学法语。以人师为工役，以工役为人师，两无意见，平等之精神，即此可见。特立所入之学校，中有特立之旧学生……在此平等自由之国，行此人不以为奇，倘在内地，必群起而讪笑之，将无地以自容……一到法国，觉无所谓总统，无所谓平民，无所谓黑奴，无所谓文明种族，同为人类，即同为一家也。特立非好为此过誉，有实例可举。"[①] 这并非特例，有留法勤工俭学生在信中提到：工厂会计很快给加工资到 10 法郎一天，而法国人做学徒三年也不过 10 法郎，他们知道对中国人的优待政策之后并不忌恨。"工厂对于我们，不独没有甚么歧视，似乎还含一分优待的意思呢……以博爱为立国精神的国民，这些地方到底要看得松些哪"。

---

① 清华大学中共党史教研组编：《赴法勤工俭学运动史料》第 2 册，北京出版社 1980 年版，第 192 页。

此外，法国社会各界并无隔阂，"我们除作工的时候，换着工衣外，只要出工厂，就要换着普通衣服，这不独我们是这样，法国普通一般的工人，都是如此。所以法国的工人和其他各界的人，形式装扮，都差不远，并没有什么显然的区别，并不似我们中国的绅士派和劳动者有天渊的界限"。①

中国先进分子在吸收马克思主义思想方面取得重大进步是在 1920 年，而列宁主义概念被带到中国知识分子思想世界也是这一年。②普遍经历过五四运动的留法青年对于法国的美好印象，也是在这一年随着对欧洲各国政治运动的了解逐渐消解。"猛看猛译"的蔡和森从报纸上率先了解到欧洲风起云涌的工人运动，并写信向国内作介绍，翻译《塞纳工团联合会宣言》的概要："五月一日为全世界工人阶级的劳动纪念日，我们每年要庆祝他的……五月一日又是宣布中产阶级一切罪恶的机会。中产阶级的倒帐，是不可免的了。他已犯了腐败社会的罪恶，他那筋挛挛的凶势，几使社会成了尸僵。若是我们没法子诊治，他的凶症将充满于全世界……他们或明或暗，不知发出了几多反动于全世界，比方在匈牙利那种残酷的反动，就是个明证！……我们一律反对那祸根的帝国主义，他们还日日在那儿增加税项，募集新债！"③这大概是留法勤工俭学生第一次使用"帝国主义"一语。到 1920 年 9 月，蔡和森在致毛泽东的信中对于阶级斗争和无产阶级专政问题进行了详述："阶级战争的结果，必为阶级专政，不专政则不能改造社会、保护革命。原来阶级战争就是政治战争，因为现政治完全为资本家政治，资本家利用政权、法律、军队，才能压住工人，所以工人要得到完全解放，非先得政权不可。换言之就是要把中产阶级那架国家机关打破（无论君主立宪或议院政治），

① 清华大学中共党史教研组编：《赴法勤工俭学运动史料》第 2 册，北京出版社 1980 年版，第 263 页。

② ［德］李博：《汉语中的马克思主义术语的起源与作用：从词汇—概念角度看日本和中国对马克思主义的接受》，赵倩等译，中国社会科学出版社 2003 年版，第 97 页。

③ 《蔡和森文集》（上），人民出版社 2013 年版，第 42 页。

而建设一架无产阶级机关——苏维埃。无产阶级不获得政权，万不能得到经济的解放。"对于当时影响较大的工团主义，他批评说："现世经济政治早已打成一片，怎么会容许你单做经济解放呢？"并指出第一次世界大战的性质是"资本家帝国主义者的大战"。[①]这种观点对于思想转变期的毛泽东产生了一些影响。至1921年2月，蔡和森已经常使用"资本帝国主义"概念。他在给陈独秀的信中提道："因为交通发达的结果，资本主义如水银泼地，无孔不入，故东方久已隶属于西方，农业国久已隶属于工业国，野蛮国久已隶属于文明国，而为其经济的或政治的殖民地"，"中国受国际资本帝国主义的经济压迫到了那步田地？自身的生产方法还是三代以上的，自己不能供自己的需要，五大强的商品，开始由大炮送进来；继之由本身的需要扯进来，这种经济侵略熟能御之。大机器生产品日日浩浩荡荡的输进来，于是三代以上的手工生产者一批一批的失其职业"。[②]也就是说，世界已经进入帝国主义扩张的时代，中国已经沦为殖民地半殖民地，遭受国际资本帝国主义的压迫。不过，蔡和森并未使用"资产阶级"或"资本家阶级"，而是误用"中产阶级"一词，这应当说是"猛看猛译"的副作用。

如果说蔡和森对于帝国主义的认识属于理论分析，那么广大勤工俭学生在践行工学主义的过程中对于法国资本主义则有了切身认识。贺培真在法国做工半年后改变了对于工学主义特别是做工神圣问题的认识，他反思道："我觉得这样的生活不是我们适宜的生活，所以我发生了许多的感想"，"人人有劳动。个人要满足物质生活的欲望，及维持社会生活平等，所以人人要劳动……帮着资本家生产，于社会平民没有一点关系，有一部分人还帮造杀人的大炮呢，这种无价值的劳动，我们为什么来干呢"。重要的是，做工之外没有闲暇读书，这有违工读互助主义，"不知道我们的精神生活在那里，这样的枯燥无味，这样的呆板过

---

① 《蔡和森文集》（上），人民出版社2013年版，第69—70页。
② 《蔡和森文集》（上），人民出版社2013年版，第79页。

着"。最后，他总结认为资本主义的生产"对于工人方面完全是一种掠夺的手段"，"资本家的盘剥手段，使工人毕生的精力都变作扩充资本家的经济势力的牺牲，这种魔鬼式的掠夺，比杀人放火打劫的强盗，还要厉害些"，"这种不合人生正当生活的工场制，非根本推翻不可，非另创造一种新的适宜的劳动不可"。① 后来成为科学家的朱洗，在做工与失业的往复循环中，通过实例深化了对资本主义本质的认识。1920 年 11 月，他在日记中记录分析：年老工人的工伤并非自己不小心造成的，而是资本制度造成的，因为"西洋社会上，一切财产都集中于少数资本家手里，各工人既无立锥之土，又无隔宿之粮，做一天工吃一天饭，不做工便没有饭吃……大凡人到年老，因为生理上的关系，精神知觉必然减少，还要在这虎狼似的机器前面讨生活，易受损伤是分内应有的事，无足怪的。如果想免却老人受伤，非叫他们不要到工厂里来不可"，"西洋的养老院也和中国的养老院差不多，徒有其名而无其实，有钱的老人固可安稳享福，无钱的老人仍是饥寒痛苦，较诸中国有过之无不及"。② 至于随处可见的妓女，他认为"现在所讲文明集中的地方，就是妓女集中的地方，无论中外都是一样的……要使妓女绝迹，非彻底改造社会经济组织不可"。③ 而分工虽然使资本主义发展，但并非工人之福，因为"将身体变作机械，而且还要因此生出生理、心理上的病来，天然才能不能发展，这是很可怕的"。④ 这些分析主要针对的是资本主义的异化现象，以及普通工人的贫困、失业问题。

随着法国经济危机导致做工、求学困境的日益严重，以及对欧洲社

---

① 培真：《我之作工感想》，北京《晨报》1920 年 12 月 24 日。

② 清华大学中共党史教研组编：《赴法勤工俭学运动史料》第 2 册，北京出版社 1980 年版，第 310 页。

③ 清华大学中共党史教研组编：《赴法勤工俭学运动史料》第 2 册，北京出版社 1980 年版，第 312 页。

④ 清华大学中共党史教研组编：《赴法勤工俭学运动史料》第 2 册，北京出版社 1980 年版，第 319 页。

会观察的深入，很多勤工俭学生转向社会革命道路。1921 年 9 月，周恩来在分析奥匈帝国惨状时指出，"大战停后，世界最悲惨最困苦之民族，吾以为莫奥国若矣……德意志所失者为军国主义，所增者为应得之艰难，其他实无所变。至于奥国，则昔日之帝国主义，既为交〈文〉人之暗示，并未得存其真，今日之悲惨困苦，反迥非德意志所能比拟"①。周恩来似乎将"帝制"等同于"帝国主义"。不过到了 1922 年 2 月，他的认识发生了变化，如在分析欧洲各国共产党时，提到"阻止法兰西帝国主义之侵略行动"②。赵世炎在同年 4 月写给李立三的信中的分析已经基本接近列宁的帝国主义论述，他提到"现在欧洲情形实在可以乐观，财政大会的结果，资本帝国主义战争的爆发，实在是弓在弦上。这次巴度在忍诺真不要脸"，"这两天因为俄德条约，忍诺会议中的大多数资本帝国的代表都惊惶失色，纷纷抗议，看着将要下不了台"。③1922 年 6 月，旅欧"少共"成立以后，他们广泛使用"帝国主义""资本帝国主义"等概念，并影响全体旅法华人。如 1923 年 7 月针对列强密谋共管中国铁路事件，中国旅法各团体联合会声明："国际资本帝国主义之猖獗，及其所勾结之中国军阀之横暴，实为吾人当前二害，二害不除，民族独立，民治实现将永无望！"④旅法华工总会书记袁子贞使用的也是反帝话语，他指出"中国军阀专横与国际资本帝国主义侵略中国之结果，受祸之烈，尤其是我们工人，所以我们更要加倍努力去打倒军阀推翻国际资本帝国主义，建设国民政府"⑤。这些主张也反映在旅法华人的集体声明中，可见留法勤工俭学群体宣传列宁帝国主义论的效果："在国际资本

---

① 《周恩来早期文集（一九一二年十月——一九二四年六月）》下卷，中央文献出版社、南开大学出版社 1998 年版，第 243 页。

② 《周恩来早期文集（一九一二年十月——一九二四年六月）》下卷，中央文献出版社、南开大学出版社 1998 年版，第 431 页。

③ 《赵世炎文集》，人民出版社 2013 年版，第 76—77 页。

④ 《致英美诸国华侨书》，《少年中国》第 4 卷第 8 期，1923 年 12 月。

⑤ 宅桴：《旅法华人开救国大会》，上海《时事新报》1923 年 9 月 1 日。

帝国主义统治下讨生活的中国独立，经过了列强几次的分赃会议和共同宰割，更早已资格丧失，而夷为他们的半殖民地了……现今毫不客气地侵略中国，压迫中国人民的，决不专限于某一国，或属某一民族，而乃是国际间的资本帝国主义的列强。"① 至此，"帝国主义"一词与"帝制"的关联淡化，留法勤工俭学群体主要从资本主义发展新阶段的角度认识帝国主义。

第二节　对"国际帝国主义"实质的介绍、讨论和宣传

帝国主义是资本主义发展的最高阶段。在各先进国家里，资本的发展超出了民族国家的范围，用垄断代替了竞争，托拉斯建立，物价高涨；军国主义发展，战争频繁，民族压迫和对殖民地的掠夺不断加剧和扩大。② 就资本主义国家的资产阶级而言，在帝国主义阶段他们屈服于金融资本，少数大国瓜分世界，这些大国的资产阶级都从占有殖民地和势力范围中获得利益。③ 显然，帝国主义的诞生与发展都具有国际性的特点，而留法勤工俭学群体也多用"国际帝国主义"或"国际资本帝国主义"来描述和分析。

一、《少年》《赤光》对于帝国主义实质的介绍

关于帝国主义的实质，列宁 1915 年根据第一次世界大战的新态势进行了概括："关于这次战争的帝国主义的、掠夺的、反无产阶级的性质问题，早已越出纯理论问题的阶段了。帝国主义就其所有主要特征而

---

① 《旅法各团体敬告国人书》，《少年中国》第 4 卷第 8 期，1923 年 12 月。
② 参见《列宁选集》第 2 卷，人民出版社 2012 年版，第 561 页。
③ 参见《列宁选集》第 2 卷，人民出版社 2012 年版，第 475 页。

言，在理论上已被确定为垂死的、衰朽的、腐朽的资产阶级为瓜分世界和奴役'弱小'民族而进行的斗争；这些结论在所有国家的社会党人的大量报刊上已经成千遍地重复过。"① 此外，他指出帝国主义具有历史性、国际性："帝国主义是资本主义发展的最高阶段，这个阶段只是在 20 世纪才达到的……整个整个的工业部门都掌握在辛迪加、托拉斯这些资本家亿万富翁的同盟手中，几乎整个地球已被这些'资本大王'所瓜分，他们或者采取占有殖民地的形式，或者用金融剥削的千万条绳索紧紧缠绕住其他国家。自由贸易和竞争已经被追求垄断、抢夺投资场所和原料输出地等等的意向所代替。"② 列宁还通过对帝国主义剥削、压迫殖民地与落后民族的形式的分析，揭示了它的寄生性和腐朽性，指出极少数富强的资本主义国家，依靠"剪息票"来掠夺全世界，并依靠超额利润来收买工人领袖和工人贵族；③ 认为金融资本与工业资本、生产资本的分离达到了极大程度，食利者和金融寡头占统治地位④。不难看出，列宁的相关论述既揭示了帝国主义产生的内在逻辑，又通过对帝国主义与殖民地落后民族关系的探讨，揭示了帝国主义的主要特点和历史命运。

如前文所述，留法勤工俭学生在转向共产主义的过程中对于帝国主义的认识也逐渐加深，旅欧"少共"成立后他们接受了列宁关于帝国主义本质的观点。《少年》是中共旅欧支部、旅欧共青团宣传马克思主义的重要刊物，集中讨论"帝国主义实质"问题的有几篇。1922 年 9 月 1 日，尹宽在《少年》发文阐释人类历史进化问题时分析了帝国主义的"历史性"，指出：资本主义生产力的大发展，反过来又会反抗资本主义本身，譬如帝国主义各国之间的战争和工业、经济的危机，资本主义也因之灭亡，"毁去帝国主义国家主义，代以世界主义"。⑤ 任卓宣的《法比占据鲁

---

① 《列宁选集》第 2 卷，人民出版社 2012 年版，第 458 页。
② 《列宁选集》第 2 卷，人民出版社 2012 年版，第 512 页。
③ 参见《列宁选集》第 2 卷，人民出版社 2012 年版，第 581 页。
④ 参见《列宁选集》第 2 卷，人民出版社 2012 年版，第 624 页。
⑤ 石人：《进化与革命》，《少年》第 2 号，1922 年 9 月 1 日。

儿的面面观》一文主要比较了帝国主义、无产阶级的不同特点："无产阶级的国际形势，自然和有产阶级的国际形势不同，前者是以本阶级利益为宗旨的，后者则不过以各个国内有产阶级利益为宗旨。又前者之运动是在反对战争和帝国主义，后者却是促成战争，利用帝国主义以攻击别人帝国主义发展自己的帝国主义，并且国别〈别国〉的有产阶级，是联合起来剥夺国际的无产阶级的，不过不能平均分配掳掠品。"[①]1923年5月1日，尹宽的《在中国的共产主义运动》一文较为全面地概述了列宁帝国主义理论的内容，要点有：帝国主义之所以能够掠夺殖民地，在于它的机器生产力远高于殖民地国家的生产力，它通过限制关税率、占据商埠、开采矿山、出借外债等形式，榨干了殖民地的财富；帝国主义为了永久掠夺殖民地民族，会阻止其民众势力的发展；联络所有革命分子做无产阶级运动的第一步工作是打倒国际帝国主义和本国军阀。[②]1923年8月15日，《少年》第11号的《国际共管与国民运动》一文，对于"国际帝国主义是国际资本主义的变态"问题进行了阐述："资本主义以自由竞争和自由生产（不顾消费而生产）之结果，必须向外觅销路，找市场；又以资本堆积无地安插，有向外投资之要求底缘故；必须寻资本放置的地方，因此就生出来了征服殖民地底国际战争和抢夺殖民地底国际战争。"[③]参照《少年》各期文章来看，尹宽、任卓宣的论述应该是受到《国际共产党党纲底草案》的影响，甚至属于转述，这篇文章正是尹宽以"石人"为名翻译的布哈林拟定的重要文献，刊载于《少年》第8号、第9号。

　　1924年2月，中共旅欧支部停办《少年》，创办《赤光》，初衷是加强对中国现实问题的讨论。若结合国共合作的历史背景，不难发现，分析和宣传国民革命问题是《赤光》的办刊重点，不过由于反帝与反封建二者无法截然分开，因此《赤光》仍然有许多内容是关于"国际帝国主

---

①　卓宣：《法比占据鲁儿的面面观》，《少年》第8号，1923年4月1日。

②　Y.K.：《在中国的共产主义运动》，《少年》第9号，1923年5月1日。

③　《国际共管与国民运动》，《少年》第11号，1923年8月15日。

义"的，散见于各期文章中。任卓宣在《赤光》第9期的《国民革命与阶级争斗》一文中有所论述。他首先赞述了《共产党宣言》的相关内容"自原始共产社会崩溃以来，直至今日所有底历史，都是阶级争斗底历史。所以在古代社会则有贵族与平民，主人与奴隶……在近代社会则有资本家与劳动者，即有产阶级与无产阶级"；至于帝国主义的出现，指出"从中世纪封建社会内所生出之城市底有产阶级，因美洲印度等处底发现，日益强大，到了封建社会不能容许其发展时，遂爆发了有产阶级革命（即民主革命）。欧洲各国底有产阶级多相继地这样做后，将自己底国家统治好了，还移货投资于他国，把世界都拿来照着自己底模样，使他资本主义化。这样一来，那资本主义最发达底国家，遂被就了一个恐怖的形像——帝国主义。可是，经济落后底国家受了外界底资本主义之压迫，遂变成了被压迫民族——殖民地或半殖民地"。[1]这段话的论述重点其实是资本主义的产生，之后简略探讨了从资本主义向帝国主义的发展。之后在第19期的《俄国革命底马克思主义观（上）》一文中，任卓宣在论述沙俄帝国主义问题时先阐释了帝国主义的性质："帝国主义又带来了资本主义底冲突到最高度。这种冲突共有三个。第一就是在劳动与资本中底冲突，加重了阶级争斗底程度，引无产阶级到革命之途。第二就是在帝国主义与帝国主义底冲突，因为它争原料抢殖民地之故而相打相杀以致削弱了资本主义的地位，而促进了无产阶级革命之实现。第三就是在强大国与弱小民族中底冲突，因为帝国主义掠夺殖民地之结果，产生了国民革命，国民革命是改帝国主义后备军为无产阶级革命后备军的。这是帝国主义底一般现象。帝国主义这三种冲突，愈趋愈大，必至获得解决而后止。这种现象好比疮之发作；久之极必要出脓；脓从何出？自然是肿之中心。帝国主义是世界的；世界甚广，其冲突之解决，必在于世界帝国主义冲突之焦点。"[2]尽管《赤光》第2期、第19

---

[1]　任卓宣：《国民革命与阶级争斗》，《赤光》第9期，1924年6月1日。

[2]　任卓宣：《俄国革命底马克思主义观（上）》，《赤光》第19期，1924年11月7日。

期、第 23 期、第 26 期、第 28 期转载了《向导》上陈独秀、陈潭秋的政论文和中共中央的重要声明、宣言，不过其中涉及国际帝国主义实质问题的分析不多，因此本书认为《少年》《赤光》对于国际帝国主义实质的探讨主要是留法勤工俭学群体的一种"自主认识"或"自发思考"。

二、群体内部关于帝国主义实质问题的讨论

根据上文可知，任卓宣对于帝国主义问题很感兴趣，不过这些论述算不上专论，不久之后他与萧朴生围绕如何阐释帝国主义的实质问题进行了一番讨论。《赤光》第 25 期所载萧朴生的《帝国主义底解剖》和第 26 期所载任卓宣、萧朴生的《帝国主义底讨论》，可以视为留法勤工俭学群体内部关于国际帝国主义实质问题的一次专门讨论，较能反映他们的认知水平。

萧朴生的文章《帝国主义底解剖》着重阐释了帝国主义的"由来"、"特性"和"末路"。

关于"由来"，萧朴生指出，资本主义无政府的生产和自由竞争，使其有着生产集中、变自由竞争为独占的倾向，这一倾向达到至高点时，资本主义就变为帝国主义。该文还从"独占"的发生、"财政资本"的形成两个方面进一步解释。一方面，在自由竞争原则基础上发展起来的资本主义，存在着大、小资本家的竞争，最终小资本家被吞并而成为大资本家的附属，吞并的加剧使同性质企业集中、不同性质企业联合成独裁制产业组织，如加特尔、托拉斯，帝国主义应运而生。另一方面，银行资本投资于工业中，工业逐渐成为银行的附属，工业资本不得不置于加特尔、托拉斯组织之下，财政资本便成为其经济生命之主人，帝国主义的统治就是财政资本的统治。

关于"特性"，他说明了两点：一是移植资本，与旧资本主义时代输出商品不同，帝国主义时代输出的是资本；二是瓜分世界，随着世界殖民范围的不断扩张，各强国势力范围扩大，不单单是争夺市场的问

题，更是帝国主义国家之间相互争夺殖民地的问题。

关于"末路"，萧朴生基于"冲突点"来论证帝国主义的前途：一是资产阶级与无产阶级的阶级利益无法调和，代议制破产，无产阶级采用新武器——武装革命——进行无产阶级革命；二是帝国主义诸国由于移植资本、瓜分世界问题开展帝国主义战争，帝国主义的实力得以减弱；三是帝国主义压迫弱小民族，反而促使殖民地半殖民地国家的无产阶级和智识阶级形成，民族独立运动得以形成与发展。[①]

萧朴生的文章发表之后引起留法勤工俭学群体内部的讨论：任卓宣写信与萧朴生讨论，而后萧朴生又回信给任卓宣，这两封信列入《讨论信函择要》栏目，题目是《帝国主义底讨论》。

任卓宣将萧朴生的文章概括为绪论、由来、特质、末路和结论五大部分，对于由来、特质、末路问题有不同见解。他指出，萧朴生关于"由来"的论证是根据列宁的观点得出的，"列宁说帝国主义底由来，则注意于资本主义中底自由竞争和资本集中等法则和事实"，但是萧朴生却不是从自由竞争和资本集中展开，而是从"独占"和"财政资本"论述，这二者不是帝国主义底的"由来"范畴，而是帝国主义的"特质"问题；关于"帝国主义底特性"，萧朴生强调"移植资本"和"瓜分世界"，但不把"生产独占"和"财政资本"列入，这就有"很不完全底地方"；把"战争"列为"帝国主义底末路"也值得商榷，因为战争在帝国主义时代已屡见不鲜，它并非帝国主义的"最后一页"。最后，任卓宣认为阐释帝国主义问题，应该包括定义、由来、实质、外形、末路、结论六项内容；建议萧朴生专门写一篇文章论述帝国主义的形式，弥补之前篇幅不足的问题。

萧朴生后来回应说，用一篇短文说明帝国主义为何物"自然有点冒险"，但是写一篇"完美而又简短"的论述帝国主义的文章很有必要。其一，他同意将"独占"和"财政资本"放在"特性"部分说明的看法。

---

① 以上参见朴生：《帝国主义底解剖》，《赤光》第 25 期，1925 年 2 月 15 日。

其二，关于帝国主义的由来，他辩解说自己只是从"独占"与"财政资本"的发生、形成去"解释帝国主义底由来"，自己已经明确说"独占"和"财政资本"是资本主义自由竞争和生产集中的自然结果。其三，自己并非认为"每个冲突点"都是帝国主义的"最后一页"，任卓宣"把帝国主义战争不当成帝国主义消灭原因恐怕有点不妥"。其四，不同意"把帝国主义战争作成帝国主义底政治形式"，他认为"帝国战争是帝国主义底政治底结果，是殖民政策、兼并政策、军国主义所发生出来的总结果"。[①]颇有意思的是，萧朴生最后也建议任卓宣另外专门写一篇文章"论帝国主义底政治的形式"，双方似乎都认为解释清楚帝国主义的实质是个难题，这很难在限制篇幅的《赤光》上完成。

　　不论是《少年》还是《赤光》，呈现的都是中共旅欧支部或留法勤工俭学群体的集体观点或认知，而《共产主义研究会通信集》等内部资料可以呈现不同成员的真实认知差异。在熊锐的信件中，他提到事物发展的量变、质变和社会变革时举了资本主义发展的例子，"从一个社会到别一个社会，不是像最初是圆的以后突然换成一个方形的来，必然要在那圆社会中有不断的运动为后来方社会预备下充足条件，然后方社会才能经过突变而成立。不是开始成立了资本制度便自始至终停留不变，以后突然来了一个社会制度，我们知道资本制度到现在已达了转换个体时代：由手工业的资本制度而新式工业的资本制度，及帝国主义的银行资本制度"，每个社会无时无刻不在变化，存在秘密的"量变"和急变时代的"突变"两种状况，而后者便是社会动荡或革命的时代。[②]此外，留法勤工俭学群体还从德文、英文节译了两个版本的《共产主义入门》，其中熊锐是按照德文版翻译的，主要是了解和阐释何谓帝国主义。熊锐将其概括为几句话：指引财政资本不断寻找市场、原料、生产地、输出

---

　　①　以上参见卓宣、朴生：《帝国主义底讨论》，《赤光》第 26 期，1925 年 3 月 1 日。

　　②　熊锐：《马克思主义底几个重要点》，《共产主义研究会通信集》第 7 号，1923年 10 月，第 104—105 页。

地的便是帝国主义政策，帝国主义也源于财政资本；如同大虫不能食草一样，基于财政资本的国家除了发动侵略的、掠夺的、强暴的战争也别无选择；每个财政资本的国家托拉斯都想掠夺全世界，然而能够建立世界帝国主义、赢得统辖权的确只有少数战胜国。[1] 由于这段文字是节译，实际上具有编译的韵味，应该说夹杂着熊锐本人对于这个问题的认识。而在《旅欧中国共产主义青年团训练部通信集》第 10 号另一封未署名的信件中，又有人提道："在瓜分世界底时候，帝国主义掠夺了殖民地，并把其人民亦变成了被压迫民族。他们把那些民族都当成榨取剩余价值底活物质，大批大批地工人化。因为这样，劳动人口增加，一面是以和缓争斗底情势；一面那些新产业军又足以添乱无产阶级底步伍。加之，他们在殖民地掠夺得太多，遂收买了一部分劳动者，养成工人贵族。因此，无产阶级不独受帝国主义战争底毒害，且受了他金钱底麻醉！"[2] 这段话涉及帝国主义与殖民地的关系，以及帝国主义对于工人领袖的收买问题，而这在留法勤工俭学群体的很多文献中都有出现，似乎是为了警惕中国革命可能出现"工贼"的缘故。同一时期国内共产党人对于帝国主义实质的探讨不多，不过瞿秋白在《帝国主义侵略中国之各种方式》一文中进行了很好的归纳："帝国主义的步骤：一、强辟商场，二、垄断原料，三、移植资本，四、文化侵略。各国依其自国资本主义发展之程度而异其侵略之方式，又依世界经济变更之动象而异其相对之关系。"[3] 比较而言，留法勤工俭学群体身处帝国主义大本营对于帝国主义实质的探讨不但更多，而且内容更加丰富。

---

① 任卓宣：《何谓资本帝国主义底正误》，《共产主义研究会通信集》第 7 号，1923 年 10 月，第 115 页。

② 原文无署名和题目，《旅欧中国共产主义青年团训练部通信集》第 10 号，1924 年 12 月，第 32 页。

③ 屈维它：《帝国主义侵略中国之各种方式》，《前锋》第 1 期，1923 年 7 月 1 日。

三、归国之后关于帝国主义实质问题的宣传

归国之后，留法勤工俭学群体撰写文章的读者对象发生了较大转换——不再是知识水平较高的留法青年，而是一般知识分子，并由他们向民众间接传播革命理论。该群体发表的文章完全围绕帝国主义实质的理论探讨已经很少，更多的是结合国际局势、中国现实问题阐释。即便是主编党报《向导》的蔡和森，由于该刊物定位是国共合作和国民革命的政治性机关报，他也没有发表多少文章专论帝国主义问题。与之不同，作为中共中央理论性机关报的《新青年》以及其他报刊，此时刊载了一系列文章探讨这个问题。

1924 年 6 月，赵世炎在列宁逝世之后发表的纪念性文章中介绍了列宁的生平和思想梗概。他首先引用了列宁在《帝国主义论》中对帝国主义的定义："帝国主义是资本主义在其发展上的一段形相：其时资本垄断与财政资本的统治已经形成了；资本的输出已占极重要的地位了，国际大托辣斯瓜分世界局势已开始了；资本主义瓜分地球上领土的局势已完成了。"接着，赵世炎分析了帝国主义与战争的必然联系，战争不是偶然的，"帝国主义列强的政权，实际上没有不操于其资本家之手；财政资本为要输出资本，寻找市场，汲取原料，当然要继以武力的后备"。[①]在另一篇文章中，赵世炎分析了帝国主义国家之间的冲突问题，认为这些冲突"本没有一定的形式，特别是在殖民地与半殖民地之宰杀场里，极尽变动之能事，由帝国主义者自己依照时机，随意运用。但在行动上的表现，没有任何一种形式不是属于进攻之方略的，只以进攻有迟缓之不同而外表遂有客观的积极或消极之异"，"帝国主义的发达与资本主义之发达一样，而且帝国主义是资本主义发达到最高峰时之结果；按照资本主义之必然的程序是由发达而致于矛盾，而至于崩溃，而自掘其坟墓；帝国主义亦因发达（强暴侵略殖民地）而致于冲突，由冲突而致于分立，

---

① 士炎：《列宁（续）》，上海《民国日报》副刊《觉悟》1924 年 6 月 11 日。

因分立而继续冲突，以致于死"。[①] 至列宁逝世两周年的纪念活动中，赵世炎又宣传列宁关于帝国主义时代特点的观点——全世界分成两部分，一大部分是被压迫的民族，另一小部分是占有巨大财富和武力的压迫民族，落后国家的民族解放运动是不可避免的。[②]

郑超麟的分析也颇有见地，他分析日本在华资本时指出，帝国主义侵略国无非是为了销售本国商品、收买廉价原料、输出过剩的资本，而在落后国家他们先是收购廉价原材料，再将其运回本国制成商品，然后将商品再销售到落后国家，所赚取的额外利润则用来向落后国家借款，从而使这些国家殖民地化；直接在落后国家建立工厂，就近获得原材料、销售商品，这样的超额利润更多；落后国家工人的阶级觉悟和组织化程度低，也没有法律保护劳动者。[③]同时，郑超麟还着重分析了帝国主义时代的"国际性"特点。他指出，"列宁主义则发生于帝国主义即资本主义发展最高的时代。工业资本主义时代和财政资本主义时代（帝国主义时代），不仅在资本主义发展的阶段上不同，而且在经济组织的范围上也不同：即工业资本主义主要的还是民族的经济，而帝国主义就已打破民族的经济之界限，进而形成世界的经济了。所以，在帝国主义时代，一切都趋于国际化，经济是国际的，政治也是国际的，革命运动也是国际的"，"帝国主义时代的民族革命，与过去时代的民族革命不同。帝国主义时代以前，即经济组织尚系民族的经济而尚未国际化时代，一国的民族革命真正可以说是'民族的'革命……现在，在帝国主义时代，情形就完全不同了。切实些说，现在一国的民族革命，绝不是一'民族的'革命，而是整个世界革命中的一部分"。[④]

---

① 士炎：《国民会议之理论与其实际》，《政治生活》第 26 期，1924 年 12 月 21 日。

② 士炎：《列宁主义之理论与实际》，《政治生活》第 65 期，1926 年 1 月 21 日。

③ 参见郑超麟：《日厂工人罢工与日本在华棉业的势力》，上海《民国日报》副刊《觉悟》1925 年 2 月 19 日。

④ 超麟：《列宁主义——指导中国民族革命的理论》，《中国青年》第 150 期，1927 年 1 月 15 日。

留法时期对于帝国主义问题颇感兴趣的任卓宣仍然在关注这个议题。在总结分析 1924 年的国际形势时，他提道："自德谟克拉西和平时代告终后，帝国主义的杀气和血腥，已充满了世界。他的被宰割者，首先就是各国无产阶级"，"帝国主义不仅压迫无产阶级，还要压迫弱小民族——殖民地和半殖民地。不仅在反动潮流中要压迫这两种革命的人民，即在德谟克拉西和平时代中，亦从没有放松过。至于压迫的方法，对于无产阶级是用枪刀、监狱、警察、苦工等为武器；对于被压迫民族，则是用兵船、飞艇、军队、大炮等为武器，——另外，还有不露凶恶形像的贿买洋奴、制造内乱、乘机进攻等巧妙手段"。[①] 而在分析革命势力时，他指出帝国主义与无产阶级的尖锐对立和不可调和："资本主义的最高峰是帝国主义；共产主义的行动方式是布尔塞维主义。因此，在当今共产主义与资本主义的争斗，成为了布尔塞维主义与帝国主义的争斗。无产阶级的报纸反对帝国主义，资产阶级的报纸反对布尔塞维主义。帝国主义和布尔塞维主义这两个名词，是最近阶级争斗历史上的两面一白一红的军旗。我们既看了一九二四年的事实，自然对于这个断语，不会怀疑"，"我敢说现代的历史，是布尔塞维主义与帝国主义争斗的纪载，当今的世界，是布尔塞维主义与帝国主义比赛的舞台"。[②] 在 1926 年 5 月 25 日《新青年》不定期刊第 4 号的《从洛迦诺到日内瓦》文章中，任卓宣起首便分析了帝国主义的历史性和冲突根源：帝国主义既是资本主义发展到登峰造极的形态，又是资本主义走到日暮途穷的最后一步，既是资本主义死灭的时代，又是无产阶级革命的时代；在帝国主义时代，最普遍、最显著的冲突出自劳动者与资本家、殖民地与宗主国，此外还有帝国主义国家之间的冲突，而第一次世界大战便是冲突大爆发的表现。[③] 文章也基于这一理论前提分析从洛迦诺会议到日内瓦会议

---

①　任卓宣：《一九二四年之世界形势》，《新青年》不定期刊第 2 号，1925 年 6 月 1 日。

②　任卓宣：《一九二四年之世界形势》，《新青年》不定期刊第 2 号，1925 年 6 月 1 日。

③　参见任卓宣：《从洛迦诺到日内瓦》，《新青年》不定期刊第 4 号，1926 年 5 月 25 日。

的发展。1926 年 7 月 25 日，尹宽在另一篇文章中专门分析了"资本主义稳定期"问题，他指出：现在这个"稳定"只能算是资本主义的回光返照，这个"稳定"是暂时的、相对的，且仅限在一个相当短的时间内，而资本主义的死和无产阶级专政的实现是必然的；"资本主义不但不能从此走入正轨，顺遂发展下去，并且将因此而有更严重的、更澈底的、更不可救药的危机到来"，"帝国主义的世界是整个的，动一发而牵动全身，英国帝国主义的崩坏足以增涨世界的革命的速度，破坏资本主义的稳定，是必然无疑的"。[①]

1924 年之后，中国共产党人对于帝国主义实质的分析往往与其在中国的各类表象结合起来分析。如瞿秋白在《谁是帝国主义者？》一文中用新近发生的列强派遣军队驻华阴谋、列强拒开关税会议、日本想利用中国原料和工人开设工厂等现象，指出："这些事实显然的告诉我们，谁是帝国主义者，谁是我们的统治者……中国的劳动者都要变成列强资本家的奴隶。中国难道不是他们的殖民地吗？"[②]陈独秀在之后反击"苏俄赤色帝国主义论"时，将帝国主义的特征概括为两点：一是帝国主义国家必然是资本主义制度的国家；二是帝国主义国家都是因国内资本主义发展到财政资本主义阶段，而向国外掠夺、压迫殖民地及半殖民地的国家。"依据帝国主义这两个特性，我们便可以判断苏俄究竟是不是帝国主义的国家了。"[③]比较而言，留法勤工俭学群体更注意依据列宁的帝国主义论述对帝国主义的实质问题作理论分析；而随着国民革命的开展，中国共产党人更为重视依据帝国主义的侵华现象证明帝国主义的实质，当然这种差异可能会因为党刊定位的不同而有所"放大"。

[①] 尹宽：《英国帝国主义之崩坏与世界革命》，《新青年》不定期刊第 5 号，1926 年 7 月 25 日。

[②] 巨缘：《谁是帝国主义者？》，《向导》第 62 期，1924 年 4 月 23 日。

[③] 独秀：《什么是帝国主义？什么是军阀？》，《向导》第 149 期，1926 年 4 月 13 日。

第三节　对帝国主义世界情势的分析

民主革命时期中共党代会的报告和"议决案"、"决议案"基本能够呈现中共革命的总体方案，而关于社会革命的政党行为模式、革命行动方案，实际上更多体现在中共关于时局的系列"主张"或"宣言"之中。[①]这反映到接受和运用"帝国主义"术语这一具体问题上，便是在阐释帝国主义的由来、本质主张之外，还应当对帝国主义的现实表现，特别是在全世界的情况、趋势作分析，指出帝国主义的崩溃和世界革命的即将到来。

一、留法时期关于帝国主义在世界情势的分析

战后欧洲帝国主义各国间的关系、风起云涌的工人运动给身处西欧这个帝国主义大本营的留法勤工俭学群体留下了深刻印象。蔡和森在1920年6月13日便撰文《法国最近的劳动运动》，以长篇报道法国工人运动、法国社会党的新情势，该文发表于国内的《少年世界》第1卷第11期，可谓对西欧工人运动的"深描"。这类关于帝国主义在世界情势的报道和分析，之后散见于1922年至1925年《少年》《赤光》上。

1922年至1923年，围绕战后对土耳其的和约问题，协约国诸国与土耳其展开了斗争和谈判，并于1922年10月在瑞士洛桑召开会谈。任卓宣在1923年4月1日的《少年》第8号上指出：洛桑会议源自英国帝国主义干涉土耳其问题没有成功，可以证明英帝国主义的失败，以及通过占据鲁尔区牵制德国的不可能；这是对《凡尔赛和约》衍生出的《色佛尔条约》进行清算的一步，表明帝国主义各国的"永久和平是暂时

---

① 参见郭若平：《"时局"历史中的中共早期政治主张》，《中共党史研究》2021年第1期。

的"，"告诉我们是战争结果所造成国际新底无力。综合起来，都是证明欧洲和平之不安定，战胜国国际情势之不进展，世界资本主义之崩溃"。事情的另一面则是被压迫民族觉醒了，无产阶级联合、统一起来了，革命运动达到了八九分的高度。帝国主义各国之间复杂的关系表明：《凡尔赛和约》是帝国主义的"护身符"，但由于德国无法担负赔款责任，法国、比利时占据鲁尔，这事实上已经损害了德国的主权；协约国集团发生了分化，法国、比利时是一组，英国自成一组，意大利游刃各国之间，英国人认为协约国集团已经名存实亡；和约没有禁止法国、比利时使用武力，说明帝国主义之间的和平是不可靠的，也没有能力维护和平关系；法国压迫德国会招惹英、美等国的仇视和全世界人民同情德国，这其实是法国帝国主义的失败。[①] 值得注意的是，留法勤工俭学群体在表述阶级斗争时也有论述不恰当之处。如任卓宣提到阶级斗争时说"自从马克思把阶级争斗发明后，各国底阶级争斗声浪，日益沸腾，现在便充满了各国内面而影响到国际情势上来"。显然"发明"一词用得不够恰当，应为"发现"；"自从"一词的使用也是欠妥的，因为阶级斗争自阶级社会出现以来便已存在，并不是进入资本主义社会、马克思发现之后才有。不过他们明确将阶级斗争划分为两类："一是无产阶级对有产阶级的；一是被压迫民族对压迫民族的。真实还是一个〔解〕放运动不过随各地政治经济情形而决定其争斗方式。"[②] 也就是说，虽然是有两类矛盾和斗争，但是各地阶级斗争的表现形式也不同。

《少年》《赤光》中关于帝国主义世界情势的分析，主要聚焦于帝国主义各国之间的矛盾与冲突、帝国主义国家内的劳资斗争、殖民地国家的民族解放运动问题。其指向仍然是帝国主义的崩溃和世界革命的爆发，正如中共二大宣言所指出：各种分赃会议只是假借"和平""正义"名词欺骗全世界劳动群众的耳目，他们争夺宰割世界而引

---

① 以上参见卓宣：《法比占据鲁儿的面面观》，《少年》第 8 号，1923 年 4 月 1 日。
② 卓宣：《充满各国底阶级争斗声与国际情势》，《少年》第 9 号，1923 年 5 月 1 日。

起剧烈冲突的真相已暴露无遗,"他们那些不可消除的利益冲突,便是第二次更猛烈的帝国主义战争的导火线。帝国主义者开多少次的会议,都不能免去日美在最近将来的战争趋势和英法非相见于疆场不能解决的冲突"。①

(一)帝国主义国家内的阶级斗争

帝国主义国家由于资本主义特别发达的缘故,无产阶级也训练成熟、团结一致,因此这些国家内的阶级斗争颇为激烈。如 1923 年法国的工人罢工此起彼伏,3 月摩泽尔有 2.5 万名矿工罢工,4 月巴黎有 8000 名缝纫工罢工,北方有 1.5 万名缝纫工罢工,体现了无产阶级要与有产阶级斗争到底的意识,共产党人也积极参与组织。法国的有产阶级对此颇能应对,既逮捕、辞退工人成百上千,又监视共产党人若干。即便如此,铁厂的工人代表仍然考虑组织罢工。英国受战争的影响产业有所衰退,但工人的组织化并未减弱,加勒斯、罗克福德的矿工、农工、海员、建筑工都举行了罢工。尽管英国改良势力影响很大,但是共产党的实力也有所发展,这从英国竟然有人提议禁止在星期日举行共产主义演讲便可知道。至于美国帝国主义,尽管说在世界大战中获益,但是仍然采用高压手段压迫共产党人,甚至还有地区施行反对工团主义的法律。日本也因为战争而产业发达,对于共产主义思想立下法律禁令,还搜捕共产党人,没收新出版的书报,该国工人反对专制甚用力,已成为日本帝国主义的心腹之患。比利时想占据鲁尔一事,则招致该国共产党人的反对,几万工人进行游行示威,不少工人被捕入狱。②1923 年德国汉堡起义的爆发是德国国内矛盾和阶级斗争极其激烈的体现,事件过后,德国国内占人口三分之二的无产者、半无产者生活在困苦中,他们的革命要求非常迫切,共产党也把运动中心分散到各厂去秘密工作,"谁敢说德

---

① 《建党以来重要文献选编(1921—1949)》第 1 册,中央文献出版社 2011 年版,第 121 页。

② 卓宣:《充满各国底阶级争斗声与国际情势》,《少年》第 9 号,1923 年 5 月 1 日。

国政局可以如现在一样的安定下去呢？"①

（二）欧洲被压迫民族的阶级斗争

较为落后的资本主义国家的阶级斗争声浪也很高。西班牙因为发动摩洛哥之战引发本国无产阶级发动反军阀运动，而该国共产党人被捕者非判死刑，便罚做苦工。工会领袖还被暗杀，恐怖遍布全国。罗马尼亚因为经济困难，甚至有政府人员因欠薪而罢工，有产阶级只能依靠白色恐怖维持其统治，拘捕共产党人，并且蹂躏工会、抄没书店。一些资本主义国家还出现了法西斯化趋势。在任卓宣看来，"法西斯蒂"是国家的、暴乱的、非阶级的、反对无产者的有产阶级复古和非法的行动形式，已由战前经济基础富强的意大利延伸到奥地利、匈牙利、德国、波兰、捷克等经济基础遭到破坏的国家，"差不多统治了中欧"，"这些国家底阶级争斗情形，又为之一变"。像在意大利，共产党处于四面包围之中，被监禁、杀戮者太多，迫使共产党与社会党谋求合并。至于第一次世界大战的战败国德国，法国帝国主义对它压迫甚重，无产阶级负担极重，不过"组织有素的无产阶级和很坚实很统一的共产党遂一同起来和内外的有产阶级争斗，势力甚大"，"共产党仍不屈不挠地组织百人组，以抵制法西斯蒂，作示威运动以反对法德有产阶级阻止帝国主义战争"。②1924年底，世界资本主义对于共产主义的压迫"已达到极点"，但是德国共产党在议会选举中仍然得到将近300万的选票，这说明得到多数工人的信任。③

（三）帝国主义阵营内的争斗日益激烈

第一次世界大战后英国的殖民地遍布于五大洲，它为了掌握世界霸权采取了四种手段：压迫弱小民族，推广或巩固其掠夺地，对于爱尔兰、印度、埃及的独立运动均用高压手段扑灭；反对革命势力，向俄国

---

① 锐：《过去一年之德意志（续前期）》，《赤光》第2期，1924年2月15日。

② 卓宣：《充满各国底阶级争斗声与国际情势》，《少年》第9号，1923年5月1日。

③ 参见李富春：《世界反动潮中底一线曙光》，《赤光》第21、22期合刊，1924年12月15日、1925年1月1日。

采取攻势；英国以工商业立国，为避免自塞销路，推动德国恢复经济发展，并减少其战争赔偿；为排除法国之实业霸权，转而缔结英意协约。美国资本主义最为坚固，将成为无产阶级革命最后要攻占的营寨，已染指所谓远东问题。法国势力所及方面甚广，使诸国俱为其附庸。意大利的经济虽远不及诸国，然亦是帝国主义之助手，墨索里尼有"地中海应当是而且将成为我们的海"之宣言。波兰的经济和军事隶属于法国资本之下，而魏朵（Wincenty Witos，今译文岑蒂·维托斯）总理还声言"波兰应当是东欧的主人"。帝国主义各国竞争、冲突最显著的是英与美、英与法、法与美、法与意四组，他们争霸的结果便是压迫弱小民族的惨剧，"奥、匈、捷、土、保诸国，大都殖民地化，成为被压迫民族"，"法国对德占据鲁尔加重赔偿，把鲁尔蹂躏像战场一般"。[①] 有产阶级与无产阶级之间存在阶级争斗，同阶级之间也有冲突极为紧迫之时，"虽是同一阶级的朋友，或不惜欢迎敌人或投降敌人以自相屠杀。前者是以私自利益位于阶级利益之下，这便是说将私自的利益，附属于阶级的利益；后者是以私自利益，位于阶级利益之上，这便是说，将阶级利益附隶于私自的利益"[②]。留法勤工俭学群体还运用帝国主义理论分析帝国主义阵营的会议不会得逞。1924 年 10 月 15 日，李富春在《国际联盟第五次会议底真意义》一文中分析说，第五次国际联盟第五次会议通过了《为国际失和底和平条例协定》，但是意大利、日本竭力反对，协定通过后英国、意大利没有签字，美国也明确表示反对，这表明建立在资本主义制度上的帝国主义战争不能"在白纸黑字的条约上来加以限制"。[③] 对于帝国主义所谓商谈和平、债务的各种会议，留法勤工俭学群体指出：他们明明彼此竞争军备，表面上却要协商裁兵，"和平""裁兵"不过是招牌，竞争军备、准备战争乃是帝国主义的本性，"华府会议不过是拿来掩盖世界无产阶级和被压迫民众

① 以上参见卓宣：《国际帝国主义之争霸及无产阶级革命》，《少年》第 10 号，1923 年 7 月 1 日。

② 行侯：《英法争霸中的欧洲形势》，《少年》第 13 号，1923 年 12 月 10 日。

③ 富春：《国际联盟第五次会议底真意义》，《赤光》第 17 期，1924 年 10 月 15 日。

底耳目的"；① "酝酿中的裁兵会议就是为要葬送日落瓦条约；事实上，他们一个兵也是不会裁的"，"此次裁兵会议如果召集成功，它不过把资本主义国家间利益底鸿沟掘得更深，使世界战争底爆发更快"。②

（四）亚非殖民地半殖民地的独立运动大有希望

随着资本帝国主义的对外扩张，亚非被压迫民族纷纷变成殖民地、半殖民地，其社会性质也由封建或半封建社会趋向资本主义，遂发生本国有产阶级与外国有产阶级的冲突，以及排外倾向或口号。这类独立运动或国民运动，将唤醒无产阶级来帮助，譬如埃及的查格鲁（Sa'd Zaghlūl Pasha，今译扎格鲁尔）党、中国的国民党，其后势必有工人运动、工人解放运动。印度、埃及在国民运动爆发后，新的无产阶级解放运动也开始了。③ 任卓宣在《赤光》的文章中揭示了被压迫民族解放运动兴起的必然性。他指出，"被压迫民族，始终受不了帝国主义底榨取"，"已将内乱外攻平定了的苏维埃俄国，竖出反帝国主义之旗。亚洲非洲底被压迫民族，差不多都与他发生或深或浅的关系。在由主国与属国所组成底世界中，形成一种反帝国主义底联合战线"。④ 李富春还分析了英国帝国主义统治之下亚剌伯（今译阿拉伯）半岛的国民运动，指出：虽然我们还不能说亚剌伯国民革命能够成功，但至少可以看出他们有打倒英帝国主义和民族自觉的觉悟，英帝国主义在亚剌伯半岛的统治也将动摇。⑤

（五）苏俄（苏联）是全世界无产阶级和被压迫民族解放运动的领导和先锋

苏俄的诞生在帝国主义统治的链条中撕开了一个口子，它也成为世

---

① 觉奴：《华盛顿条约底成绩》，《赤光》第 26 期，1925 年 3 月 1 日。

② 朴生：《酝酿中的裁兵会议与世界和平问题》，《赤光》第 26 期，1925 年 3 月 1 日。

③ 以上参见卓宣：《充满各国底阶级争斗声与国际情势》，《少年》第 9 号，1923 年 5 月 1 日。

④ 任卓宣：《马克思主义底民族自决》，《赤光》第 10 期，1924 年 6 月 15 日。

⑤ 富春：《欢迎亚剌伯人底国民运动》，《赤光》第 18 期，1924 年 11 月 1 日。

界革命的领导和先锋。俄国十月革命后实行新经济政策，电气业、煤炭业、石油业都取得很大成绩，农业逐渐恢复，交通运输业、对外贸易也有大的发展。就该国政治势力发展而言，社会革命党和少数派已完全解体，其觉悟分子则已加入共产党。外交层面，苏联在各种外交会议中与帝国主义争斗，对于世界各被压迫民族则非常接近，"俄国不仅巩固了且进而扶助，引导全世界无产阶级和被压迫民族底革命，看其援助土耳其等底事实，便可知道"。[1] 当帝国主义对苏联下"最后通牒"时，莫斯科有 50 万工人举行示威运动。[2] 尽管说协约国对德国无产阶级的压迫很严重，但是这可能造成德国无产阶级暴力夺权的局面。鲁尔的占领问题普遍被认为是法国对德国报仇心理的表现，实际上是法国要"掠夺莱茵沿岸的铁和煤，急进的发展他的冶金工业，促成法兰西铁的资本主义之成熟"，并忌惮出现革命趋向的德国与苏联联合的局面。实际上，德国现政府处于风雨飘摇中，"红色革命酝酿已将成熟"，德、苏两国无产阶级若能联手，"以两地原料之丰饶，加以德意志的机械人才，和一切技术条件之完备，可以于短时期内奠定两国的经济基础"，这对于帝国主义各国来说是致命的。[3] 随着 1922 年底苏联的成立和帝国主义各国经济危机的紧迫，英国、意大利、法国或者承认苏联，或者订立商约，或者献殷勤态度，这表明开人类历史新纪元的苏联的基础已经牢固，并可与世界帝国主义抗衡；帝国主义各国国内的经济基础已经动摇；苏联可以通过引进外资发展国内产业，对于共产主义事业有利无害。[4]

（六）国际帝国主义对各国共产党人、无产阶级的世界性压迫

"资本主义变成了国际的，所以有产阶级是一致地剥夺无产阶级，

---

[1]　卓宣：《充满各国底阶级争斗声与国际情势》，《少年》第 9 号，1923 年 5 月 1 日。

[2]　参见卓宣：《国际帝国主义之争霸及无产阶级革命》，《少年》第 10 号，1923 年 7 月 1 日。

[3]　参见行侯：《英法争霸中的欧洲形势》，《少年》第 13 号，1923 年 12 月 10 日。

[4]　参见熊锐：《新苏俄联邦与帝国主义——一九一七至一九二四》，《赤光》第 3 期，1924 年 3 月 1 日。

压服无产阶级。"德国政府逮捕法国共产党人，法国政府监禁德国共产党人，他们组成国际性的压迫共产党人、禁止工人运动的包围圈。同时无产阶级的斗争也是国际的，他们异地协作，如英国共产党、俄国工人同情被监禁的法国共产党人，英、德两国工人援助意大利工人反对法西斯，等等。此外，他们还召集国际性会议，决定共同方针、对敌策略，应对共同的敌人。1923 年 4 月初，荷兰有 5 万工人计划加入国际赤色工会，捷克各种工人联合会亦然。种种迹象表明，"帝国主义底基础日见动摇，资本主义底社会日见崩溃"。① 帝国主义各国要扑灭外部一切革命势力：它们不允许俄国开展经济建设，向俄国进攻；对无产阶级的压迫十分残酷，常有封闭报馆、驱逐共产党议员、逮捕无产阶级、压迫工人团体的事件发生。1923 年五一节的庆祝纪念活动，更呈现出各国无产阶级的联合之势，美国、挪威、西班牙、法国、英国、比利时的产业工人均举行了大规模罢工。德国因为受其他帝国主义国家的压迫而物价高涨，"罢工之事多而且烈"，"尤以鲁尔最苦所以运动最烈"。在 5 月 25 日至 6 月中旬的罢工运动中，"工人之死亡者约达三四十万而计其罢工者有矿工二百万，铁工十万，革命潮流之高涨，简直达于极点"。② 与留法勤工俭学群体相关的是，他们在 1924 年 2 月 1 日向旅欧华人号召救济德国无产阶级："德国无产阶级在内外交加的两重淫威之下，便难谋生了"，"这都是现今的资本帝国主义者给与他们的祸害"，"我们掏出十二分的热诚向着朋友们，请你们视自己能力之所及，尽量的捐款救助德国无产阶级"。③

留法勤工俭学群体关于帝国主义在世界的六类情况、趋势的分析，

---

① 参见卓宣：《充满各国底阶级争斗声与国际情势》，《少年》第 9 号，1923 年 5 月 1 日。

② 参见卓宣：《国际帝国主义之争霸及无产阶级革命》，《少年》第 10 号，1923 年 7 月 1 日。

③ 《旅欧中国共产主义青年团为救济德国无产阶级事告旅欧华人》，《赤光》第 1 期，1924 年 2 月 1 日。

体现出开阔的世界视野和对世界革命问题的关注。与之相较，《赤光》转载的中共中央的重要文件仍然是"中国本位"，如在分析中国内战时强调"每次内战都有国际帝国主义争斗的背景"①。这种不同或差异体现的是互补意识，因为旅欧的党、团员最终要回国参加中国革命的实际斗争，了解中共中央的主张、政策自然非常重要。

二、归国之后关于帝国主义在世界情势的分析

第一次世界大战后帝国主义国家之间的冲突及其对殖民地半殖民的宰制并未停止，这是帝国主义时代矛盾的集中体现。1922 年 7 月中共二大宣言指出："全世界有十二万五千万的殖民地和被压迫国的人民（还有资本主义国家里万万数的无产阶级）辗转就毙于伦敦、巴黎、纽约、东京等处极少数银行家、工业家和他们政府重压之下"，"帝国主义者开多少次的会议，都不能免去日美在最近将来的战争趋势和英法非相见于疆场不能解决的冲突"。②1922 年 11 月至 12 月召开的共产国际四大亦声明："世界资本主义之经济的基础及势力范围缩小，致使殖民地上帝国主义的争长更形剧烈，于是全世界帝国主义系统之均势局面也扰乱了"，"各殖民地受帝国主义的压力稍轻，而列强彼此仇视的态度加甚"，"殖民地本地的生产力之发达与世界帝国主义之利益相矛盾，绝对不能调和"。③《向导》周报作为中共中央政治性机关报，主要宣传国民革命和国共合作政策，但也有大量政论文涉及帝国主义发展情势，其中蔡和森、郑超麟撰文颇丰，赵世炎、王若飞等人发表的若干文章也涉及这一问题。此时留法勤工俭学群体关于帝国主义在世界情势的分析已经代表中共中央

---

① 《中国共产党第三次对于时局宣言》，《赤光》第 19 期，1924 年 11 月 7 日。

② 《建党以来重要文献选编（1921—1949）》第 1 册，中央文献出版社 2011 年版，第 120—121 页。

③ 孙武霞、许俊基选编：《共产国际与中国革命资料选辑（一九一九——一九二四）》，人民出版社 1985 年版，第 193 页。

的主张。

（一）资本帝国主义与世界革命形势的酝酿

资本帝国主义的激烈冲突是世界革命爆发的前兆。1922 年 9 月，蔡和森在《向导》第 3 期的《中国国际地位与承认苏维埃俄罗斯》一文中指出"世界革命的形势，经国际资本帝国主义长期的酝酿，现今业已成熟了"，因为苏俄实力渐壮，爱尔兰、土耳其、印度、波斯等殖民地和被压迫民族已发生激急的革命运动；协约国倒行逆施的政策使世界经济秩序紊乱无比，中欧、西欧、南欧各资本主义的大国莫不滚入社会革命高潮而无法挽回。这只能通过武力解决——恐怖的流血战争。[①] 不过这种局面在 1923 年德国汉堡起义失败后戛然而止，之后资本主义进入相对稳定时期。1926 年 6 月，郑超麟在《向导》上发表《动摇中之资本主义稳定：最近国际事变之研究》一文，分析认为"直接的革命形势是没有的，所以此时无产阶级革命的势力潜伏着"，"所谓资本主义稳定局面，乃是暂时的，相对的。世界资本主义并不能恢复战前的繁盛时代。资本主义内部的矛盾不仅没有消灭或减少，反暗中急剧地加增，造成更大的恐慌，将结果了资本主义本身的寿命"。这一方面由于革命势力和最反动势力之间有资产阶级中一部分势力的缓冲，其以缓和方法压制无产阶级的革命怒潮；另一方面，资本主义国家之间的冲突潜滋暗长，美国资本从中拉拢和协调。但是，"缓冲势力之解体和帝国主义者协调之破裂"显现，革命势力与反动势力的对抗到处大张旗鼓；帝国主义强盗之间利益不一致，围绕德国加入国际联盟、裁减军备问题发生冲突。最后，郑超麟得出结论："我们虽然未敢断言所谓资本主义稳定局面已完全过去，但至少，我们可以说这稳定局面已经在动摇中，直接的革命斗争为期必不在远了！"[②] 总之，帝国主义对于世界的宰制处于稳定但动摇过程中。

---

① 和森：《中国国际地位与承认苏维埃俄罗斯》，《向导》第 3 期，1922 年 9 月 27 日。

② 以上参见超麟：《动摇中之资本主义稳定：最近国际事变之研究》，《向导》第 158 期，1926 年 6 月 16 日。

资产阶级与无产阶级的鲜明对抗亦说明了这一点。在革命进入低潮后，人民斗争的运动并没有消失，一些国家的资产阶级感到自己力量单薄，便让社会党上台执政。英国便是典型例子，1924 年工党领袖麦克唐纳（Ramsay MacDonald）组织了英国历史上第一届工党政府。工党执政后，进行了一系列社会改革，一定程度上缓和了社会矛盾；但对于工人运动、殖民地等重大问题的态度，则与保守党无异。工党政府的内外政策既使工人失望，又使自由党和保守党不满，不到一年便倒台。1926 年5 月 4 日，英国工人举行了英国历史上第一次总罢工。郑超麟认为，英国总罢工是战后英国阶级矛盾尖锐的反映，证明改良主义已走向末路。这场运动的最大意义在于它将促成"整个工人阶级和整个资产阶级之对抗"[①]。英国以往的罢工都是由工人贵族发起和领导的，都带有改良主义性质，而这次罢工的核心力量是主张推翻资本主义、宣传阶级斗争的少数派，因而是革命性质的。英国工人阶级将从改良派的影响下解放出来，益加左倾，"足为将来更大试验之先声"。[②] 其他国家亦是如此，德国资产阶级"嫌现政府压迫政策太过和缓，还要一更反动的政府根本扑灭德国工人的反抗"；在法国，"法西斯蒂党在巴黎作大规模的示威，与工人群众冲突；同时法国工人也乘机左倾，法国共产党在选举上屡次取得胜利"。欧美各国均面临严重的社会政治危机，从此只剩无产阶级与资产阶级"旗帜鲜明地在那里斗争"。[③] 总之，资本和劳动的对立不但没有消灭，反而日益尖锐化，中间势力土崩瓦解，改良主义穷途末路，世界革命势在必行。

（二）协约国集团围绕德国赔偿问题的内部冲突

战后围绕德国赔偿问题的争斗反映了帝国主义冲突的不可避免。在

---

① 超麟：《动摇中之资本主义稳定：最近国际事变之研究》，《向导》第 158 期，1926 年 6 月 16 日。

② 超麟：《英国总同盟罢工之终止》，《向导》第 154 期，1926 年 5 月 22 日。

③ 超麟：《动摇中之资本主义稳定：最近国际事变之研究》，《向导》第 158 期，1926 年 6 月 16 日。

展望 1923 年帝国主义发展的新情势时，蔡和森提道："赔偿问题所以至今不能解决，根本原因就在法国帝国主义，英国帝国主义，美国帝国主义之间政治经济的利害冲突。这种冲突，资本主义的自身，是证明没有方法可以解决的。"如果德国每年财富的一半用于赔款，尚且需要用 30 年才能还清，实际上德国没有这样的偿还能力。同时，各国相互欠债问题严重，唯有美国是全世界的债权国，但美国的"国内市场还未恢复，并且即使输出多量物品于欧洲也只换得些不值价的纸币"。① 赔偿问题是资本主义世界经济混乱、恐慌的主因，"一面破坏资本主义世界的经济平衡；一面又为减少工钱，增加时间，失业，罢工，战争等现象的来源"②。要挽救资本主义的经济崩坏，便需要恢复国际经济平衡，这就要求注销国际债务，财富国向贫穷国借款，但这又是帝国主义阻挠和不能解决的。

至于具体的赔偿方案，法国有两种倾向：一类是钢铁业资本家的计划，要求巩固法国工业在欧洲的优势，使德国成为它的附庸；另一类是小资产阶级、农人、官僚的倾向，他们最关心的是法兰西的财政状况。英国是半债务国，反对法国总统普恩来（Raymond Poincaré）的政策，因为该政策将使英国成为法国的隶属国。③ 新兴的美国帝国主义，即便是救济欧洲也是建立在维护自己资本主义、帝国主义的利益和需要上面，拒绝把赔偿问题与国际债务问题统筹考虑。种种迹象证明："英美法各帝国主义间的利害冲突，是永远使他们不能操用一种一致的经济政策；资本主义世界的混乱，崩坏，恐怖，战争，是要一天一天严重的。"④ 德国政府在 1923 年 4 月 30 日提出一种赔偿方案。法国表示反对，因为此方案"德国之债权人所可指望者，约一百五十万万金马克，此数尚视法兰

---

① 参见和森：《赔偿问题与帝国主义（未完）》，《向导》第 16 期，1923 年 1 月 18 日。

② 和森：《赔偿问题与帝国主义（续第十六期）》，《向导》第 17 期，1923 年 1 月 24 日。

③ 参见和森：《赔偿问题与帝国主义（续第十六期）》，《向导》第 17 期，1923 年 1 月 24 日。

④ 和森：《赔偿问题与帝国主义（续第十七期）》，《向导》第 18 期，1923 年 1 月 31 日。

西一国所受之损失为少"，以国际公债集资赔偿更是空谈，因为德国财政已无人信任；"对于先撤鲁尔驻军然后停止消极抵抗一层，攻击尤力"。英国和意大利也以同样名义驳回德国的提案，这可以证明所谓法德联合恢复欧洲资本主义的说法是"不可实现的画饼"。[①]至9月中旬，法、德两国的秘密谈判快要结束，却会惹起德国工农及一切平民的大反抗和英法间严重的冲突。蔡和森根据英、法两国军备情况作出判断："英法间的战争迟早是不可免的。"[②]

　　与赔偿问题相关的还有德国政局的演变。1923年10月，德国的巴伐利亚、莱茵河流域开始出现"分立运动"，蔡和森评价说"丧心病狂发生如此的分立运动，以便外国帝国主义之宰割，与中国政客军阀丧心病狂的联省自治运动如出一辙"。实际结果则是"分立派终敌不住共产党领率的工人阶级与其他爱国人民之反抗"，分立运动"是加倍扰乱已经破坏的欧洲经济生活的癫狂政策。换过说，也就是〔加〕速已经破坏而莫能复兴的欧洲资本主义的灭亡之政策"。其结果是欧洲半死不活的资本主义迅速灭亡，社会革命愈益难缓。[③]1925年5月，针对德国总统选举是与登堡（Paul von Hindenburg，今译兴登堡）当选还是麦克斯（Wilhelm Marx）当选的问题，郑超麟撰文分析说二者之间没有资产阶级舆论所宣扬的那样泾渭分明，因为德国的唯一统治者是德国资产阶级，他们二人都是德国资产阶级用来镇压无产阶级革命的工具而已。道威斯计划（Dawes Plan）实施之后，协约国和德国的资产阶级均获益不少，唯有德国无产阶级不堪剥削，"从与登堡终于当选一层看来，又知道德国资产阶级终于采用军政狄克推多，以保证道威斯计划之执行"。[④]总之，围绕德国赔偿问题的斗争，特别是英、法两国的冲突表现出帝国主义各

① 和森：《德国赔款新提案之失败》，《向导》第26期，1923年5月23日。
② 和森：《德法间快要成熟的买卖》，《向导》第40期，1923年9月16日。
③ 和森：《德国的分立运动》，《向导》第44期，1923年10月27日。
④ 超麟：《德国资产阶级的军政狄克推多代替了民政狄克推多》，《向导》第113期，1925年5月3日。文中提到的"军政狄克推多"即军事独裁。

国的严重矛盾。

（三）帝国主义国家围绕殖民地半殖民地和被压迫民族的激烈争夺

1876 年至 1914 年，英、法、德、俄、日、美这六个资本主义强国共占据了将近 2500 万平方公里的殖民地，面积相当于欧洲的两倍多，"全世界尽被几个大强盗国家瓜分了"。① 第一次世界大战后，殖民地半殖民地和被压迫民族的独立运动勃兴，这引发帝国主义各国的压制。留法勤工俭学群体关注的相关问题，主要涉及宗主国与殖民地的矛盾、土耳其革命与洛桑会议、叙利亚人民的解放运动等问题。

在帝国主义时代"宗主权"成为帝国主义开展殖民统治的重要形式，它们使用武力和其他手段，侵略、剥削、压迫弱小国家，使其丧失独立和主权。郑超麟认为，随着财政资本的增长，必然引起和加剧为争夺商品市场和原料市场的冲突和斗争。宗主国与殖民地两极分化，整个世界划分为两个营垒："一方面，少数文明的民族握住差不多全部的财政资本而剥削其余的人类；他方面，占有人类最大多数的殖民地弱小民族则受压迫剥削。"② 在资本主义"稳定"时期，殖民地的民族解放运动仍在持续发展，中国及全东方殖民地民族解放运动将有力地打破"资本主义稳定的迷梦"。列宁预言东方殖民地国家必然发生与西欧国家同样的社会经济危机、政治危机，进而爆发革命。郑超麟指出，中国 1923 年二七运动（即京汉铁路工人大罢工）使无产阶级形成独立的政治势力，中国共产党巩固而发展，并建立国民革命联合战线，促成国民党改组；1925年五卅运动使中国革命运动成为"全世界最注目的事变"，并进一步引起印度、朝鲜等殖民地的觉醒，中国工人运动的发展，充分证明列宁关于东方的预言、关于民族殖民地问题的策略完全是正确的。③ 1925 年 2 月

---

① 布哈林：《共产主义的 ABC》，武汉新青年社 1926 年版，第 109 页。

② 超麟：《十月革命、列宁主义和弱小民族的解放运动》，《向导》第 135 期，1925 年 11 月 7 日。

③ 参见超麟：《"列宁死了，但列宁主义活着！"》，《向导》第 184 期，1927 年 1 月 21 日。

郑超麟断言所谓德谟克拉西和平主义时期将"终结于英国'工人政府'之失败"①，而 1926 年 6 月他使用了更加谨慎的说法："我们虽然未敢断言所谓资本主义稳定局面已完全过去，但至少，我们可以说这稳定局面已经在动摇中，直接的革命斗争为期必不在远了！"②尽管之后国际局势的发展使郑超麟意识到之前对世界革命形势的判断存在失误，但他没有改变世界革命即将到来的基本判断。

　　1922 年爆发的土耳其与洛桑会议问题是帝国主义争夺殖民地半殖民地的典型案例。蔡和森指出土耳其是"世界上最被国际帝国主义压迫的老大国家"，帝国主义"把土耳其弄得分崩离析，匍匐于国际帝国主义的铁锁之下而不能自振，乃更把土耳其的支配阶级及各政党化为各自的仆役而使之成为亲英派或亲德派，以图各派帝国主义在土利益之特别扩张"。第一次世界大战结束后，土耳其在希腊、英国、法国、意大利的共管之下。至于土耳其国民党能否打败协约国，主要看他们能否建立在群众势力之上，能否与苏俄联合。③英国帝国主义力图维持君士坦丁政府的统治，但该政府被废除，这是英国帝国主义最受打击的一件事；美国政府派观察员参加洛桑会议，希望施行国际共管、门户开放的政策，暗中支持法国的近东政策、反对英国帝国主义。对此，安哥拉政府提出维护土耳其在政治经济上完全独立、希腊赔款等要求。④那么土耳其要任人宰割吗？尽管协约国偏袒希腊，企图宰制土耳其的态度强硬，但是苏俄代表团莅会时，土耳其代表的态度"忽变强硬"，协约国则"正在设法限制苏俄参与会议的范围"。值得注意的是，蔡和森等人对于土耳其问题分析的落脚点是中国现实，强调"英美法日离间中俄二民族的亲善，

① 郑超麟：《列宁逝世第一周年之苏维埃联合》，上海《民国日报》副刊《觉悟》1925 年 2 月 8 日。

② 超麟：《动摇中之资本主义稳定：最近国际事变之研究》，《向导》第 158 期，1926 年 6 月 16 日。

③ 和森：《祝土耳其国民党的胜利》，《向导》第 3 期，1922 年 9 月 27 日。

④ 参见和森：《土耳其与国际帝国主义》，《向导》第 9 期，1922 年 11 月 8 日。

或明或暗破坏中、俄会议的进行，也是基于同一意义之上"，"至于美国，他对于土耳其的政策和对于中国的政策没有两样"。①

不过洛桑会议的结果是土耳其"复陷于帝国主义恶魔的外交圈套中"，因为"基玛尔抛弃群众所要求之民族独立的军事行动，天天与帝国主义者作公开或秘密的谈判；以为利用英法间的暗斗，可用亲法的外交手段达到他所代表的要求"，甚至为践行与法国的秘密承诺而压迫该国共产党。②土耳其问题为何如此重要？帝国主义在土耳其问题上的争夺主要围绕五个方面：美国、法国与英国争夺摩塞尔的煤油，"洛桑会议的幻剧完全建立在这种黑幕之上"；争夺君士坦丁海峡，它不仅在政治上军事上重要，更是煤油运输的通道；保护所谓少数民族问题，实际是英国帝国主义分裂土耳其的政策；治外法权和监督财政问题；希腊偿付赔款问题。尽管土耳其在洛桑会议上完全失败，但是如果能汲取亲近法国帝国主义的教训，"亦未始非土耳其民族解放厄运中之一转机"，而与苏俄的联合则是关键一步。③

洛桑会议之后，帝国主义在近东的争夺并未终止。1923 年 8 月，意大利派赴阿尔巴尼亚勘界的代表行至希腊边界遇害。意大利政府向希腊政府发出最后通牒，并集中军队于南方，遣驱逐舰驶抵唐吉尔。对于该事件，蔡和森评价说："这还是洛桑会议后近东危机的第一声，并且是与和约批准之日同时发生的……资本主义世界之有战争，真如天空之有风雨！"④至 1925 年 10 月前后，土耳其军队有意夺回英国管辖的摩塞尔，并宣誓对摩塞尔的主权。法国、意大利、美国想与英国均沾摩塞尔的石

---

① 和森：《洛桑会议中土耳其民族唯一的帮助者》，《向导》第 12 期，1922 年 12 月 6 日。

② 和森：《洛桑会议与土耳其（未完）》，《向导》第 14 期，1922 年 12 月 30 日。基玛尔即 Mustafa Kemal Ataturk，今译凯末尔。

③ 和森：《洛桑会议与土耳其（未完）》，《向导》第 14 期，1922 年 12 月 30 日；和森：《洛桑会议与土耳其（续第十四期）》，《向导》15 期，1922 年 12 月 27 日。

④ 振宇：《洛桑会议后近东危机第一声》，《向导》第 38 期，1923 年 8 月 29 日。

油，"英法等帝国主义在摩洛哥战争中远处在暗斗的形势，到了摩塞尔战争或将由暗斗而至于明争了"。对于战争爆发的结果，郑超麟预测说："第一次的世界大战，结果出于国际帝国主义意料之外，竟把地球上六分之一的领土染遍红色；我们又将有何种理由能够证明此次新的世界大战不更出于国际帝国主义意料之外，而把全地球都染遍红色呢？"①对于帝国主义战争再一次爆发的预判，这应当是对列宁帝国主义理论运用的结果。

1925 年 7 月，叙利亚发生了特鲁斯（今译德鲁兹）人暴动反抗法国帝国主义的斗争。郑超麟评价说，在资本主义所谓"稳定期"，殖民地解放运动取得前所未有的发展，"法国帝国主义总把这次暴动看做是英国帝国主义的阴谋。英国帝国主义或许利用特鲁斯人的首领阿特拉茨排斥法国人……这暴动的真正原因乃是法国帝国主义对叙利亚的凶暴的压迫和残酷的剥削"。尽管叙利亚人民在此次暴动中付出了牺牲，但是法国帝国主义将会失势，阿拉伯人民也会因这次暴动而觉醒。最后，郑超麟评价说："我们感觉着中国和叙利亚是走同样的命运。我们更加明白殖民地民族要互相团结起来，联合世界无产阶级，为打倒共同的敌人帝国主义而奋斗。"②1926 年 5 月，摩洛哥里夫民族的斗争宣告失败。对于里夫民族反对西班牙、法国帝国主义的斗争，郑超麟说"这样艰辛的战争，里夫民族毕竟能够支持了一年之久，摇动了法国帝国主义的财政基础"，对于世界有很大影响：法国财政因该战争而"至于不可收拾"，西班牙因摩洛哥战争而建立了法西斯政府；各国无产阶级积极援助里夫民族；法国、西班牙、英国、意大利围绕里夫土地、直布罗陀海峡冲突不断，这或许将成为第二次世界大战的导火线。③

（四）被协约国压迫民族的独立解放运动

帝国主义对于殖民地半殖民地落后民族的压迫，并不限于近东的

---

① 超麟：《近东的新风云》，《向导》第 132 期，1925 年 10 月 5 日。

② 超麟：《叙利亚的暴动和屠杀》，《向导》第 136 期，1925 年 11 月 21 日。

③ 参见超麟：《里夫民族的失败》，《向导》第 157 期，1926 年 6 月 9 日。

土耳其、远东的中国，在爱尔兰、希腊、保加利亚也呈现出类似态势。1922 年 12 月，针对爱尔兰成为英国殖民地一事，蔡和森指出英国政府武力征服爱尔兰的计划失败后，遂用条约来收买爱尔兰的资产阶级和大地主，使他们背叛革命、接受英国帝国主义的金钱和军械，反攻爱尔兰共和军和工农群众，"这就是英国帝国主义借爱尔兰叛徒之手，施于争自由与独立的爱尔兰民族之上的恐怖政治"。不过爱尔兰民族解放战争势必与世界革命的潮流相汇合，劳动运动将集合于爱尔兰共产党的旗帜之下，这是爱尔兰工农打败反动势力、建立劳农共和国唯一的道路。① 同时，希腊也爆发了政变，康士坦丁与维尼齐洛的冲突是这次政变的重要原因，他们代表英、法资本主义在近东的冲突，"维尼齐洛这派强盗虽想借这次政变把资产阶级的威权分外的恢复起来，但是业已戳穿了的纸老虎是吓不住民众势力之发展的……希腊真正的革命将接着这次的波涛大大的鼓荡起来啊"②。保加利亚的形势也发生变化。社会党、急进党、农党曾上台执政，不过保加利亚资产阶级不满农党政府，正在集中、团结他们的势力，并与俄罗斯的反动将军密谋政变。之后，保加利亚共产党向反动的资产阶级发动反击，"共产党一面严厉的攻击资产阶级，一面对于农党政府的怯懦，犹疑，也不停的施以批评"。③

此外，蔡和森等人还注意到法西斯势力在意大利、西班牙的兴起。1922 年，针对意大利法西斯的政变，蔡和森指出法西斯政变是"在资本主义世界的政治状况中，现出一种特别凶恶的变形。这样的变形，乃是由于意大利混乱无力的资本主义国家政治经济之特别情形造出来的"，"意大利资本主义和他的国家机关愈益紊乱无力，而工人阶级便成为形势的主人。资产阶级处在这样危殆情形之下，就把法西斯蒂变成为破坏工人运动的流血招惹队伍"。面对如此严峻的形势，蔡和森从帝国主义

---

① 振宇：《爱尔兰依然为英国的殖民地！》，《向导》第 13 期，1922 年 12 月 23 日。
② 和森：《革命中的希腊》，《向导》第 13 期，1922 年 12 月 23 日。
③ 和森：《巴尔干新形势中的保加利亚》，《向导》第 13 期，1922 年 12 月 23 日。

矛盾激化的视角判断："反会促成意大利工人阶级间的联合战线，意大利的社会革命，快要到催生的时候了。"[1] 一年之后，西班牙的情况如出一辙，发生政变。蔡和森指出，里夫拉将军的目的一方面是建立资产阶级的反动统治，另一方面则是加紧侵略摩洛哥，与墨索里尼在意大利的狂叫并无二致，"足够显明欧洲资本文明的尽头"。[2]

与蔡和森不同，稍晚回国的郑超麟依据列宁的民族解放理论，阐述了西欧无产阶级革命与殖民地半殖民地民族解放运动的关系，宣传了非洲、朝鲜、中国等殖民地半殖民地民族解放运动的历史意义。

一方面，无产阶级的社会革命运动和东方殖民地半殖民地国家的民族革命运动的性质虽不同，但在推翻资本帝国主义这一点上是相同的，二者汇合起来才是整个的世界革命。[3] 郑超麟指出："世界革命一方面是无产阶级革命，劳动反抗资本的革命，他方面又是民族解放革命，殖民地弱小民族反抗宗主国帝国主义的革命。"[4] 这两种革命是相辅相成的世界革命的一体两翼。第一，郑超麟批判了过去割裂这两种革命的错误倾向。在第二国际时期，殖民地民族解放运动的地位被忽视甚至歪曲，先进国无产阶级否定殖民地民族革命的意义，甚至以为殖民地革命胜利后，宗主国资产阶级将无法从殖民地榨取额外利润，故会强化对本国无产阶级的剥削、压迫。殖民地民族对革命对象即国际帝国主义缺乏明确认识，漠视宗主国的无产阶级革命运动，甚至以为宗主国的无产阶级也是剥削殖民地的，而把革命限制在狭隘范畴内。[5] 郑超麟指出这两种见解都是错误的、危险的。第二，郑超麟运用列宁主义民族解放理论，阐释

---

[1] 和森：《法西斯蒂与意大利资产阶级专政》，《向导》第 9 期，1922 年 11 月 8 日。

[2] 和森：《欧洲的土匪世界》，《向导》第 41 期，1923 年 9 月 23 日。

[3] 参见《建党以来重要文献选编（1921—1949）》第 2 册，中央文献出版社 2011 年版，第 215 页。

[4] 超麟：《十月革命、列宁主义和弱小民族的解放运动》，《向导》第 135 期，1925 年 11 月 7 日。

[5] 参见超麟：《列宁主义——指导中国民族革命的理论》，《中国青年》第 150 期，1927 年 1 月 15 日。

了殖民地民族解放运动在世界革命中的地位。民族不平等是资本主义社会种种不平等之一，要彻底消灭宗主国与殖民地的矛盾，实现真正的民族解放，就要彻底铲除资本主义制度，实现共产主义。列宁认为"民族殖民地问题是无产阶级革命总问题中的一部分"。殖民地是帝国主义重要的原料来源地和输出市场，是帝国主义的后备力量，若不在殖民地打击帝国主义，则无产阶级革命运动也难有重大成效。同时先进国无产阶级应积极从物质上、精神上援助殖民地民族革命，保护各民族"脱离宗主国自建独立国家的权利"，即民族自决权。总之，只有建立西欧无产阶级革命运动与殖民地民族革命运动的联合战线，反对共同的敌人——国际帝国主义，世界革命才能胜利。[①]

另一方面，在十月革命的推动下和列宁主义民族解放理论的指导下，一大批殖民地民族觉醒。郑超麟关注叙利亚、摩洛哥、朝鲜等东方殖民地民族运动的发展，称颂它们在世界革命中的意义和英勇斗争的精神，认为这些民族革命风潮共同昭示了世界革命先声。1925 年 7 月，叙利亚德鲁兹山区爆发反法起义，成为全国起义的先声。10 月起义达到高潮，起义军占领了多个地区。10 月 18 日，法军反扑，连续炮轰大马士革市区 48 小时，制造了骇人听闻的"大马士革大屠杀"。[②]郑超麟在文章中谴责法国帝国主义的毒辣，指出叙利亚人民为实现解放而付出沉痛的代价，但历史会补偿叙利亚人民；阿拉伯民族因此次暴动而觉醒，同英、法帝国主义战斗；叙利亚得到欧洲无产阶级援助，法国工人也举行罢工反对殖民战争。[③]1921 年 7 月，西班牙欲征服摩洛哥中部矿藏丰富的里夫山区。里夫人民在部落首领阿布德·艾尔·克利姆（又译阿卜杜拉·克里姆）的领导下英勇战斗，几乎全歼侵略者。1925 年，由于力量

---

① 参见超麟：《十月革命、列宁主义和弱小民族的解放运动》，《向导》第 135 期，1925 年 11 月 7 日。

② 王新刚：《中东国家通史·叙利亚和黎巴嫩卷》，商务印书馆 2003 年版，第 181—183 页。

③ 超麟：《叙利亚的暴动和屠杀》，《向导》第 136 期，1925 年 11 月 21 日。

悬殊和缺乏正确领导，里夫共和国被法国、西班牙殖民者联合绞杀。[①]郑超麟认为，里夫起义虽然失败但具有重要意义：里夫民族以弱胜强，战胜西班牙殖民者，并在实力悬殊的情况下坚持斗争一年之久，其毅力令人钦佩；法国无产阶级多次举行示威，声援里夫民族，证明先进国无产阶级和殖民地被压迫民族是能够团结一致的；法国、西班牙殖民者的利益冲突在客观上为里夫民族战胜殖民者、缔造共和国创造了条件，这表明帝国主义间的利益冲突是不可调和的。[②]1926年4月，朝鲜李氏王朝末代国王李坧之死讯引起了群众反日情绪的高涨。6月10日李坧国葬之日，汉城5000余名学生和数万名工人、市民举行游行示威，高呼"朝鲜独立万岁""驱逐日本帝国主义"等口号，与日本军警激烈冲突。郑超麟评价说："沉寂许久的朝鲜人的反抗运动，现又复活了，从今注意殖民地民族运动的人，一定不会忽视了朝鲜。"[③]

（五）帝国主义与苏联的关系：在承认与进攻之间

对于十月革命中诞生的工农俄国政权，帝国主义原本采用联合进攻和绞杀策略，但是苏维埃政权和国家建设不断增强，日益成为帝国主义阵营不能撼动的力量。1922年底，苏联成立。1922年至1927年，帝国主义各国对于苏俄或苏联采取的是介于承认与进攻的策略，但在不同时期不同国家呈现的却有所不同，反映出帝国主义各国的冲突。

"承认苏联"是帝国主义各国基于经济、政治因素采取的策略。1922年12月6日，蔡和森分析了法国、日本、美国希望与苏俄恢复外交关系的迹象。他指出，"日本资本家对俄通商的要求已非一日，前此迫成的西比利亚撤兵案和长春会议，就是以资本家这种要求为背影"；法国银行资本家、工商资本家的态度不同，后者急迫想恢复与苏俄的一切关

---

① 中国非洲史研究会《非洲通史》编写组：《非洲通史》，北京师范大学出版社1984年版，第358—360页。

② 参见超麟：《里夫民族的失败》，《向导》第157期，1926年6月9日。

③ 超麟：《动摇中之资本主义稳定：最近国际事变之研究》，《向导》第158期，1926年6月16日。

系；美国资本家多次派代表赴俄国，还与英、德两国投资者开展竞争。
"一切资本主义的强国都非与苏俄恢复一切关系不可，这是事势上不可
逃的。"[1]1923年5月，蔡和森对于日俄谈判发表评论文章。他指出，自
从苏俄红军肃清白俄势力，日本对俄政策就发生变化，"变化的原因不
外经济的与政治的两种。通商与解决滨海省之渔权问题，关系日本经济
最巨"，"日本为对抗美国在远东之形势计，自然要谋联合苏俄，如英国
联俄德以抗法国的计划一样"。[2]根据日方提出的谈判要点来看，"日本政
府外交手腕远胜英国保守党内阁数筹"，"善于自谋之对俄妥协政策，亦
于远东大局之前途不无裨益。由此更可见苏俄国际地位，绝非英国顽固
的保守党与意大利野蛮的法西斯蒂所能撼其毫毛"。[3]1924年2月，"承认
苏联"问题在美国成为热议话题。一些参议员、银行界人物从苏联考察
回去之后，纷纷推动政府正式承认苏联。缘由是美国钢铁生产过剩，"国
内各工业不能胜任这样浩大的产额之销路"，"合众国的钢铁大王不得不
转瞬于苏维埃俄罗斯来"。此外，农产品方面，苏联的麦子销往世界市
场，美国农民得知苏联麦面要输入的消息后"非常惊骇"，希望政府与
苏联政府商定苏联麦子在世界市场的价额。[4]苏联经济的恢复、政治的巩
固、生产力的提高、工人生活的进步，与帝国主义国家的重重矛盾形成
鲜明对比。对此，国际帝国主义视苏联为死对头。他们承认苏联，不过
是"想得苏联的面包，苏联的石油，苏联的木材以及苏联广大的消费市
场去救济他本国的生产恐慌，解决他本国的失业问题。英国意国法国日
本是相继承认了，美国在形式上虽还在干硬……经济上不能不有希求于
苏联"。[5]

---

① 和森：《法日美资本家都要与苏俄恢复关系》，《向导》第12期，1922年12月
6日。

② 和森：《日俄谈判》，《向导》第25期，1923年5月16日。

③ 和森：《日俄谈判再进一步》，《向导》第28期，1923年5月23日。

④ 士炎：《苏俄与美国》，《向导》第53、54期合刊，1924年2月20日。

⑤ 若飞：《今年五一的苏联》，《向导》第112期，1925年4月26日。

　　组建反对苏联的帝国主义联合战线，则是帝国主义对苏关系的主线。1923 年 5 月，英国渔船擅自侵入摩尔曼斯克港。蔡和森揭露说，英国渔船"为逾越法轨之掠夺行动；今乃反放泼赖，甚至不惜再起战端"，"证实资本帝国主义不停的扰乱人类和平外，得不到什么结果"。英国帝国主义的行径不仅激怒了苏联的工农群众，各国工人阶级也联合起来向英国政府交涉。蔡和森总结说："这些都是国际劳资阵势转变的征兆，我们欢迎着罢！"① 最能代表帝国主义阵营联合起来向苏联进攻的是 1925 年 10 月至 12 月的洛迦诺会议。这次会议体现了英国帝国主义组织反对苏联联合战线的企图，"因为英国帝国主义知道英俄间的冲突即全世界帝国主义和无产阶级革命间的冲突，英国一国是不敢冒这大险的。所以，保守党的内阁不惜用尽方法，去组织反苏联的帝国主义联合，以铲除这波尔札维克的恶魔"。这次会议还是英美帝国主义对大陆帝国主义的胜利，新的协约国代替旧的协约国而兴，"美国帝国主义利用英国帝国主义而自取得欧洲经济的霸权。这新协约国是美国帝国主义向欧洲民众榨取利润的工具"。② 之后的国际联盟，成为英国帝国主义的御用机关。1926 年 1 月，苏联拒绝了英国邀请其加入国际联盟的提议，因为这邀请不过是英国进攻苏联的阴谋——如果苏联拒绝加入，就是"波尔札维克的帝国主义"破坏国际和平，这样可以营造进攻苏联的舆论，事实上"国际帝国主义正在准备战争，这却是一定的事"。帝国主义各国一面高呼裁军，一面扩张军备，日本帝国主义拒绝限制陆军发展的意见，这便是证据。③

　　总之，归国之后留法勤工俭学群体对于帝国主义在世界发展情况、趋势作了五个方面的分析，这类政论文基本都是发表于《向导》，大多是关于世界局势的时评、短评，即时性强，理论性不强。除留法勤

---

　　① 和森：《英俄渔船交涉》，《向导》第 27 期，1923 年 5 月 30 日。

　　② 超麟：《洛迦诺会议与反苏联的帝国主义联合》，《向导》第 138 期，1925 年 12 月 10 日。

　　③ 超麟：《国际联盟与苏俄》，《向导》第 142 期，1926 年 1 月 14 日。

工俭学群体之外，陈独秀、瞿秋白、恽代英等中国共产党人对于这些问题都有所涉及，这类分析大同小异，不过留法勤工俭学群体在宣传苏联反对国际帝国主义方面用力很多，这与该群体的旅俄经历有一定关系。

第四节　对帝国主义侵略和压迫中国的揭露

帝国主义时期是享有特权的发达资本主义国家"大民族"压迫一切民族、瓜分世界的阶段[①]，帝国主义无孔不入地渗透到中国的政治经济生活之中[②]。帝国主义列强侵略中国的历程，最足以表现世界资本帝国主义的本相。[③]中国社会主义青年团第一次代表大会（以下简称"团的一大"）通过的文件中分析道："中国最足为资本帝国主义在世界上贪婪掠夺的写照。各资本主义的国家，都以中国有广大的肥美土地，多量的贱价原料和多数的消费人口是一块肥美之肉，各想夺取比较他国更优越的权利"，"各自特别扶植其势力所及的督军武人使之互相争斗，以获得特别的权利。在这种国际资本的支配及竞争之下，遂使中国四分五裂，内政无从整理，于是列强更借为口实而谋瓜分中国或共管中国"。[④]留法勤工俭学群体关于帝国主义侵略和压迫中国的分析也是围绕上述主题展开的，而上述团的一大文件后被转载于《少年》第 2 号，此后中共关于时局的宣言、陈独秀等人的文章也有多篇被转载于《少年》《赤光》，可见马克思主义传入中国的同时，还有中共中央政策向旅欧华人的逆向宣传。而回

---

①　参见《列宁选集》第 2 卷，人民出版社 2012 年版，第 470 页。

②　屈维它：《东方文化与世界革命》，《新青年》季刊第 1 期，1923 年 6 月 15 日。

③　《建党以来重要文献选编（1921—1949）》第 1 册，中央文献出版社 2011 年版，第 122 页。

④　《建党以来重要文献选编（1921—1949）》第 1 册，中央文献出版社 2011 年版，第 72 页。

国之后，留法勤工俭学群体所撰写的文章，多刊载于党、团机关报或者国民党左派的刊物，发出的已经是中国共产党关于帝国主义侵华问题的主张。

一、留法时期关于帝国主义侵略和压迫中国的分析

1922 年 11 月 20 日，旅欧"少共"委托李维汉回国与团中央接洽。之后不久，中共赴共产国际和青年共产国际的代表团指示旅欧"少共"改组，指出他们对于"团中纲领的误解和在欧行动的方略"。[①] 从《少年》《赤光》多次转载中共中央和陈独秀等人的文章，以及关于《向导》《新青年》的销售广告来看，中共中央对于留法勤工俭学群体产生了较大影响，但是该群体关于帝国主义侵略和压迫中国论述的重点与国内仍有差异。

（一）帝国主义与军阀"嗔笑中一来一往"

中国各派军阀与帝国主义各国有着错综复杂的关系，他们的冲突与勾结是中国沦落的根源。1923 年 3 月 1 日刊发的《少年》第 7 号载有《反对帝国主义联合战线怎样在中国应用？》一文。该文指出，中国各派军阀"结托一派帝国主义的国家为其后援"：吴佩孚派具有反日亲美倾向；张作霖、段祺瑞两派与日本有长期关系，依赖日本的援助，他们已占领福建，将联合浙江督军卢永祥；南方的联省自治派为广东陈炯明、湖南赵恒惕、云南唐继尧，其中陈炯明为代表，该派亲英。之所以出现各派军阀与各帝国主义国家勾连的复杂情况，与中国家庭农业手工业自足经济停顿、资产阶级不发展有关，各党派"无一不欲倚靠某一派帝国主义者及一派军阀以自存及发展"。[②] 周恩来的《革命救国论》一文详细

---

① 参见清华大学中共党史教研组编：《赴法勤工俭学运动史料》第 2 册，北京出版社 1980 年版，第 843—844 页。

② D.Mockla：《反对帝国主义联合战线怎样在中国应用？》，《少年》第 7 号，1923 年 3 月 1 日。

分析帝国主义、军阀相互勾结的表现，指出帝国主义的列强"挟其工业
先进国的机械力，奴隶了我们农业国的散乱民众，掠夺我们的原料，强
销他们的货物，以金钱诱惑中国的军阀官僚"，"军阀相互间的战争乃遂
在列强的嗔笑中一来一往，而中国人民遂匍伏在枪弹底下讨生活了"。①
萧朴生在《帝国主义底解剖》一文中指出"帝国主义以东方尤其是中国
为它的生存基础，帝国主义一天存在，我们是一天不得解放的。我们从
此再不要只反对军阀不反对帝国主义了。因为军阀不过是帝国主义底走
狗，我们不能单反对走狗而放松了指挥走狗的人"②。

　　帝国主义在华利益冲突的表现是军阀的内斗和混战。关于北洋军阀
的内斗和冲突问题，周恩来分析说，"北洋军阀的内哄，非但直系无术自
解，即反直系亦同样无法解脱"，"北洋军阀的内哄亦不过证明此混乱之
局军阀自身决无能力整理，尤其是受帝国主义列强煽动勾结的军阀，更
无能力整理"。③国际帝国主义的冲突是中国军阀内乱的根源。在《赤光》
第 17 期的《此次军阀内乱之客观的原》一文中，任卓宣指出"此次直
系与反直系打仗的原因，在于报仇怨和争权利"，客观原因则是国际帝
国主义或明或暗地为军阀提供武器、军费、军事人才，"国际帝国主义
是军阀的靠山！要打倒军阀，必须打倒国际帝国主义"。④

　　（二）以"国际共管"为中心的帝国主义侵华新态势

　　华盛顿会议之后，帝国主义在宰制中国问题上呈现出"共管"趋势。
一是铁路的国际共管。1923 年，中国津浦铁路临城段发生劫车案，引发
帝国主义列强的共管呼声。《为国际共管中国铁路事告旅欧华人》指出劫
匪是中国军阀勾结列强的产物，"他们却又利用其祸害以图侵略，这正是
国际资本帝国主义于竞争和协作的法则中交相为用的毒计"，铁路共管
是资本帝国主义在中国实行共同协定的钥匙，"全中国的铁路和其附近

①　伍豪：《革命救国论》，《赤光》第 2 期，1924 年 2 月 15 日。
②　朴生：《帝国主义底解剖》，《赤光》第 25 期，1925 年 2 月 15 日。
③　伍豪：《北洋军阀的内哄》，《赤光》第 8 期，1924 年 5 月 15 日。
④　《此次军阀内乱之客观的原》，《赤光》第 17 期，1924 年 10 月 15 日。

地域全将成为国际帝国主义的宰割场"。1923 年 7 月 5 日，《少年》杂志社号召说："我们虽然是身在欧洲，但我们的革命呼声却可传诸国内与国内的国民革命运动以一种精神上的鼓舞，策略上的筹划，实质上的供给和国民外交上的援助……急待你们响应起来！"① 之后刊发的《国际共管与国民运动》一文分析说，铁路共管不是一件偶然和局部的事，根本原因则在国际帝国主义，"土匪猖獗，政府无能，乃不过其发端之机会与推行之口实"。② 二是中国江河的国际共管。华盛顿会议之后列强由划分势力范围转向了利益均沾，"长江外舰联防，日美首先表示合作，粤关税问题起，五强的军舰同时开往广州"，"无线电的共管再图成了，则海陆交通，重大财源，殆无一件事不为外国强盗盘据"。③ 列强仍不满足，又提出新要求，"不仅长江外舰联防成事实，全国的外舰都联防了；不仅已通行的中国江河成列强的内海，待浚的江河也断定他的被统治的运命了；不仅江河共管完全实现，且进一步又要做到各大商埠的共管了"。④ 国际共管问题体现了中国沦为帝国主义列强共同的殖民地半殖民地程度的加深。

《少年》《赤光》所载文章很多是根据事件分析帝国主义侵华的新态势。关于美国帝国主义，周恩来分析说华盛顿会议之后美国"对华政策即一变其向来阳示亲善的面孔，大踏步地赶上英日帝国主义政府在中国实行侵略的故道。两年多的经历，已使我们饱尝美国帝国主义者的在华一切设施，殆无不备有钱臭和血腥的混合滋味"⑤。1924 年底，帝国主义列强希望将统治德国的道威斯计划拿来统治中国，邓小平转引《人道报》的新闻报道说，中国早已陷入比道威斯计划更厉害的"道威斯计划"

---

① 少年杂志社：《为国际共管中国铁路事告旅欧华人》，《少年》第 10 号，1923 年 7 月 1 日。

② 记者：《国际共管与国民运动》，《少年》第 11 号，1923 年 8 月 15 日。

③ 王若飞、飞飞：《列强共管中国的步骤》，《赤光》第 1 期，1924 年 2 月 1 日。

④ 恩来：《共管中国江河的新形势》，《赤光》第 9 期，1924 年 6 月 1 日。

⑤ 恩来：《美国帝国主义者之对华政策》，《赤光》第 10 期，1924 年 6 月 15 日。

中了，"现在它还要用新的道威斯计划来统治中国，这简直是要把穷乡僻壤都殖民地化！简直是要想吸尽全中国人民最后的那一点血"。①

帝国主义对中国人民的暴行，往往伴随着军阀政府的腐败无能。周恩来分析日本浪人惨杀 300 多名华侨和华工共济会会长王希天一案时，指出北京政府在各方的呼吁之下只敢向日本提出区区三个要求，"比起临城案绑了十几个外国人便闹得全国翻腾，自北京总统以下都吓得唯洋大人之命是从的那番景象，真觉得中国人的生命自视得比狗还贱了"②。之后不久还发生了日商逼死洋行贾初敏的案件，周恩来分析说："被日商逼死的贾初敏有何冤可伸，何主可作？只是从前杀的是西崽，是厨役，现在杀的已进一步是小买办了。全中国的国民看啊！全中国被压迫分子的生命在帝国主义者的眼中看来，全都不如狗贵，纵是洋奴，也正难逃洋大人淫威下的横死。"③

（三）不是外抗强权，而是打倒国际帝国主义

中国共产党的留法勤工俭学群体宣传"打倒国际帝国主义"主张时，往往伴随着与中国青年党的论战。任卓宣在《中国的地位与改造》中认为，华盛顿会议之后中国沦为列强的市场、殖民地，这一方面是新的革命势力与旧的反革命势力争执而未决胜负的表现，"工业未发达，交通梗阻，适足助成割据之局"；另一方面是国际帝国主义通过经济侵略、助长中国内乱、压迫中国民众势力来实现，"国际帝国主义不绝地利用军阀，军阀也不绝地勾结国际帝国主义，军阀与国际帝国主义遂狼狈为奸，结合而为一了"。根本解决办法是"结合全国民众，用武力打倒军阀，组织国民政府，推翻国际帝国主义"。曾琦所谓"非我族类，其心必异"观点是错的，因为帝国主义和有产阶级是国际的，被压迫民族和

---

① 希贤：《请看国际帝国主义之阴谋》，《赤光》第 21、22 期合刊，1924 年 12 月 15 日、1925 年 1 月 1 日。

② 翔宇：《三百多条生命换来这样三条要求》，《赤光》第 7 期，1924 年 5 月 1 日。

③ 飞飞：《又是一个乐志华和田仲香的继死者》，《赤光》第 7 期，1924 年 5 月 1 日。

无产阶级也是国际的。^①之后，任卓宣还指出曾琦将中国共产党依据阶级斗争学说提出的打倒军阀和帝国主义口号歪曲成"鼓动同胞自相残杀"，把反帝国主义的国际联合说成是"专望他人之援助"的做法是歪曲，希望读者通过比较《赤光》和曾琦的文章分辨是谁信口雌黄。^②

中国共产党的留法勤工俭学群体与中国青年党开展论战，主要是指出他们的逻辑谬误和自相矛盾。关于帝国主义一题，《赤光》所载文指出"国际帝国主义之侵略我们，只是其资本阶级，因为只有他们才有输来商品资本和掠取原料土地底需要。我们反对国际帝国主义也只应反对其资本阶级——帝国主义者；反之，倒还要联络他们的劳动阶级来共同反抗国际帝国主义，才是高明的策略"^③。针对曾琦以"内除国贼，外抗强权"代替"打倒军阀，推翻国际帝国主义"，任卓宣指出：曾琦以为国际帝国主义无法囊括所有侵略者，实际上资本主义末期"帝国主义是唯一的侵略者"；曾琦认为帝国主义国家只有英、美、法、日四个国家，算不上"国际"，错误在于"无视那在广大殖民地而且还正在继续发展之中帝国主义底意、比、荷、西等国"；曾琦认为帝国主义各国对华政策不一，是因为没有看到这是国际帝国主义内部的问题，"其对于中国之侵略则仍是一致的"；曾琦说打倒国际资本帝国主义有干涉别国内部事务之意，那是把"打倒帝国主义"误解为开兵到别国。^④

中国共产党的留法勤工俭学群体还批评中国青年党在反帝问题上的表里不一。林蔚在《赤光》第7期发表的《批评曾琦君底〈神圣联合与统一前敌〉》一文，批评曾琦主张的相互矛盾和谬误之处：一面劝中共打倒军阀和帝国主义，一面责难中共不学其他国家的共产党鼓吹劳工革命、推翻资产阶级；一面劝说中共与国民党合作，一面又非难共产党人

① 卓宣：《中国的地位与改造》，《少年》第11号，1923年8月15日。

② 卓宣：《什么叫"造谣中伤"？》，《赤光》第9期，1924年6月1日。

③ 任卓宣：《答曾琦君书》，《赤光》第9期，1924年6月1日。

④ 参见卓宣：《驳曾琦君底〈内除国贼外抗强权释义〉》，《赤光》第21、22期合刊，1924年12月15日、1925年1月1日。

与国民党的实际合作。林蔚指出，国共合作是共产国际的决定和国民党决议正式通过的。[①] 辉暲批评中国青年党人跪在帝国主义面前，"用东方文化去乞怜请愿"；反对苏俄、反对共产主义，"与帝国主义联合于反革命的工人利益底战线上"，这与教徒、军阀和帝国主义是一丘之貉。[②] 针对胡国伟的《谁是反革命》和《谁是军阀的走狗》两篇文章，中国共产党的留法勤工俭学群体指出，青年党不仅是"军阀的走狗"，还是国际帝国主义的走狗。1924 年双十节时该党举办"国庆""跳舞会"，却请法国帝国主义的国会议长班乐卫来参加，这是青年党作为国际帝国主义走狗之铁证！[③]

（四）打倒国际帝国主义是中国革命的关键一环

中国革命要打倒军阀和打倒帝国主义并重。"中国既成了国际资本帝国主义国家的殖民地，中国共产革命对向〈象〉一大部分是外国资本家（中国资本家是附属品）与本国作恶的军阀。"[④] 在评论蔡元培被迫辞职事件时，《革命之火燃了！》一文分析说："打倒军阀的口号在革命中尤不足用，我们要知道军阀的靠山是列强"。帮助皖派军阀和交通系、勾结张作霖、企图吞并满洲、压迫上海工人的是日本帝国主义；通过基督教青年会侵害中国人思想、运用新银行团开发中国实业、驱使留美生作亲美宣传员，这是英国帝国主义的"麻醉剂"。[⑤] 在现实中，帝国主义对于中国国民革命的态度是"压迫"。因为"国民革命若成功，则铁路矿山海关航运等权利权要一一收回。工商业不惟可自由开发且还要大加整顿。这样各帝国主义国家即各资本主义最发达的国家，便失掉了东亚

---

① 林蔚：《批评曾琦君底〈神圣联合与统一前敌〉》，《赤光》第 7 期，1924 年 5 月 1 日。

② 辉暲：《青年党人之与教徒军阀和帝国主义》，《赤光》第 17 期，1924 年 10 月 15 日。

③ 肇桪：《你们就是"反革命"和"军阀的走狗"》，《赤光》第 23 期，1925 年 1 月 15 日。

④ 《李蔚农致尹宽信》，《共产主义研究会通信集》第 3 号，1923 年 6 月，第 32 页。

⑤ 记者：《革命之火燃了！》，《少年》第 8 号，1923 年 4 月 1 日。

市场，致产生奇大的经济危机"，"国民革命不仅是直接地在攻打殖民地的帝国主义，且间接地攻打本国的帝国主议〈义〉巢穴"。[①] 这意味着中国国民革命无法绕开打倒国际帝国主义这一环节。关于中国的社会改造必然反帝反军阀这一点，任卓宣在《赤光》第3期《国民革命底必然和可能》一文中指出，国际帝国主义列强凭借兵力、财力统治中国，成为军阀政府的太上政府，"国际帝国主义底利益亦与人民底利益相反，所以国际帝国主义亦要压迫人民，于是军阀与国际帝国主义就在压迫人民这一点上，连立联合战线"。与国际帝国主义、军阀谈判的想法，如同希望老虎不吃人的呓语。[②] 中国的殖民地半殖民地地位是国际帝国主义共同掠夺压迫的结果，"中国人民在军阀和帝国主义层层压迫之下，而人民中底无产阶级，则在军阀帝国主义和本国有产阶级三重压迫之下"。从帝国主义的国际性来看，中国独立后"国际资本主义马上就要大大地崩溃起来"。[③] 中国人民的革命运动也是国际性的，"因为资本主义发展到了帝国主义，全世界底经济组织已经成为整个的、全世界的、无产阶级与被压迫民众都锢闭在这整个的帝国主义底经济组织之中。如果这个组织底全部不发生变动，任何一部分底无产阶级或被压迫民众要想得到解放是绝对不可能的"[④]。

面对国际帝国主义的压迫和国内军阀的统治，中国人民是否只有革命一途呢？当时褚凤华给《赤光》编辑部写信讨论社会改造办法，指出"中国现状是外受列强侵掠与内遭军阀蹂躏，故我国普通有识国民，均以外抗强权和内倒军阀为目标"，欲阻止列强的侵略只有打倒资本主义国家；中国目前还不能实行共产主义，应该秉着自治精神做合作运动，用联省自治的办法集中财产、增加生产，"此种办法，暂且拟名之曰联

---

①　至刚：《国际帝国主义压迫国民革命的意义》，《赤光》第17期，1924年10月15日。

②　任卓宣：《国民革命底必然和可能》，《赤光》第3期，1924年3月1日。

③　任卓宣：《共产党做国民革命底论据》，《赤光》第18期，1924年11月1日。

④　萧朴生：《中山逝世与国民革命》，《赤光》第28期，1925年4月1日。

省集产"。任卓宣在公开回信中指出，"资本国家主义"就是我们常说的帝国主义，"中国军阀握权掠夺人民；资本国家主义侵略、压迫人民"。难道可以对军阀和"资本国家主义"置之不理、开展自治合作运动吗？任卓宣说："军阀和资本国家主义，都是掠夺中国人民统治中国人民底阶级，人民要自治，要合作来谋自己的解放，他们是绝对不允许的。因为中国人民若果那样做成功，则被压迫者得着解放，请问军阀和资本国家主义生存于何地呢？""虽我们不管军阀和资本国家主义，然军阀和资本国家主义一定要来管我们"。[①]值得注意的是，任卓宣在这封回信中并没有使用常用的"帝国主义"一词，而是改用褚凤华用的"资本国家主义"，呈现的也是同志间探讨之意，这与同青年党人论辩的激烈形成了对比。

总之，留法时期留法勤工俭学群体运用"帝国主义"术语分析中国现实问题，仍然是立足对列宁帝国主义理论的接受和对帝国主义在世界情势的分析展开，而综合运用国内《向导》等党刊、法国共产党《人道报》等欧洲媒体报道进行比较分析，并关照帝国主义对留法勤工俭学生的影响，则是其显著特点。

二、归国之后关于帝国主义侵略和压迫中国的分析

19世纪末20世纪初，列强掀起瓜分中国的狂潮。此时汉语媒介中关于欧美日俄等帝国主义列强扩张的描述很多，"这些文章在描述西方国家帝国主义侵略、扩张状况的同时，也会对当时中国的处境进行分析"[②]。1922年中共二大将现阶段的革命任务之一明确为"推翻国际帝国

---

① 褚凤华、任卓宣：《在中国实现共产主义底方法》，《赤光》第25期，1925年2月15日。

② 曹龙虎：《近代中国帝国主义概念的输入及衍化》，《武汉大学学报（人文科学版）》2017年第4期。

主义的压迫，达到中华民族完全独立"①。之后，中共关于帝国主义的论述和反帝口号，也为国民党一定程度上接受，成为之后国共合作的共同诉求。较早回国的蔡和森，以及稍迟回国的赵世炎、王若飞、郑超麟，在《向导》《政治生活》《中国青年》等刊物上发表多篇文章阐释帝国主义侵略中国问题，其中少部分是纯粹的理论探讨，大部分是结合中国政局变动与帝国主义的关系、帝国主义对华新攻势、帝国主义与军阀勾结压迫革命势力问题展开，并呈现出将"帝国主义"与某个国家如日本、美国关联的取向，"日本帝国主义""美帝国主义"语词被高频使用，至1926 年"帝国主义"一词在中国的使用频率达到顶峰②，本部分内容在某种意义上呈现的是这个上升过程。

（一）关于帝国主义侵略中国问题的理论分析

帝国主义是中国沉沦落后的根源。1922 年 9 月，在分析中国政治社会为何混乱时，蔡和森指出："一个时代的政治变化，有一个时代的经济变化为基础，所以近世政治史上的民主革命，不过是经济史上产业革命的伴侣"，至于中华民国的成立则是羽翼未丰的革命阶级与封建的旧支配阶级势力苟且，以及"国际帝国主义扶植旧势力以图自便的捧袁空气之压迫"，国内小资产阶级因无革命意识而倾向于妥协、和平方式的产物，"新政权不得不完全落于封建的军阀与官僚之手"。而在中国现实中，直系、奉系、皖系等北洋派军阀和各地的新军阀都是封建政治残留余孽，"我们可正确的肯定中国乱源：在封建的旧势力之继续"。即中国的乱源在于内部封建旧势力的强大和统治地位。而胡适等人与群众相脱离，不知道或不承认群众势力，"他们不谋勾结或利用旧势力便想求助于外国帝国主义者，不是发表些蔑视群众，谩骂工人兵士的怪议论，便

---

①　《建党以来重要文献选编（1921—1949）》第 1 册，中央文献出版社 2011 年版，第 133 页。

②　参见金观涛、刘青峰：《观念史研究：中国现代重要政治术语的形成》，法律出版社 2009 年版，第 564 页。

是想出些上不靠军阀下不靠民众的智识者的纸老虎或乌托邦"。[1]也就是说，此时蔡和森强调中国混乱的根源是内因——军阀旧势力，没有聚焦军阀与帝国主义之间的勾结关系。而在不久之后的另一篇文章中，蔡和森分析中国民族资本与国际帝国主义的关系时指出，"在国际资本帝国主义压迫之下的经济落后国有一种必然律：就是私人资本主义不能独立发展，必须仰仗并附属于外国资本之下才能发展"，中国的私人资本主义工商业和大企业，无一不与外国资本有着或明或暗的勾结，"不独附属于国际帝国主义之下的政府，军阀，官僚能卖国，而附属于国际资本主义之下的工商业资本家更能卖国……假使今后私人资本主义越发达，中国便只有越陷在国际资本帝国主义的附属地位中而不能自拔"。[2]1923年10月17日，蔡和森在分析曹锟与外交团问题时指出："中国最近十二年的内乱和武人政治完全是外国帝国主义造成的……中国的祸根是洋大人。"[3]至于帝国主义对中国的侵略形式，赵世炎分析"国民会议"口号时指出包括三种形式或三个时期——瓜分、共管、分立，其中"分立"代表的是帝国主义各国之间的冲突，他们"无一日不冲突，无一时不相互矛盾，而造成最后的目下之形势"，根源在于"帝国主义本是资本主义发达到最高峰之结果；按照资本主义之必然的程序是由发达而致于矛盾，而至于崩溃，而自掘其坟墓"。[4]

帝国主义国家的资产阶级已经毫无进步性。蔡和森比较了帝国主义的资产阶级与自由资本主义时代资产阶级的差异，指出后者曾经发挥过革命作用，但是现在帝国主义的资产阶级"反而成为全世界一切反革命的中坚，尤其是对于殖民地和半殖民地，他必出死力以维持这些地方封

---

[1]　和森：《武力统一与联省自治——军阀专政与军阀割据》，《向导》第2期，1922年9月20日。

[2]　和森：《南通借款：请看私人资本主义在中国的害处》，《向导》第3期，1922年9月27日。

[3]　和森：《曹锟与外交团》，《向导》第43期，1923年10月17日。

[4]　士炎：《国民会议之理论与其实际》，《政治生活》第26期，1924年12月21日。

建的半封建的旧制度与旧势力，（在印度，在中国，在高丽，都是一样的）因为这样于他是极便利的"，因此在殖民地和半殖民地仿照一两个世纪之前开展单纯的民主革命"简直是牛头不对马嘴"。[①]关于本国工业资产阶级与帝国主义的关系，1924 年 10 月赵世炎分析说：面对宗主国的进攻，殖民地的幼稚工业无法与帝国主义开展竞争，"所以大部分的本国工业资产阶级都投降于洋大人，接近外国的资本，联合向幼稚的共产阶级进攻，使劳动者的生活状况愈更变坏。同时又借政治的权力，压迫得我们丝毫动弹不得"，这在东方的印度和中国表现最明显，中国简直成为"国际资本主义的屠杀场"。殖民地半殖民地的各重要产业与帝国主义的资本都有密切关系，因此产业工人将成为反抗外国资本势力和帝国主义的中坚势力。[②]至于小资产阶级对于共产主义深感"恐怖"的态度，赵世炎分析说，"我们对于小资产阶级对共产主义之恐怖没有什么惋惜，惟有大众不明了于中国共产党之主张则认为有解释的必要"，"在小资产阶级的本身，他们全阶级是否革命的，还要靠最近事实来判断；他们中勾结帝国主义与军阀的分子，在最近必有反革命而拥护统治阶级的行动出现，或者是我们可以预料的事实"。[③]中国如果想发展实业、教育等，帝国主义态度如何呢？中国已经沦为国际帝国主义的半殖民地，按照门户开放政策"中国今后一切工商业均须国际帝国主义共同支配"，而"中国政治上的独立和经济上的自由发展，都是国际帝国主义所最忌刻的，因为中国地大物博，人工又多，假使政治修明，自动的开发实业，必不难在短期间发展为新兴的工业国，不但国际资本主义将丧失其惟一可以延长命运的市场和销路，而且中国更廉价的制造品将与之竞争

[①]　和森：《义和团与国民革命》，《向导》第 81 期，1924 年 9 月 3 日。

[②]　士炎：《帝国主义之进攻与中国劳动运动》，上海《中国工人》第 1 期，1924 年 10 月。

[③]　罗敬：《小资产阶级对于共产主义之恐怖》，《政治生活》第 27 期，1925 年 1 月 11 日。

于世界市场。这种可能的利害冲突，国际帝国主义是非防制不可的"。①
不仅如此，帝国主义还是中国军阀等反革命势力的支持力量，"外国帝
国主义不打倒，由他们时常售械借款所扶植的军阀势力是不会消灭的，
中国民主主义政治是不会成功的，废督裁兵理财等等也是不可能的"②。

　　反对帝国主义，需要国共两党组成联合战线。对于原本是国民党领
导的国民运动和国民革命，中国共产党赋予其新的意涵："中国国民运
动的真意义在反抗国际帝国主义，因为国际帝国主义既是压迫中国的
仇敌，又是军阀存在，国家分裂，内乱永续的原动力。"这种运动的推
动力量是工农阶级、幼稚的资产阶级，从历史上看前者由中共领导、后
者由国民党领导，"今后那一阶级为这个运动中的真正主人，便看谁最
忠实于反抗国际帝国主义"。③也就是说中国沦落的根源是帝国主义，国
共两党谁能成为国民运动的领导者，则取决于谁能够坚定反抗国际帝国
主义。针对孙中山"敦请一友邦"帮助和平统一的主张，1923 年 2 月
蔡和森批评说这关系中国国民运动的成败。国民革命运动的正轨是对内
打倒军阀和对外打倒帝国主义，因为"军阀不是天上滴下来的，是前清
遗留和外力扶植的产物；所以反抗外国帝国主义尤为国民运动根本的重
要。外国帝国主义与中国的关系，就是侵略与被侵略的关系，甚么'友
谊''友邦'都是骗人的鬼话"，国民革命至今还不成功的原因在于"外
国帝国主义借款卖械帮助北洋派军阀袁世凯，段祺瑞，张作霖，吴佩孚
等以打革命党。无论那个资本帝国主义的强国，都是中国人民，中国国
民运动的敌人"，若认为美国是友邦，便是认贼作父，"因裁兵而主张邀
请外国帝国主义者干与内政，更是引导国民运动脱离正当轨道"，"当外
国帝国主义者假称非废除军阀不足以解决中国时局时，他们又是向容易

---

①　和森：《中国国际地位与承认苏维埃俄罗斯》，《向导》第 3 期，1922 年 9 月 27 日。

②　和森：《国民运动与太上国民运动：告沪汉资本家》，《向导》第 16 期，1923
年 1 月 18 日。

③　和森：《外力、中流阶级与国民党》，《向导》第 16 期，1923 年 1 月 18 日。

被欺的中国人民准备一种侵略和隶属的新方式"。① 而国民党对于帝国主义认识的错误主要体现在三个方面：错认为中国革命是一种"内政"，没有认清中国的革命运动是殖民地的革命运动；误认为革命是纯粹的中国的事业，与国际没有关系；常常梦想得到所谓"友邦"的帮助。②

（二）帝国主义与中国军阀混战、政局动荡的关系

考察和分析帝国主义与中国军阀混战、政局动荡的关系，是运用"帝国主义"分析中国现实问题的落脚点——揭示近代中国沉沦、落后的根源，由此实现了对作为表象的"军阀混战"问题分析的理论提升。从大革命时期各类政治势力对于时局的关注和分析来看，中国共产党在中国初步建立起"国际帝国主义在中国——中国人民反抗国际帝国主义"的话语和叙事。简言之，消弭中国内乱的第一要事便是打倒外国的资本帝国主义。③

外国资本与中国经济的斗争集中体现在军阀兵匪与平民群众的矛盾，而政客是军阀财阀的"机械"，"代行帝国主义侵略诈骗的野心"。④ 留法勤工俭学群体对于军阀的认识是不断变化的，这在吴佩孚身上体现得尤为明显。1922 年下半年，苏俄尝试推动孙中山、吴佩孚二人的合作。10 月 4 日，关于吴佩孚政府的性质，蔡和森认为吴佩孚"大大引用继新旧交通系而起的新卖国党——外交系，连续组织亲附英美帝国主义的北京政府，不但任他们引导美国帝国主义的支配势力侵入中国政治经济的骨髓，并且任他们极力排斥中国人民应与急切联合以图增进国际地位的苏维埃俄罗斯，而使中国愈益陷于国际帝国主义的奴隶地位"⑤。至 1922 年 12 月，随着共产国际力推孙中山、吴佩孚二人合作，蔡和森对于孙吴合作的态度发生了变化："孙吴联合不但为保派反动军阀所切

---

① 和森：《反对"敦请一友邦"干涉中国内政》，《向导》第 19 期，1923 年 2 月 7 日。

② 参见和森：《中国革命运动与国际之关系》，《向导》第 23 期，1923 年 5 月 2 日。

③ 参见代英：《为什么有这多内战》，《中国青年》第 49 期，1924 年 10 月 18 日。

④ 秋白：《政治运动与智识阶级》，《向导》第 18 期，1923 年 1 月 31 日。

⑤ 和森：《孙吴可在一种什么基础上联合呢？》，《向导》第 4 期，1922 年 10 月 4 日。

忌，尤其为宰制中国的外国帝国主义所切忌，因为这乃是进步势力的结合，于反抗外国帝国主义的侵略是顶可虑的"，吴佩孚带有爱国和反抗强邻色彩，"自有孙吴联合的传闻以来，外国帝国主义者异常注意破坏这桩事。他们一面计划如何使吴佩孚与陈炯明联合；一面以保派督军齐燮元为枢纽，计划如何捧戴曹锟上台，如何团结一切反动势力以压吴佩孚"。①1923 年 2 月 7 日，吴佩孚镇压了京汉铁路工人大罢工。5 月 2 日，蔡和森在《外交系与吴佩孚》一文中着重分析了外交系与帝国主义的关系："中国最可怕的恶势力，除北洋军阀外，要算是英美帝国主义培植的外交系。国人对于北洋军阀，虽然渐知深恶痛绝，但是对于外交系的认识，还是很不明白。外交系一面代表英美帝国主义与吴佩孚结不解缘；一面代表英美帝国主义作合一派中国资本家与北洋军阀间之关系"，"张作霖与吴佩孚的冲突，也就是英美与日本在华利益冲突的反映"。② 显然，二七惨案之后，吴佩孚的爱国和反抗强邻表象褪去，作为北洋军阀的本质显现出来。关于外交系的性质，蔡和森分析说，"奉直战后，英美帝国主义的势力长足插入北京政府之中，于是他们雇用的外交系遂登台献技。外交系的拿手戏，人人知道是：运动借款，实现新银行团的垄断计划，巩固英美帝国主义在中国的统治权"。③ 即外交系是英美帝国主义在中国的代表。

帝国主义在中国的统治工具并不局限于军阀、官僚，需要对各派政治势力的经济基础作分析才能对这个问题"抽丝剥茧"。郑超麟在批评梁启超系时指出，"帝国主义侵入之后，中国封建社会开始破产，他们亦开始破产；可是因特殊关系，帝国主义在中国造成了官僚资本家如梁士诒，和买办阶级如陈廉伯，这二部分人不仅不因中国封建社会破产而破产，而反因封建社会破产而发财，于是这班'士大夫'便摇身一变从依

---

① 和森：《近日政潮的内幕》，《向导》第 12 期，1922 年 12 月 6 日。

② 和森：《外交系与吴佩孚》，《向导》第 23 期，1923 年 5 月 2 日。

③ 和森：《请看英美帝国主义怎样在北京巩固他们雇用的外交系政府：画诺短期公债，鼓吹宪期借款》，《向导》第 5 期，1922 年 10 月 11 日。

附皇帝贵族的状态而为直接依附官僚资本家和买办阶级，间接依附帝国主义的状态，但同时又与封建军阀暗渡陈仓，脱离不了关系"，"帝国主义在中国的第一个工具是军阀官僚，第二个工具是买办阶级，第三个工具便是工贼。研究系及中国其他类似的政党，是这三个工具的辅助物，是帝国主义的次等的，间接的工具"。①1925 年 5 月 24 日，赵世炎在考察奉系军队入京问题时分析买办阶级与帝国主义的关系，指出北方的买办阶级"是日法帝国主义在华北的灵魂。这般买办阶级就是新旧交通系，梁士诒曹汝霖是其首领，其最近奔走段张之间，为段张讲通，为未来战争筹划，普通报纸已经记载，尽人皆知。本来买办阶级在半殖民地中国与军阀之勾结，为军阀所役使，特别要在内乱时表现出来。张作霖是满洲大资产阶级的保护者，同时又是日本帝国主义在中国的巨大势力，所以买办阶级的交通系，必须托庇于其下，以图施展卖国的手腕。中国的最大买办阶级——交通系——在北方勾结胜利的军阀（张段），形成胜利的帝国主义（日法）之发展局面，是在反帝国主义与反军阀的国民革命运动中一个严重的问题"。②

各帝国主义国家与各派军阀的关系错综复杂、瞬息万变。1922 年 10 月 18 日，蔡和森在《目下时局与国际帝国主义》一文中分析了新形势：直皖之战后因张作霖的势力被逐出山海关之外，日本帝国主义在北京的优势为英美帝国主义所取代，北京政府成为英美帝国主义的"傀儡和机械"，不过由于吴佩孚喜欢挂爱国招牌，英美帝国主义者改以外交系登台为方针。日本帝国主义感觉利益受到威胁，"就不得不骇汗失措，急图对付"，一面援助东三省独立，一面派徐世铮赴延平发难。同时，英国帝国主义恐怕国民党势力在福建的发展，于是借款给陈炯明去抵抗国民党发展的新形势。革命势力并不能孤悬于外，现局势把英美帝

---

① 超麟：《梁启超怎样了解中国的阶级斗争？》，《中国青年》第 79 期，1925 年 5 月 9 日。

② 罗敬：《奉军入京以前（五月十四日北京通信）》，《向导》第 116 期，1925 年 5 月 24 日。

国主义和陈炯明、吴佩孚放在一起，又自然把国民党、日本帝国主义及其"雇用人"安福系、奉天系排列在另一方，"这就是一面显明中国军阀和内乱与国际帝国主义的关系；一面显明民主革命和民族独立运动还在崎岖鸟道的过程之中，一时不得不与利害偶然相同之匪类为缘以抵抗其更迫切的敌人"。①此时，陈炯明沦为"民主革命最可怕最反动的叛徒，完全暴露他个人割据自私的野心，不惜将广东革命政府推翻，将民主革命最好的形势扑灭，将孙中山置之于死地"②。

　　帝国主义各国关系的复杂性还体现在，即便是同一阵营的英国帝国主义和美国帝国主义也有利益冲突的时候。1923 年临城劫车案之后不久，英、美两国利益冲突的一面显现出来。"英国欲借临城案完全管理中国铁路及设立洋员管辖之宪兵队；美国欲借曹锟上台成立大借款，完成新银行团管理中国之阴谋"，"英国政策，以英国利益为中心；美国政策，以美国利益为中心。行英国政策，美国在华不能占第一位之优势；行美国政策，英国在华不能占第一位之优势。所以两派帝国主义者对于这次政变钩心斗角，同床各梦"。③英、美两国在华冲突与战后国际帝国主义势力的盛衰易势有关："欧战后，英国国际地位一天一天跌落，欧洲霸权移于法，世界霸权移于美……假使英国护路案能告成功，美国华会政策便尽付之东流。英国若在中国从新建立这种绝对优势，美国新得到的世界霸权便将复返于英，而英日同盟迟早又将有复活之日。所以现在美国的反对，比较日本更甚。法国在骨子里，自然也是反对的……护路案中的各国利害冲突，英日英法间是多少可以妥协的，而英美间之妥协则决不可能。"④面对同一事件的不同态度，可能又会使民众对于帝国主义抱有幻想。五卅之后，郑超麟在《帝国主义铁蹄下的中国》一文中谈

---

①　和森：《目下时局与国际帝国主义：日本帝国主义助安福系在延平发难，英国帝国主义助陈炯明压灭民党在闽发展的新形势》，《向导》第 6 期，1922 年 10 月 18 日。

②　和森：《国人应当共弃的陈炯明》，《向导》第 8 期，1922 年 11 月 2 日。

③　和森：《北京政变与英美》，《向导》第 31、32 期合刊，1923 年 7 月 11 日。

④　振宇：《护路案与各国间之利害冲突》，《向导》第 37 期，1923 年 8 月 22 日。

到，希望帝国主义替压迫者主持正义自然是幻想，但是"各帝国主义国家间利益互有矛盾亦是我们所不应忘记的"，日本、美国、意大利派遣陆战队上岸屠杀上海人民，其凶残程度不亚于英国；外交层面，除英国始终持强硬态度以外，日本欲将责任推给英国，美国向来不放弃面子上的"卖好施恩"政策，意大利因为在中国没有多少利益也愿意"调解"；法国因为在上海有租界，军舰调防不敢松懈，对革命群众的污蔑程度超过英国报纸。①

帝国主义各国之间既斗争又妥协的关系随时局发展而变换。在分析北京政府与新银行团的大借款一事时，蔡和森指出："吴佩孚代表英美帝国主义执行统一中国的决议，张作霖代表日本帝国主义执行独占满蒙东三省的决议；上次奉直战争刚要结束时，英美公使提议借款给吴佩孚统一中国，立即遭了日本政府的反对，现在奉直刚要再战了，英美又要大借款给吴佩孚，所以也就免不掉日本的反对。"②1924 年 10 月 23 日，第二次直奉战争期间，冯玉祥发动北京政变。关于此次政变，蔡和森分析说："这次大战表面上是直与反直两派军阀间的战争，实际是英美与日法两派帝国主义在中国的战争……双方势均力敌或直系形势不利时，英美帝国主义必然采取和平会议的方式勒令双方听命于列强的号召之下，组织买办式的商人阶级与军阀阶级暂时混合统一的政府，而根本剿灭广州和全国一切革命的进步势力"，"英美帝国主义的宠儿冯玉祥，在吴佩孚不利的形式下，跑回北京，主持停战，代替帝国主义者执行前此预定之计划，号召各势力派领袖，开什么和平会议"。③关于 1924 年的北京政变，赵世炎分析其根源在于帝国主义的斗争与妥协："这次北京事变明明是日法帝国主义外交之胜利，明明是日法与美英两派帝国主义在中国造成战争，继而因日法援助张作霖军事而得胜利，又运用外交手腕而得

① 参见超麟：《帝国主义铁蹄下的中国（未完）》，《向导》第 118 期，1925 年 6 月 20 日。

② 和森：《大借款之内幕》，《向导》第 24 期，1923 年 5 月 9 日。

③ 和森：《北京政变之内幕及其结果》，《向导》第 89 期，1924 年 10 月 29 日。

胜利，结果英美帝国主义对日法妥协，弄成了现在的局面。"①

　　帝国主义各国之间的冲突是必然的，只要帝国主义、军阀存在，中国的和平就没有希望。1924 年 9 月 3 日至 10 月 13 日的江浙战争结束之后，蔡和森分析说："这不过是军阀战争之一幕；只要军阀与隐在军阀后面的外国帝国主义存在一天，第二幕第三幕……还要接连的演个不穷"，"被军阀战争牺牲的江浙人民，你们在军阀与外国帝国主义的宰制之下，不仅永远得不到和平，而且永远免不掉战祸。你们要免战祸而得和平，只有赞成本报主张而跑上国民革命之一途！"。②1924 年 11 月 30 日，郑超麟在《国民会议与中国前途》一文中，分析辛亥革命以来的历史时指出，"自从第一次革命迄今，中国的政局始终是帝国主义列强勾结封建余孽军阀共同宰制中国人民的这样一个政局。然而军阀不止一派系，各帝国主义间利害亦非一致。这个宰制局面自然因宰制者中间利益冲突——具体点说，就是各帝国主义各扶植一派军阀互相对垒——引起一时的混乱状态。虽平衡局势不久即能恢复，但次回的混乱仍然在酝酿待发之中的"。③赵世炎也于 1924 年 11 月 23 日发表《国民会议呢？军阀独裁呢？》一文，在分析中国政治形势时提到，"帝国主义者宰制中国，与军阀依靠列强造成大乱的事实，很清晰的摆在我们面前"。具体而言，"日美两派的冲突未已，军阀的斗争未已，中国之大乱未已。外国帝国主义在中国争攘冲突虽换了个局面，军阀的屠杀人民虽得了一次胜负，但在我们实是换汤不换药"。④这是帝国主义在远东冲突的表现："在中国，日本的经济势力虽据有满洲作根据地，然而在南部与长江流域则与英国之发展冲突，在北部号称政治中心的区域则与美国是死敌。"⑤1924 年 10

---

① 士炎：《冯玉祥配称革命么？》，《政治生活》第 20 期，1924 年 11 月 7 日。

② 和森：《军阀战争之一幕》，《向导》第 87 期，1924 年 10 月 15 日。

③ 郑超麟：《国民会议与中国前途》，上海《民国日报》副刊《评论之评论》第 36 期，1924 年 11 月 30 日。

④ 士炎：《国民会议呢？军阀独裁呢？》，《政治生活》第 22 期，1924 年 11 月 23 日。

⑤ 士炎：《国际情势与中国时局》，《政治生活》第 22 期，1924 年 11 月 23 日。

月，赵世炎在《帝国主义之进攻与中国劳动运动》一文中分析中国劳动运动时提道："我们劳动运动退步状况的经济背景，是紧靠在支配半殖民地之中国劳动生活全部的帝国主义侵略关系上面"，国际背景则是"最近时期内，欧美的资本，特别是英国的资本，在东方的活动趋向愈更增加，帝国主义的强盗行为愈更暴厉。我们在中国政治上已经看出，美国帝国主义在北方扶助军阀反动，英国帝国主义以香港为大本营从南方进攻，日本于满洲地位已十分稳固，在北京时谋领袖帝国主义使团以支配中国，法国金佛郎案虽不得逞，而对中东路的野心未已"。①帝国主义势力争夺激烈的表现，就是中国内乱的爆发。1925 年 10 月 21 日，赵世炎在分析关税会议与段祺瑞政府的关系时指出，"中国的内乱爆发了。但这个内乱并不是中国军阀自己爆发的，反之正是帝国主义的政策所驱使……在现在国内战争的局势中，如若说奉系军阀肯退让，这是笑话，英日帝国主义者无论如何绝不许可奉系之退让"②，"沪案之解决与段氏政府之存在相连，没有依照帝国主义提议之沪案解决办法，便没有可以继续存在的段氏政府。帝国主义与军阀政府之关连如此，没有革命的民众政权之胜利与取得，自然说不上外交之胜利与不胜利"③。

（三）"帝国主义在中国之新式工具"——国家主义派

国家主义派是中共早期重要的斗争对象，其中以中国青年党、独立青年派为代表，前文提到中国共产党的留法勤工俭学群体在欧洲与曾琦、胡国伟等人的论战，而这一论战也随着留法中国共产党人、中国青年党人回国延续到国内。早在建党时期，恽代英就指出："国家主义学理上的根据，以为国家既是因人类的需要而自然产生，那便国家的存在，乃是争存的人类不可不十分珍护的。由这样推衍下去，因之他们主张国家有独立人格，是人类最终义务的对象，是可以违背大多数国民的意思

---

① 士炎：《帝国主义之进攻与中国劳动运动》，上海《中国工人》第 1 期，1924 年 10 月。

② 乐生：《关税会议与段祺瑞政府》，《政治生活》第 55 期，1925 年 10 月 21 日。

③ 士炎：《沪案解决与段祺瑞政府》，《政治生活》第 54 期，1925 年 10 月 7 日。

以行他所谓有益国家的事的一个怪物。"①这段话可谓对国家主义派谬误的深刻揭露。1925 年，恽代英在《中国青年》上剖析指出，国家主义的严重危害在于冲淡阶级意识："我们丝毫不让步的反对国家主义，正因为一切国家主义者都是要拿国家的观念来压倒阶级的观念。"②回国后，留法勤工俭学群体积极参与和国家主义派的论战，其中郑超麟撰述颇多。

　　1924 年 10 月 25 日，郑超麟在批评曾琦发表的《论中心思想与中心人物》一文时指出，"曾君所旁征博引许多事实，不独不能帮助国家主义宣传，且足证明国家主义现在已是破产的"，帝国主义的侵略"使中国社会由家法制度的进步到居然能于十三年前成立一个虚有其表的共和国"，不过"中国以前没有成形的国家主义，因为中国真正资产阶级到今还未能独立；中国以后也不能有成形的国家主义，因为中国资产阶级要得无产阶级援助才能从帝国主义和军阀压迫底下解放出来，那时已是国民革命成功之日"。中国革命的背景是："中国无产阶级的奋斗已经到了一个新的形式，即他已不仅向宗法社会和列国帝国主义作战，而且在接的劳资斗争之火也在中国燃起来了。国际政治背景是国际帝国主义与第一组无产阶级国家之对抗，国内政治背景是外国帝国主义和本国资产阶级各勾结一派军阀互相残杀。"中国革命的中心思想不是本国资产阶级利用全国人民与别国资产阶级对抗的国家主义，也不是无政府主义，而是中国民众在工人、贫农指导之下联合世界无产阶级而内革各派军阀的命、外革各国帝国主义的命的国民革命，因此既不能用"内除国贼"又不能用"外抗强权"的口号。③至于国家主义派政治口号的阶级本质，蔡和森指出反动的国家主义派利用反共产的口号来抵制反帝国主义口号，这是"上流社会"帝国主义附属物想要将我们工农置于奴隶地位、

---

① 恽代英：《论社会主义》，《少年中国》第 2 卷第 5 期，1920 年 11 月 15 日。

② 代英：《与李琯卿君论新国家主义》，《中国青年》第 73 期，1925 年 4 月 4 日。

③ 郑超麟：《我们的"中心思想"》，上海《民国日报》副刊《觉悟》1924 年 10 月 25 日。

保持其自身特权的表现。[①]

　　国家主义派的错误还体现在否认帝国主义的"国际性"，或者将列强对于中国的侵略和压迫视为"强权"，这样无法正确分析帝国主义与中国军阀、内乱的关系，错误地认为军阀战争是国贼冲突。赵世炎指出，军阀冲突不仅是国贼之间的冲突，更代表帝国主义各国间的冲突，其结果是世界革命，"反帝国主义运动之结局本免不掉一场的内战，因为这便是帝国主义与军阀的关系之枢纽所在；而这个枢纽又不是所谓国家主义者之外患内忧区别问题，仍然是为民族利益之反帝国主义与反军阀的战争问题。所以革命的民族只希望未来的战争成为革命与反革命之战争，而不成为又一次的军阀之内乱"。[②]国家主义的反动性还表现在，"他们要分别对付各个帝国主义，不愿同时反对一切帝国主义"。[③]基于这样的理论假设，他们将苏联称为"赤色帝国主义"，国家主义派表现出其"恐俄反共"的一面。郑超麟指出，主张"恐俄"的是帝国主义在中国的新式工具——国家主义派和被帝国主义"催眠"的国民党右派。国家主义派以及其他反动派组织的"上海中华民国各团体联合会"是反苏联的急先锋，"他们喜欢借民众名义发言，实际上正是助长帝国主义在华的声势。这次中东路事件[④]恰是他们替帝国主义效力的一个好机会。他们借这机会，不仅学军阀官僚就这次中东路事件向苏联攻击，他们而且

---

　　① 和森：《今年五一之中国政治状况与工农阶级的责任》，《向导》第 112 期，1925 年 4 月 26 日。

　　② 士炎：《张作霖对帝国主义者之宣言》，《政治生活》第 53 期，1925 年 9 月 30 日。

　　③ 超麟：《醒狮派的国家主义：和他们这五个月来的宣传算一算账》，《中国青年》第 72 期，1925 年 3 月 28 日。

　　④ 1924 年中苏共管中东路后，双方在中东路的管理上不断发生矛盾，以至酿成事件。如苏方仍仿效帝俄做法，中苏两国工人同工不同酬，不仅苏联工人的工资高于中国工人很多，其他待遇也高于中国工人。1925 年 4 月，因苏籍局长下令停用中苏两国国籍以外的员工，爆发了第一次危机。1925 年末、1926 年初，又因苏籍局长取消中国军队免费乘车的规定，竟然发展到中方下令逮捕苏方局长的地步。本文提到的"中东路事件"即此次事件。

一下把一向反苏联的整个老调都演唱出来"①。

国家主义派的为虎作伥又体现在 1926 年段祺瑞执政府门前大流血事件②中。他们在发表的宣言中，没有指出"帝国主义是这次屠杀的正凶，而段祺瑞是执行帝国主义意旨的刽子手"，"根本就没有谈及帝国主义"，反而说应负屠杀责任的有四种人，"这样一来，不但开脱了这次屠杀的正凶——帝国主义者，不但减轻了段祺瑞的罪名，而且简直证明这次屠杀是应该的"。因为段祺瑞的通缉令中说这是"共产党暴动"和徐谦、易培基煽动群众，辩解自己是正当防卫，"国家主义者恰好也就是这种论调"。而在法国他们干过同样的勾当，在 1925 年旅法华人声援五卅运动的示威游行中，他们最初只不过打电报向段祺瑞请愿，"终则竟向法国警察告密，帮助'强权'拘禁或驱逐共产党人"。他们所谓"外抗苏俄""内除共产党"的主张，不过是"帝国主义军阀买办阶级地主反动的智识"。③

国家主义派的反苏反共倾向体现在一系列政治活动和报纸言论中。在 1926 年 6 月武昌中华大学的"武剧"事件④中，国家主义者雇佣流氓打手，殴打民众，勾结军警逮捕受伤学生，还污蔑是共产党人捣乱。郑超麟在《向导》撰文评价说："他们在中国民族运动中做了一些甚么事？反对共产党，反对苏俄，赞美广州商团，诋毁孙中山先生，在法国帝国主义面前告密，替段祺瑞辩护，分裂学生会，禁止学生参加五卅周年纪

---

① 超麟：《中东路事件中反动派之反苏联的宣传》，《向导》第 144 期，1926 年 2 月 3 日。

② 即三一八惨案。1926 年 3 月，冯玉祥的国民军与奉系张作霖作战。日军为掩护奉军，炮击大沽口，使驻军死伤 10 余人。之后，日本政府又联合英、美、法等国公使，向北洋政府提出通牒，要求撤换大沽口的防务。18 日，北京各界群众 5000 余人在天安门广场抗议，要求北洋政府拒绝通牒。游行队伍遭到军警镇压，当场死亡 47 人，伤 150 余人，史称三一八惨案。

③ 超麟：《替段祺瑞辩护之国家主义者》，《向导》第 148 期，1926 年 4 月 3 日。

④ 即武昌大中学校进步学生反对国家主义派的斗争，详见湖北省地方志编纂委员会编：《湖北省志·大事记》，湖北人民出版社 1990 年版，第 289—290 页。

念运动，——就是他们的能事！"①国家主义派一向否认"阶级"和"阶级斗争"，而林懿民在《独立青年》第6期发表的《政党与阶级——评中国共产党》中却声称"他们，独立青年派的国家主义者，并不是反对共产党，他们所反对的，只是不能代表中国劳动阶级的中国共产党"。郑超麟分析说，"他们不仅肯定了阶级，而且居然肯定了阶级斗争！国家主义者居然公开肯定阶级斗争"，但是这不是进步，反而是用来攻击中国共产党的，独立青年派的这种主张比青年党的国家主义更有欺骗性。至于号称"外抗强权"的国家主义者为何参加"反赤运动"，郑超麟指出他们"无非是看出中国共产党经过五卅运动后在民族运动中影响的加增，因而伦敦寄来六十万镑反赤宣传费，因而反赤运动到处兴起，因而国家主义者也加紧反赤的宣传，以至于林懿民君做这篇论文"。②总之，国家主义派主张"外抗强权""内除国贼"，其实是没有看到所谓"强权"与"国贼"之间的关联，以及"强权"的本质是国际帝国主义，他们必然走向反苏反共的歧路，成为国际帝国主义宰制中国的新工具。

综上所述，1922年6月旅欧"少共"成立之前是留法勤工俭学群体接受帝国主义概念的时期。1922年6月之后，他们将"学共产主义"作为重要使命，先后编辑机关报《少年》、《赤光》和内部训练材料《共产主义研究会通信集》《共产主义教程》。这些资料的流布以西欧为主，兼及加拿大、古巴等地；傅钟、邓小平、刘伯庄、任卓宣都曾邮寄给国内的周恩来或家人。③1923年初旅欧"少共"改组之前，留法勤工俭学群体的"自主性"比较强，他们为马克思主义传入中国、华人作出了重要贡

---

①　超麟：《武昌中华大学武剧中国家主义者的构陷》，《向导》第159期，1926年6月23日。

②　则连：《政党与阶级——评小鸡党：中国共产党之阶级基础》，《中国青年》第127期，1926年7月17日。

③　参见蒋杰：《法国新见〈赤光〉杂志第50、53及55期概况——兼论主编人员更替与杂志流传》，《史林》2022年第5期。蒋杰的分析主要总结国内学者关于《赤光》流布的情况，我们可以推断《少年》和内部训练相关资料可能一并或通过类似途径传回国内。

献；旅欧"少共"改组之后，旅欧党、团组织受中共中央、团中央的领导，《少年》《赤光》亦刊载了不少来自国内的文章、文件，这可以视为留法勤工俭学群体与中共中央的互动，马克思主义相关文献的流布也是中、外的"双向传播"，这也反映在留法勤工俭学群体对于国内革命和国共合作的大量论述中。至于留法勤工俭学群体回国后的活动，蔡和森因领导"里大事件"被迫于 1921 年 12 月 10 日回到上海，次年 9 月创办《向导》周报并长期担任主编[1]；1924 年至 1925 年，赵世炎、郑超麟、王若飞等人回国，承担中共中央宣传部、中共北方区委等机关的工作，在《向导》、《政治生活》、《中国工人》[2]等刊物上发表了多篇文章，很多篇都是运用帝国主义论对中国政局进行分析。

　　前文将留法勤工俭学群体运用"帝国主义"术语和概念的成果概括为"国际帝国主义的实质""帝国主义的世界情势""帝国主义对中国的侵略和压迫"，这属于不完全归纳法，必然存在挂一漏万之处，如关于帝国主义对中国人民的各种戕害的论述并非不多，只不过笔者认为对于"帝国主义"术语和概念的运用重在剖析中国沉沦、受压迫的根源，而各种戕害属于表象、表现，故未专门赘述。留法勤工俭学群体通过上述对于帝国主义的理论分析，在旅欧华人和国内民众中基本建立起国际帝国主义是中国内乱的"原动力"的论述。尽管说大革命的纲领是反帝反封建——打倒列强除军阀，重点是推翻国际帝国主义这一外患和根源，因此基于对留法勤工俭学群体运用"帝国主义"语境的分析，可以对中国马克思主义术语早期生成问题有一个基本认识，这也是本章内容的研究初衷。该群体对于国际帝国主义实质的系统分析与批判，对于帝国主义在世界情势的密切关注，以及批判"赤色帝国主义论"较为用力，这体现了留法、旅莫经历对他们的潜在影响。

---

　　[1]　李永春编著：《蔡和森年谱》，湘潭大学出版社 2008 年版，第 93—112 页。

　　[2]　本书论及的《中国工人》是 1924 年 10 月中共中央在上海创办的综合性工人刊物，罗章龙担任主编，主要作者有邓中夏、赵世炎、刘少奇等人。该刊物在五卅运动后停刊，共出 5 期。之后，该刊物曾多次复刊、停刊。

第四章　留法勤工俭学群体对中国马克思主义早期命题的初步探讨

中国马克思主义命题的产生与演变，源自中国共产党人运用马克思主义分析和解决中国现实问题、制定和执行中国革命方针、战略过程中。国民革命和第一次国共合作是列宁和共产国际着力解决殖民地半殖民地的独立问题、实施东方战略的直接产物，同时也是中国马克思主义相关命题出现的最初语境。具体而言，则是如何看待推动世界革命与探索中国革命道路、国共合作领导的国民革命与马克思主义者理论视野中的阶级革命或社会革命的关系，进而如何厘清中国革命的对象、力量、领导权、路径等问题，由此构成从宏观到中观的中国马克思主义的早期命题。早在旅法时期，留法勤工俭学群体便围绕上述命题作过初步探讨[①]，回国之后他们在中国马克思主义命题探讨中又扮演着何种角色，则是本章着力呈现的内容。

第一节　"布尔塞维主义革命在殖民地的特别形式"：在宣传与论战中厘清中国革命性质

中国共产党成立之后，中国革命与世界革命的联系有机建立起来，

[①]　参见贾凯：《移植与再造：论〈赤光〉与中国革命话语的建构》，《理论学刊》2017 年第 6 期。

其最初成果便是第一次国共合作和国民革命。作为中共宣传骨干的留法勤工俭学群体根据马克思主义的世界革命理论，特别是列宁关于殖民地半殖民地问题的构想，对世界革命与中国革命、国民革命与阶级革命的关系等问题进行了有力探索，反驳了各派政治势力对于马克思主义、中国共产党和苏联的攻击，起到了宣传和完善中国革命主张的作用。

一、阐述世界革命与中国革命的关系

运用马克思主义的"世界革命"理论论证中国革命问题，不仅是"以俄为师"的中国共产党的革命逻辑，还是民主革命时期中国共产党必须回应各派政治势力的重要议题。就现实而言，中国革命与世界革命的关系问题牵涉中国革命性质、对象等重要问题。正如毛泽东在《新民主主义论》中所言，"中国革命是世界革命的一部分"命题在大革命时期就已经提出，这是当时一切参加反帝反封建斗争的人们所赞成的。①留法勤工俭学群体回国后围绕着"中国革命是世界革命的一部分"这一议题，从多维度进行了解读，指出打倒列强、除军阀是中国革命的题中应有之义。

（一）第一次世界大战后帝国主义势力的削弱与革命力量的发展

19 世纪末 20 世纪初，主要资本主义国家进入帝国主义阶段。第一次世界大战和十月革命的爆发使帝国主义力量遭受严重削弱，帝国主义势力表面上稳定，但其势力已无法恢复到战前时代，内部矛盾暗中急剧加增，这"将结果了资本主义本身的寿命"。②尽管第一次世界大战后世界还处于帝国主义的笼罩之下，但是革命局势已发生了重大变化。

一方面，世界势力分化为帝国主义与无产阶级、被压迫民族两大阵

---

① 《毛泽东选集》第 2 卷，人民出版社 1991 年版，第 668—669 页。

② 超麟：《动摇中之资本主义稳定：最近国际事变之研究》，《向导》第 158 期，1926 年 6 月 16 日。

营。帝国主义国家在经济和政治上发展不平衡，有着不可调和的矛盾。他们因战后赔偿问题发生冲突，1923 年 1 月蔡和森指出："英美法各帝国主义间的利害冲突，是永远使他们不能操用一种一致的经济政策；资本主义世界的混乱，崩坏，恐怖，战争，是要一天一天严重的。"① 第一次世界大战中的协约国阵营是英、法、俄等国的暂时联合，战争结束后这种联合关系消失，随之而来的是帝国主义国家中战胜方对世界政治格局的重新安排，巴黎和会与华盛顿会议就是其产物。随着欧洲发生经济危机、美国对欧洲的渗透加深、苏联的发展势不可当，欧洲的安全问题提上议程，在该背景下洛迦诺会议召开。郑超麟对此评价道，帝国主义企图借助洛迦诺会议上签署的《保安条约》建立欧洲长时期的均势，实际是资本主义阵营内部不可调和矛盾的一次新处理；② 帝国主义 "是资本主义的最高峰，也就是资本主义的末局"，帝国主义的企图越大，其地位越危险，面临的问题越难以解决。③1925 年 6 月，任卓宣对比苏联与美、英、法等国经济发展数据后指出，"现在资本主义国家的经济趋势，是代数上的降幂方式；社会主义国家的经济趋势，是代数上的升幂方式"。任卓宣进一步分析说，苏联与资本主义世界的 "德谟克拉西和平及反动潮流两时代之现象" 也不相同，具体表现在苏联实行新经济政策后，无产阶级政权日益稳定，工人和农民的生活质量得以提升，学校教育取得长足进步，外交方面也取得突破性进展。由此可知，苏联已成为"革命的无产阶级和被压迫民族的大本营"，苏联势力的发展即代表着世界革命势力的发展。④

---

① 和森：《赔偿问题与帝国主义（续第十七期）》，《向导》第 18 期，1923 年 1 月 31 日。

② 郑超麟：《从凡尔塞到洛迦诺》，《新青年》不定期刊第 3 号，1926 年 3 月 25 日。

③ 郑超麟：《法兰西的"左派联合"与"工农联合"》，《向导》第 74 期，1924 年 7 月 16 日。

④ 任卓宣：《一九二四年之世界形势》，《新青年》不定期刊第 2 号，1925 年 6 月 1 日。

另一方面，欧洲的无产阶级革命与被压迫民族反帝运动蓬勃发展，革命运动呈现出国际化趋势。蔡和森指出，西方普遍的无产阶级革命和东方普遍的被压迫民族的革命运动已经形成，这两种革命运动的共同点正是都聚焦推翻国际帝国主义，都包含有世界性，所以"两种革命运动的成功就是世界革命"。[①]以蔡和森为代表的留法勤工俭学群体积极向国人介绍世界革命运动情况。从欧洲的无产阶级革命来看，在第一次世界大战中战败的保加利亚虽然陷入了被协约国宰制的地步，但是国内共产党所领导的工农运动蓬勃发展，吸收了广大群众到共产主义旗帜下。[②]法国共产党人"借议会为革命的宣传"，在法国的"左派联合"与"国民联合"两派争夺选举权时，提出"工农联合"的口号。[③]原帝国主义德国，战后受到英、法两国的宰割，普通民众陷入贫困，终于在1923年发生了无产阶级革命风暴。[④]从殖民地半殖民地的民族解放运动来看，爱尔兰、土耳其、印度、波斯、埃及、菲律宾、朝鲜和安南等殖民地与被压迫民族，均发生过激烈的革命独立运动，沉重地打击了帝国主义。蔡和森认为，全人类超过四分之三的经济落后国和弱小民族已经处于英、美、法、日等少数帝国主义控制之下。在此种情形下，经济落后国和弱小民族"只有结合全世界被压迫的民族，掀起世界革命"，才能摆脱帝国主义的束缚，避免成为帝国主义战争的无辜牺牲品。[⑤]

（二）中国革命被纳入世界革命运动的新趋向

20世纪一二十年代，中国笼罩在帝国主义统治和奴役的阴霾之中，各帝国主义国家扶植各派军阀作为其在华利益的代理人。帝国主义和军阀是中国国民革命的两大敌人，留法勤工俭学群体通过分析中国革命发

---

① 和森：《中国革命运动与国际之关系》，《向导》第23期，1923年5月2日。

② 和森：《巴尔干新形势中的保加利亚》，《向导》第13期，1922年12月23日。

③ 郑超麟：《法兰西的"左派联合"与"工农联合"》，《向导》第74期，1924年7月16日。

④ 郑超麟：《从凡尔塞到洛迦诺》，《新青年》不定期刊第3号，1926年3月25日。

⑤ 和森：《中国国际地位与承认苏维埃俄罗斯》，《向导》第3期，1922年9月27日。

展状况，系统论证了"中国革命是世界革命一部分"命题，指明了中国革命的发展方向。

第一，中国资产阶级领导的革命运动可谓"内忧外患"。蔡和森分析指出，英、法等先进国的资本主义萌发并成熟于封建社会内部，所以发动的民主革命只有一个对象——封建阶级，这"可说完全是对内的革命"。反观中国，自戊戌变法以来的资产阶级民主革命运动，革命对象有两个，分别为封建阶级和帝国主义。这是因为资本主义先进国和中国在革命时依靠力量不一样，当资本主义先进国发生革命时，国际资产阶级会给予其援助，但是中国要想发展成为独立的资本主义国家，国际资产阶级不仅不会提供帮助，反而与中国的封建势力勾结镇压民主革命。[①]赵世炎进一步强调，中国与其他殖民地相比，其特殊性就在于国内有封建军阀阶级之循环统治，军阀阶级的力量越壮大，中国社会经济和政治关系的复杂程度就越高。[②]蔡和森指出，"殖民地的革命运动已不是纯粹资产阶级民主革命的问题，事实上业已变成为国民革命（亦可称民族革命）的问题，而且这个问题要待列入世界革命的议事日程中才得解决"[③]。

第二，以孙中山为代表的国民党人对帝国主义和军阀的认识发生变化。不论是从共产国际还是从中国共产党的视角来看，中国国民党都属于较为革命的政治力量，留法勤工俭学群体自然非常关注中国国民党对革命的认识。1906 年，孙中山、黄兴等人起草了《军政府宣言》，其中一段话为："我等今日与前代殊，于驱除鞑虏、恢复中华之外，国体民生尚当与民变革，虽纬经万端，要其一贯之精神，则为自由、平等、博爱。故前代为英雄革命，今日为国民革命。"[④]这里所说的"国民革命"，属于旧民主主义革命范畴。对于这一历史认识，蔡和森进行了鞭辟入里地分析：其一，国民党人没有认清中国革命运动的性质是殖民地革命运

---

① 　和森：《中国革命运动与国际之关系》，《向导》第 23 期，1923 年 5 月 2 日。
② 　士炎：《国民会议之理论与其实际》，《政治生活》第 26 期，1924 年 12 月 21 日。
③ 　和森：《中国革命运动与国际之关系》，《向导》第 23 期，1923 年 5 月 2 日。
④ 　《孙中山选集》（上），人民出版社 2011 年版，第 81 页。

动，认为"只要内政肃清，强邻自然改颜相向"，而事实是外国势力早已控制了北洋政府；其二，国民党人认为中国革命与国际并无关系，企图通过对外妥协，譬如不发动群众、不声援罢工运动，以换取外国势力不干预中国革命，这种做法事实上只会让帝国主义愈加猖獗；其三，国民党人幻想得到"友邦"——英国帝国主义的帮助，事实上却是英国反而要资助叛变的陈炯明发难孙中山。① 随着革命经验的丰富和现实状况的打击，以孙中山为首的国民党左派认识到中国祸乱的根源在于帝国主义与军阀，孙中山决定正式改组中国国民党。赵世炎肯定了孙中山及国民党左派坚持革命信仰的精神，指出他们终于明白中国革命若想取得胜利，那么与军阀"只可战斗，不可和解"。② 郑超麟进一步强调，孙中山集四十年的革命经验终于明白中国若想实现自由平等的目标，则必须唤起民众及联合世界上以平等待我之民族，即联合苏俄共同奋斗。③

第三，中国革命将得到苏联和共产国际的帮助。赵世炎引用斯大林在《列宁的无产阶级革命论》中的论述和列宁的理论，揭示了无产阶级革命在资本主义最薄弱的环节——俄国取得胜利的原因，那就是从资产阶级掌权过渡到无产阶级专政没有标准步骤，资本主义各国的政治、经济、社会发展不同，发展路径也不尽相同，在俄国建立起无产阶级专政国家有其必然性，毕竟"全世界历史是定准要走向无产阶级专政去的"。④ 郑超麟认为，世界革命的开创者——苏联民众——坚持马克思主义民族观，以"促世界工人援助中国乃吾人历史的天职"为准则，积极帮助包括中国在内的殖民地半殖民地的民族和国家进行革命运动。⑤ 赵

---

① 和森：《中国革命运动与国际之关系》，《向导》第 23 期，1923 年 5 月 2 日。

② 士炎：《国民党过去的经验与今后的使命》，《政治生活》第 23 期，1924 年 11 月 30 日。

③ 超麟：《促成国民会议、废除不平等条约、联俄——勿忘孙中山先生的遗嘱！》，《中国青年》第 115 期，1926 年 2 月 7 日。

④ 士炎：《列宁主义之理论与实际》，《政治生活》第 65 期，1926 年 1 月 21 日。

⑤ 超麟：《"百万俄人参与助华运动"！》，《向导》第 88 期，1924 年 10 月 22 日。

世炎则将列宁主义界定为"无产阶级革命期间内的，帝国主义时代的马克思主义"。在他看来，列宁主义是马克思主义理论与苏俄实践相结合的产物，加之列宁主义已成为全世界劳动解放及民族解放运动的革命指导，所以借鉴苏联的经验更容易推动中国革命发展。[①] 不仅如此，十月革命后成立的第三国际指导全世界的无产阶级革命和民族解放运动，中国共产党的创立、发展以及国民党的改组都得到共产国际直接或间接的指导。[②]

第四，中国无产阶级正推动世界革命的发展。建党之初，中国共产党领导中国无产阶级掀起了第一次工人运动高潮。二七惨案后，中国工人运动陷入低迷，郑超麟称赞"二七流血之有国际的意义，中国职工运动之为国际职工运动一部分，与国际职工运动的命运息息相关"，主张中国无产阶级"与国际职工运动革命潮流联合起来，与先进国无产阶级遥相呼应"，从而促成资产阶级的崩溃。[③] 在中国无产阶级不懈努力下，中国形成了五卅革命怒潮。虽遭受帝国主义与军阀的残酷镇压，但不可否认五卅运动标志着国民大革命的汹涌。郑超麟指出，自五卅运动以来，帝国主义对中国无产阶级充满恐惧，中国无产阶级反帝国主义的运动蓬勃发展，从种种事实可以推断出中国革命将在世界革命中占有重要的地位，"中国无产阶级将有执世界革命牛耳之可能"。[④] 五卅惨案发生后，全世界工人阶级向中国无产阶级发来电报慰问，表示资本主义对中国的压迫与对本国无产阶级的压迫是同样的，他们与中国有共同的敌人。这表明中国革命同其他一切殖民地的革命运动一样，成为世界革命运动的一部分。在 1927 年 3 月 19 日中共上海区委召开的活动分子大会上，赵世炎又进一步指出，中国革命发展至今，中国革命已经在推动世界革命

---

① 士炎：《列宁主义之理论与实际》，《政治生活》第 65 期，1926 年 1 月 21 日。

② 超麟：《十月革命、列宁主义和弱小民族的解放运动》，《向导》第 135 期，1925 年 11 月 7 日。

③ 超麟：《二七纪念与国际职工运动》，《向导》第 101 期，1925 年 2 月 7 日。

④ 超麟：《中国反帝国主义运动在世界革命上的意义》，《向导》第 128 期，1925 年 9 月 7 日。

的发展。中国民族革命已到稳固时期，已到无产阶级夺取领导权的时期，已到党要夺取革命领导权的时期。[①]

二、讨论近代中国社会的性质

对中国社会性质的认识和判断，事关对中国国情的准确把握，也是回答国民革命之对象、动力、路径、性质等核心议题的前提和根据。"认清中国社会的性质，就是说，认清中国的国情，乃是认清一切革命问题的基本的根据。"[②] 近代中国社会的性质是什么？中国共产党人依据马克思主义基本原理和共产国际指示初步思考了这一问题，留法勤工俭学群体已初步洞见近代中国社会的半殖民地半封建性质，同时兼有日益崩溃的宗法社会色彩。

（一）半殖民地性质

早在 1920 年前后，共产国际内部便已出现关于中国社会性质的分歧和争论。苏俄学者以亚细亚生产方式描绘中国，罗易认为中国是资本主义占统治地位的国家，列宁则以"封建"定性中国生产关系和社会性质。[③] 1920 年 7 月 26 日，列宁代表民族和殖民地问题委员会向共产国际第二次代表大会作报告。他在报告中指出，帝国主义时代世界人口的大多数属于被压迫民族，被压迫民族有些处于直接的殖民地附属地位，有些属于半殖民地国家，有些与帝国主义者签订和约而依附于帝国主义，而波斯、土耳其、中国是第二类即半殖民地国家。[④] 列宁的判断逐渐在

---

① 《赵世炎文集》，人民出版社 2013 年版，第 607 页。

② 《毛泽东选集》第 2 卷，人民出版社 1991 年版，第 633 页。

③ 杨泰龙、肖威：《1920 年前后共产国际有关中国社会性质的认知分歧——以共产国际制定中国革命第一个土地纲领为中心》，《苏区研究》2021 年第 4 期。

④ 中共中央党史研究室第一研究部编：《联共（布）、共产国际与中国国民革命运动（1917—1925）》，《共产国际、联共（布）与中国革命档案资料丛书》第 2 卷，中共党史出版社 2020 年版，第 133—134 页。

共产国际内部得到认同，为中国共产党分析中国社会性质提供了基本遵循。

留法勤工俭学群体认同中国社会是半殖民地的判断，多次使用"半殖民地的中国"和"中国是半殖民地"概念和论断。半殖民地化是一个历史过程，在义和团运动以前帝国主义势力虽已入侵中国，但尚未成为凌驾于中国封建势力之上的统治者；而到了义和团运动的时代，封建政府已经不是中国最高统治者，"统治中国的实际乃是国际帝国主义"，中国的统治者"第一次在本国的封建阶级之上加上了外国的资本帝国主义"。①帝国主义强迫中国签订一系列不平等条约，中国尽管在形式上保持着独立国家的名义，实际上已经处于帝国主义的统治之下了，是谓"半殖民地"。至华盛顿会议"承美国帝国主义者特别关照，教中国代表自己提出宰割中国的十大纲，由此中国半殖民地的国际地位就铁案如山了"②。

"半殖民地"概念的提出和宣传具有重要意义。一方面，帝国主义的对华统治和干涉是辛亥革命失败的客观原因。当时统治中国的已不是本国封建贵族，而是外国帝国主义势力，帝国主义者"嫉忌当地的资产阶级政权，而宁愿保存封建政权以为抵制"，③扶植代表封建势力的北洋军阀。就世界范围的普遍情况来看，帝国主义的资产阶级"必出死力以维持这些地方封建的半封建的旧制度与旧势力，（在印度，在中国，在高丽，都是一样的）因为这样于他是极便利的"④。赵世炎指出，半殖民地中国的劳动者遭受双重压迫："受着本国资本家和外国资本家的共同掠夺，工作时间特别的加长，劳动力特别的低贱，又受着帝国主义者操纵

---

① 则连：《九七与中国民族革命》，《中国青年》第 131、132 期合刊，1926 年 8 月 31 日。

② 和森：《中国国际地位与承认苏维埃俄罗斯》，《向导》第 3 期，1922 年 9 月 27 日。

③ 则连：《怎样完成辛亥革命的工程？》，《中国青年》第 135 期，1926 年 9 月 28 日。

④ 和森：《义和团与国民革命》，《向导》第 81 期，1924 年 9 月 3 日。

的军阀的武力压制，团结比较困难，组织不容易成功。"①显然，此处的"劳动力"指的是工人阶级。另一方面，半殖民地的社会性质决定了中国革命是反对帝国主义的国民革命。1923 年中共三大通过的一份决议案指出，统治中国的封建军阀政府在名义上是独立政府，实则是听命于帝国主义列强的"经理人"，帝国主义利用其在华势力妨碍中国工业的自由发展，所以半殖民地的中国应该"以国民革命运动为中心工作，以解除内外压迫"。②蔡和森还辨析两种性质的"民主革命"，指出"资本主义先进国的民主革命与殖民地半殖民地的民主革命既有如许区别，所以中国革命运动之性质与历程必与从前欧美资产阶级的民主革命大不相同……当此被压迫民族与无产阶级同夷为最少数帝国主义者的奴隶之时，殖民地的革命运动已不是纯粹资产阶级民主革命问题，事实上业已变成为国民革命（亦可称民族革命）的问题，而且这个问题要待列入世界革命的议事日程中才得解决"③。中国民众的出路和革命的"中心思想"就是在工人与贫农的指导下，联合世界无产阶级，内革各派军阀的命，外革各国帝国主义的命。④

（二）半封建性质

1922 年 7 月，中共二大对中国社会性质作出比较明确的判断，指出中国"尚停留在半原始的家庭农业和手工业的经济基础上面，工业资本主义化的时期还是很远"⑤。共产国际四大也指出，由于殖民地国家的资本主义是在封建制度的基础上产生和发展起来的，而外国资本主义利

---

① 识因：《五一节与第二次全国劳动大会》，《京报副刊》第 135 号"五一"特刊，1925 年 5 月 1 日。

② 参见《建党以来重要文献选编（1921—1949）》第 1 册，中央文献出版社 2011 年版，第 258 页。

③ 和森：《中国革命运动与国际之关系》，《向导》第 23 期，1923 年 5 月 2 日。

④ 郑超麟：《我们的"中心思想"》，上海《民国日报》副刊《觉悟》1924 年 10 月 25 日。

⑤ 《建党以来重要文献选编（1921—1949）》第 1 册，中央文献出版社 2011 年版，第 128 页。

用当地封建的、半封建的或半资产阶级的上层人物作为其统治的代理人（在中国是"督军"），这种资本主义具有"混杂掺合的过渡形式"①，即从封建制度向资本主义过渡的形式。但关于哪一种形式占优势，共产国际内部看法并不一致。如托洛茨基、季诺维也夫、拉狄克等人，根据中国少数大城市已有资本主义企业、某些地方已有资本主义农场等现象，断定中国已经是一个资本主义国家，封建压迫在中国已经没有举足轻重的地位了。②

　　从相关文献来看留法勤工俭学群体认可中国社会半封建性的论断。蔡和森将"半封建"与"武人""半民主"一起使用，认为"在中国现在半封建的武人政治之下，无论那派军阀财阀得势所形成的资本主义，总不外是'恐怖的资本主义'"③，"若一国有新旧两个胜负未分的支配阶级同时存在，各据政权或武力以相抗，则其现象必为内乱与战争，或妥协苟安之局，而其政治，必为半新半旧非驴非马的东西。所以中国现在这种半封建半民主的局面，就是新旧两阶级的争斗，还没有达到决定时候的反映"④。这些论断和分析体现了运用马克思主义阶级斗争学说、国家学说的理论自觉。郑超麟指出，从1864年到1900年帝国主义对华侵略突飞猛进，中国的贸易总额从出超200余万两规银，变成入超6900万两关平⑤，"即此已可想见：帝国主义在华势力如何增长，中国旧有经济组织如何破产，资本主义如何发展，连带着政治组织及一切社会生活如

　　① 中共中央党史研究室第一研究部编：《联共（布）、共产国际与中国国民革命运动（1917—1925）》，《共产国际、联共（布）与中国革命档案资料丛书》第2卷，中共党史出版社2020年版，第380页。

　　② 高军编：《中国社会性质问题论战（资料选辑）》，人民出版社1984年版，前言第2页。

　　③ 和森：《中国劳动运动应取的方针》，《先驱》第7号，1922年5月1日。

　　④ 和森：《武力统一与联省自治——军阀专政与军阀割据》，《向导》第2期，1922年9月20日。

　　⑤ "关平"即"关平银"，旧中国海关收税时出纳银两所用的衡量标准，关平一两合37.7994克。

何起急剧的变化！"①。但是新的生产力无法充分发展，无法容纳破产的农民、小手工业者、小地主。②也就是说，原本封建的中国没有发展成资本主义的中国，反而成了半封建的中国。同时期其他中国共产党人也使用"封建"一词，如 1922 年 6 月中共中央发出的《中国共产党对于时局的主张》提到"辛亥革命战争，是适应近代由封建制度到民主制度，由单纯商品生产制度到资本家商品生产制度之世界共同趋势的战争"，未成功的主要原因是"民主派屡次与封建的旧势力妥协"。③不过即便使用了"封建"或"半封建"，不论是蔡和森、郑超麟还是其他中国共产党人，他们使用的概念意涵指涉与后来均有所不同。

（三）宗法社会性质

古代所言"中国"往往是文化意义上的，而思想革故鼎新时代人们对于中国社会性质的认识也处于转型期，如不同政治势力都从文化意义上将中国称为"宗法社会"。留法勤工俭学群体撰写的文章中"宗法"或"宗法社会"出现的频次不高。1924 年 10 月，郑超麟在《我们的"中心思想"》一文中提到"中国底社会运动自然也逃不出社会形式发展公律之外。整个的宗法社会的中国，当不起外国帝国主义侵略，于是社会结构起了变化，社会全部感觉不安。最初是宗法社会代表者（皇帝贵官）想藉武力抵抗帝国主义"，"中国无产阶级的奋斗已经到了一个新的形式，即他已不仅向宗法社会和列国帝国主义作战，而且在接的劳资斗争之火也在中国燃起来了"④。蔡和森在《社会进化史》一书中谈论人类社会

---

① 则连：《九七与中国民族革命》，《中国青年》第 131、132 期合刊，1926 年 8 月 31 日。

② 则连：《九七与中国民族革命》，《中国青年》第 131、132 期合刊，1926 年 8 月 31 日。

③《建党以来重要文献选编（1921—1949）》第 1 册，中央文献出版社 2011 年版，第 89 页。

④ 郑超麟：《我们的"中心思想"》，上海《民国日报》副刊《觉悟》1924 年 10 月 25 日。

"共食"风俗时提到，这是原始共产主义的遗留物，"这种古风遗在中国宗法社会方面的，有各姓宗祠、支祠以及乡社神庙举行祭祀时之各种共食习惯；遗在君主政治方面的，有……"[①]。不难发现，郑超麟、蔡和森使用的"宗法社会"一词，主要指社会结构层面，这与列宁论述的经济成分有所差异。而赵世炎的相关论述则与列宁类似，如分析大革命高潮的阶级分化时提到，"中国资产阶级要利用落后经济国家的习惯来作对雇用劳动的法律，一脚踏在资本主义社会里要找利润，一脚又留在宗法社会里用习惯来增加剥削"[②]。

陈独秀、邓中夏、瞿秋白等中国共产党人使用的"宗法社会"概念意涵也不尽一致。1923 年 4 月 25 日，陈独秀在《资产阶级的革命与革命的资产阶级》一文中分析认为："中华民族以地大物博易于停顿在家庭农业手工业自足的经济制度之下……由秦汉以至近日，社会的政治的现象，都是一方面封建势力已濒于覆灭，一方面又回向封建，这种封建势力垂灭不灭的现象，乃是因为封建宗法社会旧有的家庭农业手工业已充分发展而有更进一步的倾向，但新生的经济势力（即资本主义的大工业）过于微弱，还不能取而代之的缘故。"[③]不难看出，家庭农业手工业与资本主义大工业相对，而封建势力则是一种社会政治现象。邓中夏在 1924 年 11 月发表的《我们的力量》一文中表达了类似观点，指出"中国自从国际资本帝国主义侵入之后，宗法社会的小农及小手工业经济日益崩坏，新式工业经济日益发达"，"中国无产阶级的心理，大多数还沉睡在宗法社会里，还未与家族、亲属、帝王、神权等旧观念绝缘；有国

---

① 《蔡和森文集》（上），人民出版社 2013 年版，第 512 页。

② 施英：《论汉口之罢工潮——并质上海商报记者》，《向导》第 181 期，1927 年 1 月 6 日。

③ 独秀：《资产阶级的革命与革命的资产阶级》，《向导》第 22 期，1923 年 4 月 25 日。

家觉悟的是少数；有阶级觉悟的更是少数中的极少数"[1]。瞿秋白的论述则将中国社会性质分为经济、文化社会两个层面，指出："中国古代的宗法社会和小农、小手工业的经济，遇见了帝国主义者的资本主义，都崩溃下去，发生中国的资产阶级和无产阶级，于是历史的舞台上，一个一个的发现新的革命力量。"[2]比较而言，郑超麟、陈独秀、瞿秋白使用的"宗法社会"是指一种社会结构层面、社会政治现象，而邓中夏更多的是从社会心理、社会观念加以论述。不过，他们在宗法社会"日益崩溃"这一点上具有一致的认识。

三、探讨国民革命与阶级革命的关系

国民革命与阶级革命的关系问题，是运用马克思列宁主义解决中国革命问题要回应的另一核心议题。1922年9月，中国共产党人明确提出"国民革命"口号，以替代共产国际二大决议提出的"民族革命"。"国民革命"一词随之风靡全国。陈独秀对于"国民革命"的阐释包括"对内的民主革命和对外的民族革命两个意义"，强调"革命运动中的形式及要求却只是一个国民革命"。[3]蔡和森进一步阐述了国民革命的内容："一面打倒国内的封建势力，一面反抗外国帝国主义；在这种立场上，殖民地的无产阶级所以可与革命的资产阶级结成联合战线。"[4]中共三大之后，中国共产党的工作重点由工人运动转向国民革命与工人运动并举，期望形成"各阶级联合的革命"。国、共之外的很多政治势力诘难中国共产党为什么要开展国民革命。面对"共产党搞得是阶级革命，为什么还要

---

① 《建党以来重要文献选编（1921—1949）》第 2 册，中央文献出版社 2011 年版，第 173、184 页。

② 《建党以来重要文献选编（1921—1949）》第 2 册，中央文献出版社 2011 年版，第 279 页。

③ 独秀：《中国国民革命与社会各阶级》，《前锋》第 2 期，1923 年 12 月 1 日。

④ 和森：《中国革命运动与国际之关系》，《向导》第 23 期，1923 年 5 月 2 日。

和国民党合作""国民革命不存在阶级斗争""工农运动是共产党做的，不是国民党应该做的"等质疑，留法勤工俭学群体强调国民革命是各阶级联合的革命，实际上反映了中国共产党所持中国革命是半殖民地各阶级联合革命，革命对象是帝国主义和军阀、官僚、买办、地主的基本观点[①]。

（一）国民革命是国共领导下各阶级联合的革命

留法勤工俭学群体通过探讨国民革命统一战线问题，初步回答了"谁是我们的敌人，谁是我们的朋友"问题，起到了宣传阶级分析方法的作用。1925 年 1 月，中共四大在总结革命经验时指出，"中国的民族革命运动，必须最革命的无产阶级有力的参加"，提出了工农联盟问题，强调国民革命需要工人、农民和城市中小资产阶级普遍参加。[②]

第一，从国民党与军阀合作的可能性、国民党的改组、国民党的阶级属性等方面论证了国共合作的合理性。首先，中国国民党不可能与军阀实现合作。1922 年，针对孙中山欲与吴佩孚联合的态势，蔡和森强调，国民党与军阀代表新旧两个完全不同的阶级，随着民主革命潮流的高涨，新兴的革命阶级迟早要战胜封建军阀。孙中山和吴佩孚"惟有在反抗国际帝国主义为中华民族之独立而奋斗的基础上面，可以建立他们的联合"，但就以吴佩孚为首的北京政府谄媚帝国主义来看，他不配与革命的国民党联合。[③]其次，国民党改组为国共合作打下坚实基础。二七惨案发生后，中国共产党人开始意识到各阶级联合开展革命的重要性。1924 年中国国民党一大召开，国民党重新阐释了三民主义，"规定了要与世界革命发生关系及联合苏俄"。[④]对于"孙中山主义"的真义，赵世炎肯定其"根本反对帝国主义""根本打倒障碍民权之军阀""用人民的

---

① 王奇生：《"革命"与"反革命"：一九二〇年代中国三大政党的党际互动》，《历史研究》2004 年第 5 期。

② 中共中央党史研究室：《中国共产党的九十年（新民主主义革命时期）》，中共党史出版社、党建读物出版社 2016 年版，第 63 页。

③ 和森：《孙吴可在一种什么基础上联合呢？》，《向导》第 4 期，1922 年 10 月 4 日。

④ 《蔡和森文集》（下），人民出版社 2013 年版，第 829—833 页。

国家的力量，开发实业，发展农业以厚利民生"等主张。①而改组后的国民党，与其他不成型而依附于军阀或由少数官僚聚集的政党不同，是"有党纲有政纲有革命目标有建国方略的政党，代表的是大多数人民之利益"。②最后，提醒党内同志要注意国民党成分的复杂性。中国共产党人普遍希望协助中国国民党取得国民革命的胜利，但蔡和森不忘提醒共产党人深知"资产阶级参加民族革命的倾向与无产阶级参加民族革命的倾向是完全不同的"③。王若飞解释道，这是因为代表大商人资产阶级的分子为了"脱除帝国主义与军阀经济上政治上之束缚"而要求国民革命，而工农还有摆脱本国资本家、地主压迫的要求，所以这些大商人资产阶级后来倾向于与帝国主义、军阀妥协来对付工农阶级。④王若飞的论述揭示了国民党内部成分的复杂性。赵世炎则概括为："我们历来所见国民党内部之争，其实都是革命与反革命之争。"⑤由此可见，留法勤工俭学群体已将是否赞成国共合作作为是否革命的标准。

第二，分析国民革命统一战线中各派政治力量。首先，面对日本帝国主义向中国民众的进攻，最先反抗帝国主义的是工人，然后才是被压迫的幼稚工业资产阶级及其他小资产阶级。⑥蔡和森认为，殖民地的工人阶级天然身兼双重使命，即"一面应为民族独立的共同利益奋斗；同时应为本阶级的特殊利益奋斗"，要完成这双重任务，工人阶级要绝对摒弃"只问面包不问政治"的态度，明确自己与资产阶级的区别在于无产阶级不妥协、更具革命性，应认识到只有打破帝国主义的经济和政治压

---

① 士炎：《孙中山主义与其遗命》，《政治生活》第 33 期，1925 年 3 月 15 日。

② 士炎：《中山先生北来的意义》，《政治生活》第 23 期，1924 年 11 月 30 日。

③ 和森：《今年五一之中国政治状况与工农阶级的责任》，《向导》第 112 期，1925 年 4 月 26 日。

④ 《王若飞文集》，人民出版社 2014 年版，第 69 页。

⑤ 士炎：《国民党过去的经验与今后的使命》，《政治生活》第 23 期，1924 年 11 月 30 日。

⑥ 和森：《五七纪念北京学生奋斗的意义》，《向导》第 115 期，1925 年 5 月 17 日。

迫才能领导中国民族达到真正的解放。[①] 其次，占全国人口百分之八十以上的农民应该作为社会基础，成为革命的中心军队。[②]1925 年 4 月 26 日，蔡和森以中国国民党改组后扶持广东农民运动为例来论证农民阶级对国民革命产生的重要影响。他指出，深受外国资本主义、本国地主阶级压迫的广东农民建立农会后掀起了农运高潮，有力打击了反革命势力。不仅如此，中国国民党在领导革命军讨伐陈炯明期间，得到了农民的大力支持。[③] 这表明工农阶级革命意识觉醒，开始自觉参加国民革命并发挥重要作用。再次，中小资产阶级中的革命分子应该是联合的对象。1925 年 5 月，时任教育总长章士钊禁止任何民众纪念"五七"国耻，引起北京学生的强烈不满，群众示威活动轰轰烈烈展开。蔡和森评价这并非"学生的"事件，而是一场政治事件，这表明学生们经过五四运动的洗礼成长为"自觉的政治要素"。[④] 五卅惨案发生后，全国也出现商人罢市等反抗帝国主义运动。郑超麟强调，上海的中等商人和小商人阶级因受到帝国主义的排挤与经济上的压迫，非常痛恨帝国主义，所以在革命运动中亦表现出了很强的革命性。[⑤] 最后，原军阀冯玉祥领导的国民军也逐渐被认可为革命力量。1924 年，冯玉祥与奉系张作霖、皖系段祺瑞妥协，组建了以段祺瑞为临时执政的北京政府。[⑥] 在赵世炎看来，北京政变只不过是直系、奉系背后的日法对英美之外交胜利，"国民军"更是哄骗民众的一个名词。[⑦] 随着国民军势力范围内各地国民运动的发展，国民军反对战争、号召和平的口号得到民众同情，留法勤工俭学群体对国民军的态

---

① 　和森：《今年五一之中国政治状况与工农阶级的责任》，《向导》第 112 期，1925 年 4 月 26 日。

② 　参见《蔡和森文集》（下），人民出版社 2013 年版，第 865 页。

③ 　和森：《今年五一之广东农民运动》，《向导》第 112 期，1925 年 4 月 26 日。

④ 　和森：《五七纪念北京学生奋斗的意义》，《向导》第 115 期，1925 年 5 月 17 日。

⑤ 　超麟：《帝国主义屠杀上海市民之经过》，《向导》第 117 期，1925 年 6 月 6 日。

⑥ 　中共中央党史研究室编：《中国共产党历史》第 1 卷，中共党史出版社 2011 年版，第 121—122 页。

⑦ 　士炎：《冯玉祥配称革命么？》，《政治生活》第 20 期，1924 年 11 月 7 日。

度有了转变。1925 年 9 月 1 日，王若飞在《中州评论》上发文将国民军的形象描述为："每个国民军兵士的肩上，都写着（不扰民，真爱民，誓死救国）十字"，可见国民军力图为人民的利益而奋斗，努力与人民站在一方。[①]

（二）国民革命是无产阶级革命在殖民地半殖民地的特殊形式

阶级分析方法是共产党人的根本方法。普列汉诺夫强调："忘记了阶级斗争，就不能够明瞭那分成阶级的社会里，社会的与精神的生活之发展。"[②] 留法勤工俭学群体主动运用马克思列宁主义的阶级分析方法，阐明"无产阶级""阶级""阶级斗争"等概念的意涵，阐述世界革命时代中国国民革命的特殊性。

一方面，厘清国内各派对于阶级斗争的不同态度。中国国民党第二次全国代表大会重申了孙中山联俄联共扶助农工的政策，同时也指明了革命的对象："吾人所指为中国之生路者则如下：其一，对外当打倒帝国主义。其必要之手段：一曰联合世界革命之先进国。二曰联合世界上一切被压迫之民族。三曰联合帝国主义者本国内大多数被压迫之人民。其二，对内当打倒一切帝国主义之工具。首为军阀，次则官僚、买办阶级、土豪。"[③] 由此可见，中国国民党左派承认国民革命是阶级的革命，但强调"阶级斗争"主要限于压迫与被压迫的国家与民族之间。与此同时，国家主义派高呼"全民革命"的口号，主张"一致趋赴，协力图强"，否认中国存在阶级斗争。赵世炎批评说，"全民革命"是"披上黑衣带上黑帽，在资本主义被无产阶级革命震慑时，情急了变成的凶恶的状态，用以专门残害工人的'法西斯蒂'"，"一国之中，利益若是有

---

① 《王若飞文集》，人民出版社 2014 年版，第 52 页。

② 参见蒲列哈诺夫（Plekhanoff）：《辩证法与逻辑》，郑超麟译，《新青年》季刊第 3 期，1924 年 8 月 1 日。蒲列哈诺夫，今译普列汉诺夫。

③ 中国第二历史档案馆编：《中国国民党第一、二次全国代表大会会议史料》（上），江苏古籍出版社 1986 年版，第 447 页。

全民的，而无阶级的，便没有革命"。① 国家主义派之所以认为中国不需要阶级斗争，是因为中国的所谓资本家不过是外人肘腋下的买办阶级，必须依附于帝国主义生存，所以不可能革帝国主义的命。②1927 年 4 月 1 日，蔡和森亦强烈批判说，"全民革命"口号不具有现实基础，毕竟中国社会存在"农民"和"资产者"两种"革命的社会基础"，"农民阶级与资产阶级时有争斗，革命愈进展，斗争愈剧烈"。③

另一方面，强调国民各阶级联合下阶级斗争的合理性。在赵世炎看来，国民革命是针对帝国主义的经济侵略和本国统治阶级的压迫的"民众暴动"，即被压迫阶级对压迫阶级的反抗，必须有武力作为支持，而"武力的本身就是革命群众行动之一"。④ 五卅运动期间，以组织工人运动为己任的上海总工会成立，但依旧没有逃脱被封的命运。赵世炎就上海总工会被封事件发表了见解，体现出对阶级联合与斗争问题的清醒态度。他指出，上海总工会被封事件证明了"五卅运动如果不发展成为民族革命运动，自然只会有帝国主义与军阀之反动的胜利，而没有民众的胜利"，而民众的胜利必须建立在两大条件之上：一是"占大多数的工农阶级为战斗之先锋与领导"，二是"小资产阶级的爱国群众（学生与商人）极力拥护战斗的基础且以实力参加"。赵世炎还指出，无产阶级同资产阶级在联合之外还要进行斗争。因五卅运动而兴起的民族运动在发展过程中出现分化情形，原先声援过五卅运动的阶级现在妥协到了帝国主义阵营，意味着两个问题得到验证：一是"国民革命的反帝国主义运动，本是被压迫阶级反抗帝国主义的阶级争斗"，二是"在国民革命之内部，无产阶级对于资产阶级之阶级争斗，也是必然不可避免的事

---

① 士炎：《列宁主义之理论与实际》，《政治生活》第 65 期，1926 年 1 月 21 日。
② 乐生：《短言》，《政治生活》第 62 期，1925 年 12 月 30 日。
③ 参见《蔡和森文集》（下），人民出版社 2013 年版，第 864 页。
④ 士炎：《国民革命与武力》，《政治生活》第 25 期，1924 年 12 月 14 日。

实"。[①] 郑超麟亦强调，大商人阶级是"迫得参加运动"。[②] 孙中山逝世之后，面对国民党内部新右派的崛起，留法勤工俭学群体进一步强调阶级斗争的合理性。郑超麟强调，正是因为资本主义造成了民族的不平等，所以真正的民族解放必须等到无产阶级革命成功，既然"民族殖民地问题是无产阶级革命总问题中的一部分"，那么中国革命实际上就是阶级革命的问题。[③] 任卓宣指出，帝国主义报纸一直宣称改组后的孙中山为布尔塞维主义的首领，称国民党人为布尔塞维克，对"国民党"之名却只字不提，这说明帝国主义将"国民革命看成为布尔塞维主义革命在殖民地的特别形式"，这种情况更加印证了"无产阶级革命领导国民革命，国民革命附属于无产阶级革命"。[④] 这些观点实际指出，无产阶级世界革命时代下的中国国民革命已经不可能回到旧民主主义革命形态，这是一种客观规律。

四、在批判与回击中宣传国民革命话语

20 世纪 20 年代是"革命"与"反革命"话语竞逐的时代，也是各派政治力量围绕中国革命诸多命题开展"笔战"的争鸣时期。"以俄为师"和与全世界无产阶级、被压迫民族联合起来反对国际帝国主义，是中国共产党人分析和解决中国问题的初步答案。而胡适派、冯自由派、国家主义派、研究系也围绕这些问题发表诸多解决方案，其中不乏对中国共产党的诘难。各方势力在论战中阐明和完善自身理论体系，以马克思主义为思想武器的中国共产党的影响力在论战中不断提升，留法勤工

---

① 士炎：《上海总工会被封事件》，《政治生活》第 53 期，1925 年 9 月 30 日。

② 超麟：《帝国主义屠杀上海市民之经过》，《向导》第 117 期，1925 年 6 月 6 日。

③ 超麟：《十月革命、列宁主义和弱小民族的解放运动》，《向导》第 135 期，1925 年 11 月 7 日。

④ 任卓宣：《一九二四年之世界形势》，《新青年》不定期刊第 2 号，1925 年 6 月 1 日。

俭学群体不乏贡献。正如蔡和森后来总结："党的革命理论是要经过长期间的各种争斗才能形成的。"[①] 而中共二大之后围绕革命话语的斗争基本是围绕"国民革命"展开的，1922 年 9 月《向导》第 2 期所载蔡和森《统一、借债与国民党》和陈独秀的《造国论》已经开始对中国语境中的"国民革命"话语进行意蕴转化和重构，当时张太雷、高君宇等人也开始积极宣传"国民革命"。[②]

（一）批判以胡适为代表的资产阶级改良主义

辛亥革命之后，小资产阶级尚无革命意识，"和平""统一""妥协"等倾向渐浓，新政权便落入封建的军阀和官僚之手。对此，改良主义者提出"联省自治"之类的方案。[③] 对于改良主义者反对革命的各种言论，留法勤工俭学群体进行了深刻批判。

一方面，批判胡适等人的"好政府"主张。1922 年胡适、蔡元培等人联名发表《我们的政治主张》，认为政治改革的第一步是由知识分子中"好人"组成宪政政府。蔡和森批评胡适等人只从表面看问题，未能深刻认识"好"与"坏"是政治现象的形容词，不能作为政治改革的目标，况且"好""坏"并非几个人就可以操控，而是"一派怎么特殊势力或特殊阶级弄成的"。正因为没意识到这点，他们才会期待背靠直系军阀的王宠惠组阁"好政府"。蔡和森进而强调，英、法两国之所以成为改良主义者口中的"好政府"，是两国资产阶级与封建阶级两个世纪斗争的结果，而胡适等人主张在中国实行改良、反对革命的想法只是空想。[④] 王宠惠内阁的"全部的成绩，除为军阀天天进行借款外，一个治

---

① 《蔡和森文集》（下），人民出版社 2013 年版，第 808 页。

② 相关研究参见刘坚：《出场与重构：第一次国共合作前"国民革命"话语研究》，《福建论坛（人文社会科学版）》2022 年第 8 期。

③ 和森：《武力统一与联省自治——军阀专政与军阀割据》，《向导》第 2 期，1922 年 9 月 20 日。

④ 参见《批评"好政府"主义及其主张者》，《先驱》第 9 号，1922 年 6 月 20 日。这篇文章未署名，当时《先驱》主编是蔡和森，而《蔡和森文集》也收录此文，笔者也认同该文为蔡和森所作。

安警察条例都不敢主张废除"，而"罗文干案"①的爆发宣告了"好政府"的破产，同时揭示了"武人政治下，任何改良主义都无实现之可能"。②

另一方面，否定"联省自治"和"废督裁兵"的现实可能性。胡适认为通过"联省自治"可以增加各省的地方实权，发挥地方潜能，制裁甚至推翻军阀。蔡和森批评道，"打倒军阀割据的第一步在民主的革命"③。也就是说，中国政治的乱源在于军阀，制度层面的变化无法触动其统治根基。其他改良主义者认为"废督裁兵"是实现"国宪"和"联省自治"的前提，孙中山亦赞同调节与军阀的关系。在此风气影响下，裁兵运动得到众多人的支持，军阀势力甚至标榜"废督裁兵"以赢得民众支持。蔡和森认为，从帝国主义和封建军阀的性质看，封建军阀是帝国主义"十年以来栽培维持出来的产物"，帝国主义不可能让其势力变弱，所谓"废督裁兵"只是在欺骗群众。④从实际情况看，"屡次倡言与军阀妥协裁兵，已是损伤了革命精神"，只有革命才能实现真正的"废督裁兵"。⑤

（二）批判以梁启超为首的研究系

梁启超是近代中国历史上的重要人物。1916年8月，研究系筹备组织时，与会人员概括该组织的精神为"同人等抱不党之精神，为交谊

---

① 罗文干（1888—1941），广东番禺人，早年留学英国牛津大学学习法律，1909年毕业获法学博士学位回国。民国初年，罗文干被公认为是全国司法界权威之一。1922年9月，王宠惠组阁，邀请罗文干担任财政总长。11月18日，众议院议长吴景濂等人指责罗文干在签订《奥国借款展期合同》时受贿。随后，总统黎元洪下令将他拘捕，因而掀起政坛风波，经罗的一再力争，于次年无罪释放。该事件反映当时各种政治力量之间的纷繁复杂斗争，史称"罗文干案"。详见经先静：《内阁、国会与实力派军阀——20世纪20年代罗文干案始末》，《史学月刊》2004年第4期。

② 和森：《近日政潮的内幕》，《向导》第12期，1922年12月6日。

③ 参见和森：《武力统一与联省自治——军阀专政与军阀割据》，《向导》第2期，1922年9月20日。

④ 参见和森：《武力统一与联省自治——军阀专政与军阀割据》，《向导》第2期，1922年9月20日；振宇：《外交团劝告裁兵》，《向导》第4期，1922年10月4日。

⑤ 和森：《反对"敦请一友邦"干涉中国内政》，《向导》第19期，1923年2月7日。

的、自由的、道义的结合。有国家而无党派，有正论而无党派，有公理而无党派，有自由而无党派"①。以梁启超为首的研究系的政治本质是改良主义。自中国共产党成立前后，中国共产党人就与研究系开展了持续论战，而留法勤工俭学群体是其中的重要力量。

一方面，批判梁启超的"不存在阶级斗争"观点。有无阶级斗争现象，事关唯物史观的理论基础。1925 年 5 月 1 日，梁启超发表《无产阶级与无业阶级》一文，反对谈论各种主义，认为欧美等国有无产阶级和有产阶级之分，而中国社会只能分为无业阶级和有业阶级，所以不存在阶级斗争一说。郑超麟驳斥道，阶级差别表面看是社会财富分配不均，物质上表现为生产机关（今译生产资料）的占有或缺失，实则根源在于各阶级在社会生产中的作用存在区别，"占有生产机关的阶级自然要剥削没有生产机关的阶级所创造出来的财富"。阶级差别不在于有"业"或无"业"，也不在于有"枪"或无"枪"，甚至也不在乎有"产"或无"产"，是否占有生产机关才是区分依据。接着，郑超麟分析了研究系否认阶级观点的根源：以梁启超为首的研究系，其思想几经流变，"他们的政治生活好比墟墓间的游魂，必须附着于强有力者才能存在"，正因为研究系成了"帝国主义的次等的，间接的工具"，所以极尽所能造就一种言论以蒙蔽中国无产阶级。②

另一方面，驳斥所谓"赤色帝国主义"指责。对于研究系污蔑苏联为"赤色帝国主义"，郑超麟进行了反击。他指出，判断一个国家是否为帝国主义，要看这个国家的政权是否掌握在少数财政资本家的手中，现在的苏联是由无产阶级掌握政权，所以"赤色帝国主义"不成立；苏联自建立以来不曾侵略殖民地弱小民族，反而是帮助他们实现民族自

---

① 《宪法案研究会之先声》，北京《晨钟报》1916 年 8 月 23 日。
② 超麟：《梁启超怎样了解中国的阶级斗争？》，《中国青年》第 79 期，1925 年 5 月 9 日。

由，更何况苏联红军是"阶级自卫的武器"而非"民族侵略的武器"。[①]对于研究系认定苏联实行新经济政策宣告了共产主义失败和资本主义复活的观点，郑超麟指出，无产阶级取得革命政权后并不能立刻实现共产主义，而是发展生产力以巩固国家政权；苏联实行新经济政策后，国家和社会得到长足发展，而且大工业主要掌握在无产阶级手中，这为实现共产主义奠定了基础。[②]赵世炎也强调，"苏俄生产的管理，完全在国家权力之下"，新经济政策没有违背"一切归生产者所有"的原则。[③]

（三）回击国民党内的冯自由派和戴季陶主义

以冯自由为首、曾支持孙中山护法运动的国民党老党员反对与中国共产党合作，并对中国共产党进行攻击。孙中山指出，"反对中国共产党即是反对共产主义，反对共产主义即是反对本党之民生主义"，并宣布开除冯自由党籍。[④]不过在各方疏通下，冯自由没有被开除出党。孙中山病逝后，冯自由派组织"中国国民党同志俱乐部"，并声称只坚持国民党改组前的三民主义。对于冯自由派的言行，留法勤工俭学群体给予严厉批评。其一，批判冯自由派"开除共产派"的主张。蔡和森指出，中国共产党出于民族大义允许党员以个人身份加入国民党，而冯自由派害怕"实现群众要求的具体化的"政纲威胁其既得利益，所以主张"开除共产派"，"退回于从前抽象空洞的地位"。其二，揭示冯自由派沦为帝国主义与军阀的工具。冯自由派将大本营设在香港的用意非常明显，该派"现在反革命的欲求和他们从前附和革命的欲求"是一样的，那就是迎合帝国主义的需求，升官发财，扩大自己阶级的特权，至于"革命

---

① 超麟：《十月革命、列宁主义和弱小民族的解放运动》，《向导》第135期，1925年11月7日。

② 郑超麟：《新经济政策之第五年与苏维埃政权底下的农民问题》，《新青年》不定期刊第4号，1926年5月25日。

③ 乐生：《驳斥对于苏俄的谤言》，《政治生活》第38期，1925年5月1日。

④ 陈海懿：《从同路到殊途：护法运动前后的冯自由与孙中山》，《广东社会科学》2020年第3期。

不革命，不过是达到这种目的之手段"。① 冯自由派混淆国民党改组后的
"中山主义"和中国共产党提倡的"共产主义"，并宣称国民党改组意味
着"左派就是赤化，就是同化于共产派"。蔡和森指出，中山主义与共
产主义是朋友关系，它们是"两个不可混淆的标帜"，中国共产党愿意
帮助国民党左派实现中山主义，并无"赤化"国民党的想法。② 赵世炎则
进一步指明，帝国主义和安福派害怕革命势力，于是想借冯自由派宣扬
"赤化"来破坏国民革命，迫害中国共产党人。③

　　戴季陶主义是诘难国共合作的另一派思潮。1925 年六七月间，戴季
陶先后炮制了《孙文主义之哲学基础》和《国民革命与中国国民党》两
本小册子，这标志着戴季陶主义的诞生。其内容可以归纳为：在思想
上臆造了一个所谓从孔子到孙中山的"孔孙道统"；在政治上，反对马
克思主义的唯物史观和阶级斗争理论，主张站在仁爱的立场消除阶级斗
争；在组织上，反对国共合作，主张建立具备独占性、排他性、统一性
和支配性的中国国民党。④ 中国共产党将戴季陶定性为"资产阶级的思想
家"，留法勤工俭学群体对其思想进行了猛烈抨击。赵世炎强调，戴季
陶的"反对阶级斗争的民族主义"观点，实质是资产阶级的民族主义，
即只允许资产阶级压迫无产阶级，这是对孙中山三民主义的错误解读。⑤
蔡和森分析了戴季陶"反对阶级斗争的民族主义"主张的出发点，指
出戴季陶企图利用这一主张博取民众支持，"完全想把劳动运动变成资
产阶级民族运动之工具，使中国劳动运动隶属于资产阶级"。⑥ 戴季陶主

---

① 　和森：《冯自由派反革命运动的解剖——国民党淘汰反革命分子之必要》，《向
导》第 111 期，1925 年 4 月 19 日。

② 　和森：《何谓国民党左派？》，《向导》第 113 期，1925 年 5 月 3 日。

③ 　罗敬：《中山去世之前后（北京通信三月廿日）》，《向导》第 108 期，1925 年
3 月 28 日。

④ 　杨奎松：《"容共"，还是"分共"？——1925 年国民党因"容共"而分裂之
缘起与经过》，《近代史研究》2002 年第 4 期。

⑤ 　士炎：《列宁主义之理论与实际》，《政治生活》第 65 期，1926 年 1 月 21 日。

⑥ 　《蔡和森文集》（下），人民出版社 2013 年版，第 813 页。

义主张"国民革命不是社会革命，是三民主义的革命"，反对国民党左派"发展工农运动"，主张将中国共产党清除出中国国民党。蔡和森指出，戴季陶主义是将三民主义和共产主义对立起来，全然不晓得国民革命的胜利需要两党的合作。[①] 面对戴季陶等人借 1925 年发生的中东路冲突对苏联的批评，中国共产党的留法勤工俭学群体予以了反击。郑超麟认为，戴季陶等人的特别之处在于"不肯丢弃一块光荣的国民党招牌"，他们宣称要遵守"联合世界上以平等待我之民族"的遗嘱，却编造苏俄"不以平等待我的事实"，其实是为了破坏中苏关系，削弱国民革命。"真正爱国论者"应当知道苏联"是中国民族真诚的友军"。[②] 其实，中国共产党和国民党右派之争是新民主主义与旧民主主义之别，"从根本上反映出两党阶级利益的差别"。[③]

（四）有力反驳国家主义主张

从 1922 年下半年起，曾琦、李璜等人开始宣传和鼓吹"国家主义"，宣扬"内除国贼，外抗强权"，并于 1923 年在法国巴黎成立了中国青年党。中国青年党将机关报《醒狮》作为宣传国家主义和反苏反共的"喉舌"，中国共产党的留法勤工俭学群体则以唯物史观为主要武器反驳中国青年党的攻击。留法勤工俭学群体与中国青年党、马克思主义与国家主义的论战也从法国延续到国内。

第一，批判所谓"中心思想"主张。对于曾琦坚称中国的"中心思想"即"国家主义"的观点，郑超麟运用唯物史观揭示了"中心思想"的起源，即一切社会运动都是一定社会里生产力和生产关系相冲突引起的，参加运动的人在向目标迈进的过程中形成了共同的"中心思想"，进而出现"中心人物"。郑超麟批判曾琦只看到事实之"所当然"，而不

[①]　参见《蔡和森文集》（下），人民出版社 2013 年版，第 866 页。

[②]　超麟：《中东路事件中反动派之反苏联的宣传》，《向导》第 144 期，1926 年 2 月 3 日。

[③]　徐立波：《建党初期中国共产党核心革命话语的建构及当代启示》，《江苏社会科学》2021 年第 1 期。

晓得事实之"所以然"，是"为思想底拜物性所惑"。由于中国的资产阶级依附于西方列强和军阀而生存，"国家主义"不可能成为国内资产阶级的独立思想。待到国民革命成功之时，中国的无产阶级将不再受资产阶级的愚弄，那时更不可能出现"国家主义"的生存土壤。[①]就本质而言，国家主义派的"外抗强权"是外抗苏俄，"内除国贼"不过是攻击工人阶级和中国共产党，国家主义派实际是帝国主义、军阀、买办阶级等反动派的工具。[②]

第二，回击中国青年党对共产主义的诘难。中国青年党对马克思主义理论、共产主义并未深入研究，他们中对马克思主义了解最多、批判最有力的李璜，在其论辩文章中也有许多不得要领的话。[③]郑超麟揭示了国家主义者反对共产主义的根源，即随着民族革命运动的蓬勃发展，民众逐渐意识到中国被压迫的根本原因在于中国被帝国主义殖民化了，但帝国主义仍想方设法掩盖真相，所以帝国主义者希望借造谣和行贿的方法使民众运动抛弃国际主义，"中国现在的国家主义就是这样地宣传起来的"。[④]除反驳中国青年党的诘难之外，赵世炎正面阐释了共产主义的要义：其一，共产主义是国际的、世界的，非中国独有；其二，中国共产党是世界共产党的一部分，非中国独有党派；其三，中国共产党要求"外倒帝国主义内倒军阀之民族解放的人民政治"是建立在经济和政治的实际基础上提出的，并非立刻推翻资产阶级实现共产主义。[⑤]

第三，批判了独立青年派的国家主义主张。独立青年派的代表人物之一林懿民在《政党与阶级——评中国共产党》一文中说，"政党若欲

[①] 郑超麟：《我们的"中心思想"》，上海《民国日报》副刊《觉悟》1924年10月25日。

[②] 超麟：《替段祺瑞辩护之国家主义者》，《向导》第148期，1926年4月3日。

[③] 吴小龙：《"国家主义"理论评析》，《中国青年政治学院学报》2004年第3期。

[④] 超麟：《醒狮派的国家主义：和他们这五个月来的宣传算一算账》，《中国青年》第72期，1925年3月28日。

[⑤] 罗敬：《小资产阶级对于共产主义之恐怖》，《政治生活》第27期，1925年1月11日。

发挥其本义者，必须有阶级为其基础"；中国共产党由知识分子组成，"虽至公无私，亦无代表劳动阶级之资格"；故希望组织"一真能代表彼辈利益之共产党或劳动党也"。① 郑超麟反击说，独立青年派抛弃政党代表"全民"利益的定义，承认阶级和阶级斗争，比醒狮派进步和高明许多。但这不能掩饰其"反对中国劳动阶级及其政党——中国共产党"的真实目的。中国共产党在政纲上，要求打倒外国帝国主义和本国封建军阀，进而建设社会主义；在行动上，无数党员同志为实现这一政纲而牺牲；在人数上，1926 年中国共产党全国党员中，工人农民占 71%、知识分子占 22%，确实是代表中国劳动阶级利益的政党。林懿民之所以罔顾事实作出中国共产党代表知识分子的结论，因为他是"依附于支配阶级之王君而属于有产阶级的"知识分子，代表着国家主义派的反动阶级利益。②

综上所述，留法勤工俭学群体围绕世界革命与中国革命的关系、近代中国社会的性质、国民革命与阶级革命的关系等问题进行了初步探讨和阐述，体现出从世界革命视角考察中国革命问题，着力处理国民革命与阶级革命张力的取向。尽管中国国民党实现了改组，并与共产国际、中国共产党开展合作，但其组织的复杂性决定了中国共产党与中国国民党的合作面临诸多风险和挑战。当指导理论、革命方略不尽相同的两党开展合作时，胡适派、梁启超派、冯自由派、戴季陶主义派、中国青年党便从各自角度开展批评和诘难。虽然这些批评和诘难大多站不住脚，但却督促中国共产党完善自身理论，并对国民党内部老右派、新右派势力保持警惕，而留法勤工俭学群体发挥了重要作用。当时中国共产党有意识地运用阶级分析法探讨中国革命问题，但是所言之"阶级"更多呈现出"阶级联合""阶级合作"，共同反对外部帝国主义、内部军阀的色

---

① 林懿民：《政党与阶级——评中国共产党》，《独立青年》第 1 卷第 6 期，1926年 6 月 15 日。

② 则连：《政党与阶级——评小鸡党：中国共产党之阶级基础》，《中国青年》第127 期，1926 年 7 月 17 日。

彩，对于资产阶级的认识还处于亦敌亦友摇摆不定的状态。[①] 与其说强调阶级斗争，毋庸说更为侧重阶级合作，这实际上是向中国国民党战略性"让步"的表现，而在合作破裂之后中国共产党用"大革命"代替"国民革命"一词进行理论阐释。再者，留法勤工俭学群体对于中国革命的探讨，较为侧重中国革命与世界革命的关系，主要论证帝国主义国家的内部矛盾和在侵略、压迫中国问题上的一致性，既表明帝国主义矛盾的不可调和，指向帝国主义内部爆发无产阶级革命的必然性，又提醒中国国民党和民众不能对帝国主义国家采取妥协和"合作"政策，中国革命只能通过与苏联、被压迫民族的合作和国共领导下的各阶级联合实现。总之，留法勤工俭学群体对于国民革命话语的阐述，主要是基于国际共产主义运动大背景阐明中国革命是"布尔塞维主义革命在殖民地的特别形式"，其实现形式是国共领导的各阶级联合革命。

第二节　从斗争对象到实现路径：
对国民革命核心问题的探讨

中国共产党的留法勤工俭学群体将马克思主义运用到中国革命问题的分析中，指出中国革命不是一般意义上的"民主革命"，而是"国民革命"，并对中国国民革命的核心问题进行了探讨。其内容主要包括四个方面：一是指出国际帝国主义和军阀是国民革命的斗争对象，二是强调民众是国民革命的依靠力量，三是分析国、共两党与国民革命的领导权问题，四是提出国民革命的实现路径。这是中国马克思主义话语、中共革命话语建构的早期成果，为新民主主义理论的形成作了初步探索。

---

① 陈红娟：《中共革命话语体系中"阶级"概念的演变、理解与塑造（1921—1937）》，《中共党史研究》2018 年第 4 期。

一、国民革命的斗争对象

谁是朋友、谁是敌人，这是事关中国革命的核心问题，因此不可避免成为中国共产党自身理论建构的焦点之一。1922 年 9 月，时任中共中央宣传部部长蔡和森在《向导》创刊号中指出："为中国人民根本祸患的就是国际帝国主义与封建的旧势力，三十年以来的国民革命运动，就是由这两种东西刺激起来的。"[①] 从中不难看出，蔡和森强调国际帝国主义、封建旧势力是中国革命的敌人。留法勤工俭学群体其他成员也从多个维度阐释帝国主义和封建旧势力是国民革命的斗争对象。

（一）国际帝国主义是中国革命的首要斗争对象

国际帝国主义是中国沦为半殖民地半封建社会的罪魁祸首，"除非把世界资本主义的组织完全铲除，这种惨酷的现状是决不会消灭的"[②]。留法勤工俭学群体关于国际帝国主义是国民革命之首要对象的论述，主要包括两个层面。

第一，中国革命要反对一切帝国主义国家。帝国主义时代，各国的经济、政治、文化紧密联系，中国革命也不能置身于世界革命之外，它是殖民地民族反抗国际帝国主义斗争的一部分。世界分化为帝国主义和殖民地弱小民族两个营垒，帝国主义各国联合在一起，中国革命不可能只反对某一个帝国主义国家，而是要反对整个帝国主义阵营。就中国革命现实而言，这是由帝国主义各国联合镇压中国革命决定的。尽管帝国主义国家之间存在利益冲突，但在镇压中国革命这一点上，它们别无二致。例如，五卅惨案的直接凶手是英帝国主义，然而日、美、法帝国主义没有置身事外，"日本军队也同着英国军警不断的在虹口、小沙渡、潭子湾一带残杀中国人民……美国商团在新世界、杨树浦所枪杀的中国

---

① 和森：《统一、借债与国民党》，《向导》第 1 期，1922 年 9 月。

② 《建党以来重要文献选编（1921—1949）》第 1 册，中央文献出版社 2011 年版，第 120 页。

人，在五十以外还多……法国兵舰在广州也帮同英国军舰向徒手游行的群众开枪"①。这是因为帝国主义明白，若中国工人战胜日本帝国主义，则其他国家资本家也不能再恣意剥削工人；若中国民众收回了英租界，撤销了治外法权，则其他国家的租界也要交还。因此，中国的反帝运动关系国际帝国主义在华利益，一切帝国主义国家都是中国人民的敌人。

第二，帝国主义是国民革命的首要斗争对象。因为中国一切重要的政治经济事务，都受他们操纵、支配。②蔡和森指出："中国自最近八十年以来，已无日不在外力干涉之中，无时不在外国帝国主义的压迫与宰割之下。"③不推翻帝国主义中国无发展进步之可能，因此帝国主义是中国革命的首要斗争对象。其一，帝国主义发动侵略战争，在中国制造了无数暴行。五卅运动时期，反帝呼声遍及全国各地，已非帝国主义"亲善""和平""正义""文明"等惯技能够平息，这也是帝国主义断然采取屠杀政策的客观原因。④其二，帝国主义对华实行商品倾销和资本输出政策，控制中国经济命脉。正如蔡和森所指出的："国际帝国主义用武力迫使中国劳动民众为他们增殖财富，他们握住中国一切经济生命，协定中国关税，使中国永远处于贫困和奴隶的地位而不能自振。"⑤其三，帝国主义在政治上扶植各类代理人、工具，间接控制中国。郑超麟分析说："帝国主义在中国的第一个工具是军阀官僚，第二个工具是买办阶级，第三个工具便是工贼。研究系及中国其他类似的政党，是这三个工具的辅助物，是帝国主义的次等的，间接的工具。"⑥帝国主义简直是军阀、官僚、买办、工贼、研

---

① 若飞：《单独对英问题》，《雷火》第 8 期，1925 年 8 月 6 日。

② 参见《建党以来重要文献选编（1921—1949）》第 1 册，中央文献出版社 2011 年版，第 128 页。

③ 和森：《为收回海关主权事告全国国民》，《向导》第 48 期，1923 年 12 月 12 日。

④ 超麟：《帝国主义屠杀上海市民之经过》，《向导》第 117 期，1925 年 6 月 6 日。

⑤ 和森：《红军在海参威胜利后的远东时局》，《向导》第 11 期，1922 年 11 月 22 日。

⑥ 超麟：《梁启超怎样了解中国的阶级斗争？》，《中国青年》第 79 期，1925 年 5 月 9 日。

究系、外交系等政治势力的"太上皇"。其四，帝国主义通过兴办教育事业，达到文化侵略的目的。帝国主义部分退还战争赔款，充做教育经费，创办教会学校，这是文化侵略的重要内容。正如《密勒氏评论报》（*The China Weekly Review*）所分析的："以后一切对华侵略，皆将以教育形式出之"[①]。此外，帝国主义者还时常以"过激""赤化"等字眼攻击革命运动，"要剥尽我们言论行动自由，要蹂躏我们的人权"[②]。其五，帝国主义以各种手段欺骗中国人民，企图缓和矛盾形势。帝国主义慑于中国反帝斗争之高涨，不得不戴上"和平""亲善"的面具。例如，1925年的关税会议在名义上给予中国关税自主权，1926年法权会议讨论治外法权问题，1926年和1927年亚细亚民族大会鼓吹"全亚细亚民族的共存共荣"[③]。

（二）军阀是中国革命的直接斗争对象

近代军阀是以一定军事力量为支柱，以一定地域为依托，以封建关系为纽带，以帝国主义为奥援，参与各项政治、军事及社会活动，罔顾公义，"而以只图私利为行使权力之目的之个人和集团"。[④]它在中国的主要代表是北洋军阀，部分省份、区域也有势力不一的军阀。中国共产党人运用阶级分析方法，揭示了军阀与帝国主义千丝万缕的关系，论证了军阀是国民革命直接斗争对象的角色。

一方面，军阀是落后生产力、专制统治的代表，不推翻军阀中国就无法实现现代化。其一，军阀代表落后生产力，阻碍中国经济近代化。赵世炎指出："中国的农业经济养成了封建军阀阶级之循环统治，并且

①　振宇：《"以后一切对华侵略皆将以教育的形式出之"》，《向导》第22期，1923年4月25日。

②　雷音：《国民军失败后帝国主义者向中国民众进攻的新战略》，《向导》第151期，1926年5月1日。

③　周斌：《亚细亚民族会议与中国的反对运动》，《抗日战争研究》2006年第3期。

④　来新夏等：《北洋军阀史》（上），东方出版中心2019年版，第18页。

使这个阶级逐渐壮大，同时亦逐渐表现社会经济与政治关系之复杂。"[1]
自给自足的小农经济是军阀以地方为单位实行割据之经济根基。军阀是
落后生产力的代表，必然要极力维护旧的小农生产关系，阻碍中国经济
现代化。其二，军阀实行专制统治，阻碍民主革命。蔡和森认为，在封
建武人政治下，"任何改良主义都无实现之可能"，"和平与安宁之无望"。
在军阀统治下，中国不可能实现民主，人民没有真正的权利和自由；军
阀割据征战，人民生活于水深火热之中。与中共二大将军阀视为封建势
力的代表，中共四大之后"根据军阀往往是大地主的事实，将反地主纳
之反封建内涵之中"类似[2]，留法勤工俭学群体对于军阀与地主阶级关系
的认识尚不明确，主要将军阀视为武人专政。

　　另一方面，军阀与帝国主义保持着千丝万缕的联系，不推翻军阀就
无法实现中国的真正独立。其一，军阀是帝国主义扶植起来的势力。赵
世炎指出："农业经济之破产是必然的，但帝国资本主义之侵略是矛盾
的；另一方面，扶助军阀以建立统治是必然的，但扶助之利益本身因
有冲突而是矛盾的。"[3]由于帝国主义之间的利益冲突，列强扶持不同派
系的军阀，支持他们割据征战。其二，军阀是帝国主义侵略政策的执
行者、协助者。军阀在中国制造白色恐怖，其暴行毫不输于帝国主义。
1926 年奉系军阀入关，奸淫掳掠，无恶不作，北京城笼罩于白色恐怖之
下，不禁"令人回想庚子年八国联军破京时景象"。奉系军阀公然布告：
"宣传赤化，主张共产，不分首从，一律处死刑。"[4]实际上，白色恐怖反
而说明军阀本身的脆弱性，"我们切勿惧怕此白色恐怖，我们应当以革

---

[1]　士炎：《国民会议之理论与其实际》，《政治生活》第 26 期，1924 年 12 月 21 日。

[2]　杨泰龙、陈金龙：《中国共产党对"封建"的认知与早期革命目标的确立》，《中国高校社会科学》2019 年第 3 期。

[3]　士炎：《国民会议之理论与其实际》，《政治生活》第 26 期，1924 年 12 月 21 日。

[4]　岳威：《伤心惨目的北京城（北京通讯五月十日）——反赤军努力创造的成绩》，《向导》第 154 期，1926 年 5 月 22 日。

命的斗争战胜此白色恐怖"[1]。

二、国民革命的依靠力量

从理论上说，中国革命的斗争对象是国际帝国主义和本国军阀，中国社会的大部分势力都可作为革命依靠力量和无产阶级的同盟军。但是中国国情十分复杂和特殊，中国共产党自诞生时起便需要运用马克思主义的立场方法分析中国社会的阶级状况，如郑超麟所言："我们必须从新将中国一切社会阶级作一个有系统的有根据的评价，认清谁是无产阶级的敌人，谁是无产阶级的友军，以及这些阶级以后的行动及其趋向如何。"[2] 留法勤工俭学群体运用马克思主义的理论方法和共产国际的最新精神，分析中国社会阶级状况，以期厘清哪些阶级是依靠力量，哪些阶级站在反革命立场上等问题。

（一）民众是国民革命的根本依靠力量

民众是社会变革的决定性力量，也是国民革命的根本依靠力量。留法勤工俭学群体系统论述了这一问题。蔡和森指出："革命党当大大宣传民众，大大结合民众，轰轰烈烈继续做推倒军阀和国际帝国主义之压迫的民主革命。"[3] 之前的政治家不知道或不承认民众的力量，甚至发表蔑视、谩骂民众的言论，所以革命数十年"上不能破坏旧军事组织解除军阀的武装而反使封建残局孳乳延长；下不能将革命潮流普及于全国最深最广大的群众唤起浩大不可抵御的革命势力，而坐失了许多可以扩大兴奋的宣传运动之机会"[4]。如果革命领导者能够放弃对帝国主义的幻想，

---

① 超麟：《最近之白色恐怖》，《向导》第 168 期，1926 年 8 月 22 日。

② 超麟：《中国革命目前几个重要的理论问题（续）》，《布尔塞维克》第 8 期，1927 年 12 月 12 日。

③ 和森：《统一、借债与国民党》，《向导》第 1 期，1922 年 9 月。

④ 和森：《武力统一与联省自治——军阀专政与军阀割据》，《向导》第 2 期，1922 年 9 月 20 日。

广泛发动和武装群众，激发士兵群众的革命性，那么民主革命一定能成功。郑超麟指出，中国军阀政府是靠不住的，靠得住的只有"民众的力量，民众的自决"①。1925 年五卅惨案发生后，中国人民反帝运动的浪潮袭卷全国。五卅运动表明"反帝国主义的潮流方兴未艾，此后将益蔓延，绝非帝国主义的武力，军阀政府的诡计，上流社会的妥协所能阻止得了"②。这场运动有力证明了民众力量的强大，只有依靠民众，广泛发动群众，才能取得国民革命的胜利。

（二）对中国社会各阶级的分析

尽管说中国革命是国民革命，但是不同阶级在革命阵营中的地位和作用相差颇大。同时，中国社会的阶级情况与欧洲可谓千差万别，与国情貌似相似的俄国其实差别也不小。因此，运用马克思主义分析阶级状况具有重大的理论和现实意义。留法勤工俭学群体作为中共理论战线的骨干力量，自觉分析和探讨中国工人阶级、农民阶级、小资产阶级状况，并基于此制定和推行革命方略。

第一，对工人阶级的分析。留法勤工俭学群体肯定中国工人阶级的革命性。赵世炎认为，近代采矿、铁道、造船、冶金、纺纱等重要行业是伴随着外国资本的侵略而产生的，这些产业造就了现代工人阶级，他们是"反抗外国资本势力反抗帝国主义的中坚势力"③。此起彼伏的工人运动，给予帝国主义和军阀以沉重打击，充分显示了中国工人阶级的力量。一系列工人罢工运动表明中国工人的革命毅力和组织性已达到相当高的程度，"中国无产阶级一下即变成了中国民族解放革命运动中之中心的势力"④。关于共产党与工人阶级的关系，留法勤工俭学群体强调共

① 舒严：《民众反抗运动与军阀政府》，《热血日报》第 5 期，1925 年 6 月 8 日。
② 超麟：《帝国主义铁蹄下的中国（未完）》，《向导》第 118 期，1925 年 6 月 20 日。
③ 士炎：《帝国主义之进攻与中国劳动运动》，上海《中国工人》第 1 期，1924 年 10 月。
④ 超麟：《一九二六年五一之际国际职工运动的趋向》，《向导》第 151 期，1926 年 5 月 1 日。

产党是无产阶级的先锋队，"党——无产阶级的政党，即共产党——是无产阶级的先锋队，指导革命的总参谋部"。共产党领导工人阶级，并教育一切革命群众，使贫苦农民、被压迫民族聚集在革命旗帜之下，为被压迫阶级的解放而奋斗。"工人阶级没有共产党，就如船没有舵一样。"①

第二，对农民阶级的分析。留法勤工俭学群体分析了农民阶级的重要性，认为它是中国革命的"根本问题"，并指出这个阶级的局限性。1927 年 4 月 1 日，蔡和森在国民党湖南省党部演讲指出："农运是整个革命根本问题"，"国民革命，如不将此根本问题解决，证之历史可断定不能成功"。②他们还高度赞扬农民阶级的革命性和力量。郑超麟称五卅运动"引起农民的觉悟……而农民为革命的基本势力"③，蔡和森赞誉义和团运动是国民精神第一次充分表现，辛亥革命将这种反帝精神抹杀殆尽。从这个意义上说，辛亥革命是失败的。蔡和森呼吁改组后的国民党继承义和团之精神遗产，领导国民革命走向胜利。此外，义和团运动的失败证明农民阶级的局限性，因此农民阶级应接受工人阶级的领导。

第三，对小资产阶级的分析。小资产阶级的重要力量是进步学生和爱国商人，至五卅运动时期城市小资产阶级因其突出表现开始受到中国共产党的重视④。赵世炎认为，革命胜利的条件，一是"占大多数的工农阶级为战斗之先锋与领导"，二是"小资产阶级的爱国群众（学生与商人）极力拥护战斗的基础且以实力参加"。⑤小资产阶级革命派在一些革命运动中发挥了重要力量。1925 年陈炯明反革命势力覆灭，黄埔军校学生军发挥重要作用，因为他们多为工农子弟，所受压迫比其他阶级更加

---

① 《赵世炎文集》，人民出版社 2013 年版，第 219 页。

② 《昨日省党部欢迎会中之演讲词》，《湖南民报》1927 年 4 月 2 日。

③ 超麟：《"列宁死了，但列宁主义活着！"》，《向导》第 184 期，1927 年 1 月 21 日。

④ 郭若平：《二十世纪二十年代中共"小资产阶级"观念的起源》，《中共党史研究》2011 年第 4 期。

⑤ 士炎：《上海总工会被封事件》，《政治生活》第 53 期，1925 年 9 月 30 日。

严重，革命精神格外坚决。可见，小资产阶级同工农结合，才能克服其软弱性，发挥其革命性。此外，小资产阶级也有反动派，他们试图阻挠革命，散布攻击共产主义和苏联的谣言，在特定条件下甚至会叛变。正如第一次国共合作破裂之后，郑超麟所反思的："中国的小资产阶级大部分是与剥削农民之土地制度有密切关系……以前以为小资产阶级能与工农联合建立非资本主义的政权，现在已是不可能了。"① 就事实而言，大革命期间民众普遍觉醒充分体现了小资产阶级的力量不容小觑，但留法勤工俭学群体对于其妥协性一面的认识显然不够，这与小资产阶级较晚进入中共阶级话语有一定关系。

三、国民革命的领导力量

列宁很早便论述建立联合战线的重要性："中国、波斯、土耳其等半殖民国家和所有殖民地。这些地方的人口共达 10 亿。在这里，资产阶级民主运动有的刚刚开始，有的远未完成……社会党人还应当最坚决地支持这些国家的资产阶级民主的民族解放运动中最革命的分子，帮助他们的起义。"② 他在《马克思主义与暴动——给俄罗斯社会民主工党（波尔札维克）中央执行委员会的一封信》一文中曾强调："要暴动能成功，必须依靠在先进的阶级上，而非在阴谋上，政党上：这是第一个条件。"③ 显然，列宁主义政党高度重视革命领导权问题，但是第一次国共合作是苏联和共产国际力促形成的，中共对于国民革命领导权的认识也是不成熟的，在不同时期有所变化，党内也存在分歧，终有第一次国共

---

① 超麟：《中国革命目前几个重要的理论问题（续）》，《布尔塞维克》第 8 期，1927 年 12 月 12 日。

② 《列宁选集》第 2 卷，人民出版社 2012 年版，第 569 页。

③ 列宁：《马克思主义与暴动——给俄罗斯社会民主工党（波尔札维克）中央执行委员会的一封信》，超麟译，《向导》第 90 期，1924 年 11 月 7 日。

合作的破裂。[①] 不过，考察当时留法勤工俭学群体对于国、共两党与国民革命领导权问题的认识仍有重要价值。

（一）中国国民党与国民革命的领导权

受共产国际对于中国革命方针、指示的影响，留法勤工俭学群体认为国民党理应成为领导民众的党。一方面，改组后国民党具有这样的政治目标。郑超麟认为，过去革命之失败是因为缺少一个能代表中国人民利益、指导中国革命的政党。1924 年国民党改组后，其党纲和宣言上写着"不仅在推翻军阀，尤在推翻军阀所赖以生存之帝国主义"[②]，是"准对着违反大多数人民利益之两重压迫阶级——列强帝国主义者与国内军阀——而革命的一批国民行动纲领之文件"[③]。这表明国民党以推翻帝国主义和军阀为己任，符合中国人民根本利益，故能领导中国革命。另一方面，这是由中国革命现实力量决定的。赵世炎指出："环顾国内除国民党外没有成形的群众的政党。"[④]国民党是当时最大的党，能够代表国民，代表群众利益，能够将广大人民聚集到国民革命的旗帜之下。

从现实状况来看，留法勤工俭学群体认为国民党应该领导革命，但面临着"应然"与"实然"之间的矛盾——国民党"应该"代表群众，但实际上没有代表群众。国民党能否真正担负起领导国民革命的重任，取决于它能否真正代表群众、掌握群众。赵世炎认为，国民党只有两次拥有真实的群众力量，一次是 1911 年辛亥革命，另一次是 1924 年国民党改组。"中国国民党直到现在还没有广大的群众明显的聚集于他的旗帜之下"，国民党应该"到群众中去！"[⑤]，真正成为代表国民的党。从以

---

① 赵秀华：《国民革命时期无产阶级领导权问题研究现状浅析》，《宁夏社会科学》2013 年第 3 期。

② 郑超麟：《国民会议与中国前途》，上海《民国日报》副刊《评论之评论》第 36 期，1924 年 11 月 30 日。

③ 士炎：《中山先生北来的意义》，《政治生活》第 23 期，1924 年 11 月 30 日。

④ 士炎：《国民党过去的经验与今后的使命》，《政治生活》第 23 期，1924 年 11 月 30 日。

⑤ 乐：《杂感："到群众中去"！》，《政治生活》第 25 期，1924 年 12 月 14 日。

上论述可以看出，留法勤工俭学群体与共产国际的看法并无二致。

（二）中国共产党与国民革命的领导权

关于共产党在民主革命的领导权问题，恩格斯主张共产党应当积极参加资产阶级民主革命，同时"工人的政党不应当成为某一个资产阶级政党的尾巴，而应当成为一个独立的政党，它有自己的目的和自己的政治"。[①]也就是说，参加民主革命时，工人阶级政党要有自己的独立性。尽管中国革命是国民革命，但是中国共产党并非不能领导革命。北伐之后，赵世炎便强调："中国民族革命已到稳固时期，无产阶级已到夺取领导权的时期，我们党要夺取革命领导权的时期。"[②]留法勤工俭学群体关于中国共产党与国民革命领导权的认识主要包括以下两层含义。

一是改组前的国民党无法领导中国革命，客观形势要求中国共产党领导革命。五四运动时期，孙中山的注意力仅在于"护法"，忽视对群众的宣传和组织，革命道路越走越窄，"国民党又不能领导革命了"。留法勤工俭学群体基于对中国经济政治的分析，认为农民阶级、小资产阶级、资产阶级均无法领导革命，只有无产阶级"是各种势力之组织者、领导者，他应该领导中国革命到底，并去完成中国无产阶级解放的事业"。革命的客观形势和主观力量，"要求有新的政党、新的方法来团结组织各种各派反帝国主义、反军阀的群众，以使中国革命运动进行到底，并领导无产阶级得到解放"。[③]这个新的政党就是中国共产党，新的方法是宣传、组织群众的方法。

二是中国共产党同样面临着"应然"与"实然"的矛盾。不论是共产国际还是中国共产党自身都认为此时中共尚难以领导国民革命。中国是半殖民地，革命不是无产阶级革命性质，而是各被压迫阶级联合的民族革命，所以需要一个能够联合各被压迫阶级的强大的政党。无产阶级

---

① 《马克思恩格斯选集》第 3 卷，人民出版社 2012 年版，第 170 页。
② 《赵世炎文集》，人民出版社 2013 年版，第 607 页。
③ 参见《蔡和森文集》（下），人民出版社 2013 年版，第 801—803 页。

不仅要帮助国民党纠正其过去脱离群众的错误，还"应该加入这一政党——国民党——内更切实的合作"。[①] 就革命现实而言，二七运动失败给予中国共产党以深刻教训："工人阶级独立斗争是不能得到胜利的，而还要有各阶级的援助。"[②] 中共三大作出决议："工人阶级尚未强大起来，自然不能发生一个强大的共产党……共产国际执行委员会议决中国共产党须与中国国民党合作，共产党党员应加入国民党。"[③] 同时，中国共产党积极推动国民党改组，使之成为真正代表群众利益的革命政党，为实现国共合作奠定基础。

四、国民革命的实现路径

废除不平等条约、促成真正的国民会议是孙中山的遗命。蔡和森称其为"救国救民的唯一方法"[④]。实际上，"联俄"也是孙中山遗嘱的重要内容。郑超麟总结说，孙中山的遗嘱"再三叮咛我们实现他的最近主张——促成国民会议和废除不平等条约；他并且再三叮咛我们必须联合世界上以平等待我之民族（联俄）共同奋斗"[⑤]。综观留法勤工俭学群体发表的诸多政论来看，他们视野中的国民革命实现路径可概括为三项：废除不平等条约、促成国民会议、"联俄"。

（一）废除不平等条约，反对一切与帝国主义妥协的行为

不平等条约是帝国主义强加于中国人民身上的枷锁，帝国主义的种种特权均与不平等条约相关，因此废除不平等条约是反帝运动的必然要

---

① 超麟：《列宁主义——指导中国民族革命的理论》，《中国青年》第 150 期，1927 年 1 月 15 日。

② 《蔡和森文集》（下），人民出版社 2013 年版，第 828—829 页。

③ 《建党以来重要文献选编（1921—1949）》第 1 册，中央文献出版社 2011 年版，第 259 页。

④ 和森：《孙中山逝世与国民革命》，《向导》第 107 期，1925 年 3 月 21 日。

⑤ 超麟：《促成国民会议、废除不平等条约、联俄——勿忘孙中山先生的遗嘱》，《中国青年》第 115 期，1926 年 2 月 27 日。

求。留法勤工俭学群体强调，废除不平等条约之号召是"中山先生于临终时向中国国民提出的反帝国主义的最切实之方案"①。因此，不论是国民运动，还是大革命时期北伐战争中，中国共产党都把废约作为重要事项。在五卅运动中，民众已经看到"上海南京路的屠杀并不是偶然的事件，也不是法律的问题，乃是一切帝国主义国家加于中国的一切不平等条约之恶果"，也认识到要防止以后此类事件再发生，"必须实现孙中山先生的最近主张，即必须实现废除一切不平等条约"。②至于废约的具体形式，留法勤工俭学群体认为"和平外交"解决不了任何问题，要反对一切妥协行为。当时举行的关税会议、法权会议是帝国主义和军阀缓和矛盾形势的欺骗手段，蔡和森批评说"外国帝国主义与中国的关系，就是侵略与被侵略的关系，甚么'友谊''友邦'都是骗人的鬼话"③，和平与妥协没有出路，只有靠废除不平等条约，实现真正的关税自主、司法独立，才能实现建设独立自由中国的目标。总之，留法勤工俭学群体将废除不平等条约作为反帝运动的重要内容，这一指向直至北伐后期随着国共矛盾的加深才有所改变④。

（二）促成真正的国民会议，将一切权力归于人民

国民会议是开展国民革命的现实路径，它是国民革命口号与革命运动的统一：一方面，国民会议是抵制帝国主义和军阀宰制中国的革命口号⑤；另一方面，国民会议是"一种公开的合法的民众政治运动"⑥。留法勤工俭学群体认为，应当促成真正的国民会议，以此推动社会各阶级

---

① 士炎：《孙中山主义与其遗命》，《政治生活》第 33 期，1925 年 3 月 15 日。

② 超麟：《促成国民会议、废除不平等条约、联俄——勿忘孙中山先生的遗嘱》，《中国青年》第 115 期，1926 年 2 月 27 日。

③ 和森：《反对"敦请一友邦"干涉中国内政》，《向导》第 19 期，1923 年 2 月 7 日。

④ 参见李育民：《第一次国共合作时期中国共产党反帝主张的变化及其影响》，《近代史研究》2015 年第 4 期。

⑤ 郑超麟：《国民会议与中国前途》，上海《民国日报》副刊《评论之评论》第 36 期，1924 年 11 月 30 日。

⑥ 士炎：《国民会议之理论与其实际》，《政治生活》第 26 期，1924 年 12 月 21 日。

群众之觉醒，将一切权力归还于人民，这是废除军阀专制统治的直接方式。一方面，国民会议是中国建立民主政治的可能途径。蔡和森指出："全国人民要免除段祺瑞假和平主义之下的战祸，只有努力真正人民代表的国民会议之实现，收回政权于由这会议产生的国民政府。"[1] 在军阀专制之下，政权从一个军阀手中到另一个军阀手中，人民永无宁日。只有促成真正的国民会议，废除军阀制度，人民才能拥有真正的权力与自由，才能迎接和平生活。另一方面，国民会议符合各阶级共同利益，具有一定的社会基础。国民革命能给予工人政治发展机会及经济奋斗、团结罢工、劳动保护等经济权利，使工人阶级有公开的战斗地位；帝国主义侵略是农业经济破产的根本原因，军阀征战是农民生活困苦的直接原因，国民会议是农民"可以发展之关键"。对于工商业阶级而言，国民会议口号之一的收回海关是其切身利害所在。对于那些没有形成阶级，如知识界、游民、土匪、兵士等而言，"莫不有密接于国民会议之政治与经济的利益之需要"。[2] 显然，当时留法勤工俭学群体尚未认识到中国革命必须以暴力革命为手段这一要义。

（三）联合苏联和全世界一切革命势力

中国革命是世界革命的重要部分，中国的国民革命需要联合苏联和全世界一切革命势力，才能推倒国际帝国主义的压迫和军阀的统治。留法勤工俭学群体认为，中国民众应当主动联合苏联及全世界一切革命力量。一方面，中国民众必须认识到苏联无侵略野心，是真正"以平等待我之民族"——废除不平等条约，取消在华一切特权，无条件退还战争赔款，积极从物质和精神上援助殖民地民族运动，以实际行动证明它无侵略野心。当时一些人攻击苏联是"赤色帝国主义"，宣称"苏俄之提倡共产主义，乃欲以斯拉夫民族，统治全球；以莫斯科为世界之首都，为达到此种伟大之目的起见；曾于一九一八年，提出'世界无产阶级联

---

[1]　和森：《段祺瑞的假和平主义与战争》，《向导》第 102 期，1925 年 2 月 14 日。
[2]　士炎：《国民会议之理论与其实际》，《政治生活》第 26 期，1924 年 12 月 21 日。

合起来作世界革命'之口号"。① 郑超麟驳斥了这种谬论："赤色帝国主义"
这个名词不成立，因为苏联国家政权掌握在无产阶级手中；苏联从未对
殖民地弱小民族行侵略政策，反而大力支持殖民地民族解放运动；红军
是自卫而非侵略的工具，不能成为"赤色帝国主义"存在的根据。② 苏联
作为世界上唯一的无产阶级专政国家，绝无侵略野心，中国的民族解放
斗争应当与苏联携手并进才能成功。另一方面，中国革命是世界革命的
一部分，联合苏联是中国革命胜利的前提。当世界资本主义开始崩坏、
殖民地民族与无产阶级共同遭受少数帝国主义国家压迫之时，殖民地的
革命运动就不是纯粹资产阶级民主革命的问题，而是国民革命的问题，
唯有列入世界革命议程才能解决。先进国发生革命时，各国资产阶级往
往联合起来对抗国际封建势力；而当殖民地发生革命时，帝国主义不仅
不会援助殖民地幼稚的资产阶级，反而扶持落后国的封建势力镇压革
命，中国正是处在这种状况之下。中国国民革命面对国际帝国主义的联
合压迫，只有联合其他殖民地被压迫民族和全世界无产阶级才能取得胜
利，而联合苏联是"中国革命运动更向前进之惟一重要的先决问题"。③
从留法勤工俭学群体的思想发展脉络来看，和苏俄（苏联）、全世界革
命势力联合的观点与他们留法时期在《赤光》上发表的观点一脉相承。④

　　综上所述，留法勤工俭学群体对于国民革命的斗争对象、依靠力
量、领导力量、实现路径的探讨，可谓中国马克思主义话语早期建构的
理论成果。纵向比较不难发现，留法勤工俭学群体普遍是新文化运动滋
养下成长起来的知识分子，他们的话语表达与新文化运动主将的言说相

---

① 仪：《请看赤色帝国主义之阴谋》，《清党特刊》第 4 号，1927 年 7 月 15 日。
② 超麟：《十月革命、列宁主义和弱小民族的解放运动》，《向导》第 135 期，
1925 年 11 月 7 日。
③ 和森：《中国革命运动与国际之关系》，《向导》第 23 期，1923 年 5 月 2 日。
④ 参见贾凯：《移植与再造：论〈赤光〉与中国革命话语的建构》，《理论学刊》
2017 年第 6 期。

比更趋政治化，呈现出阐述革命观点、生产国民革命知识的现实诉求。[①]
该群体对于国民革命相关问题的分析，与中共旅欧支部机关报《赤光》
所载政论可谓一脉相承，这表明不论是身处西欧还是回到中国，他们普
遍具有"以俄为师"的色彩，突出表现是将中国革命纳入世界革命视野
加以思考，并强调中国革命者要与苏俄（苏联）和全世界革命势力联合。
他们号召学习俄国革命经验，通过译介一系列著作介绍列宁、布哈林、
托洛茨基等无产阶级革命领袖的理论，及共产国际的政策；探讨国民革
命议题时，内容与共产国际指示或政策基本一致，例如促成国民党改
组、实现国共合作等。他们对于国民革命相关议题的辨析尚有不确切、
不完备之处，如斗争对象较为侧重帝国主义一方，对于军阀与地主阶级
关系的认识还不够成熟，将依靠力量概括为民众会导致指代性不明，关
于革命领导权的认识受限于共产国际指示，等等。不过，这些议题的探
讨对于后来新民主主义理论的形成具有探索意义，可谓中国马克思主义
话语建构的早期尝试。

---

① 当时中共党刊普遍呈现出这种特点，相关研究参见周良书、袁超乘：《"寸铁"
与中共对国民革命的宣传动员》，《历史研究》2021 年第 3 期。

第五章　留法勤工俭学群体建构
中国马克思主义话语的特点、贡献与启示

　　1912 年肇始的留法勤工俭学运动孕育了中国共产党的留法勤工俭学群体，他们对于推动马克思主义在中国的传播、中国马克思主义话语的建构和中国革命实践作出了积极贡献。前文呈现了 1919 年至 1927 年他们与中国马克思主义话语早期建构的基本情况，有助于我们了解马克思主义文献在中国的译介、马克思主义术语的早期运用、中国马克思主义命题的初步探讨等问题，呈现中共党史人物与中国马克思主义话语早期建构的丰富细节。最后，通过对该群体建构中国马克思主义话语特点和贡献的总结，能够对于当前中国马克思主义话语的建构和传播提供启示。

第一节　留法勤工俭学群体建构
中国马克思主义话语的特点

　　从留法勤工俭学群体视角探讨中国马克思主义话语的早期建构问题，超越以往党史人物研究的"精英"视角和政党问题探讨的"整体"观念的不足，提供更为丰富的历史过程和细节，这些是本书的着力点。尽管说该群体的出身经历、教育背景有所差异，回国的时机和因素也有较大差别，但是五六年身处西欧的类似经历仍然在这些人物身上留下共同印迹，并使他们建构中国马克思主义话语呈现出一些特点。

一、基于马克思主义世界革命理论考察中国问题

近代以后传统"天下观"在中国逐渐退场，随之而来的是民族主义和世界主义的此起彼伏，第一次世界大战爆发后世界主义在中国回归，国人对民族主义采取排斥态度，李石曾更提倡"国人的观念应转向克鲁泡特金的互助论，共求世界和平"①。这种思潮和取向影响很大，萧子升、蔡和森、毛泽东成立的新民学会后期的宗旨便是"改造中国与世界"，而十月革命特别是列宁的主张传入中国之后，很多中国人更为重视从世界看中国。中共成立之后"以俄为师"色彩浓厚，对于列宁世界革命理论和主张也完全接受，并成为中共革命话语体系的鲜明特色，如1923年6月中共三大宣言的结尾是"中国国民革命万岁！全世界被压迫的民族解放万岁！！全世界被压迫的阶级解放万岁！！！"②世界革命和国际主义色彩十分明显，这延续到之后众多重要文件、宣言中。

留法勤工俭学群体对于世界革命理论的关注和运用十分普遍。早在1920年8月13日致毛泽东的信中，蔡和森便提到"我意我们的运动成熟，必与俄国打成一片，一切均借俄助。如日出而干涉，则如俄之对波兰者对之"，最后强调革命运动要注意"无产阶级专政"和"万国一致的阶级色彩，不能带爱国的色彩"。③1922年6月旅欧"少共"成立之后，该群体对于世界革命理论的关注主要体现在三个方面：介绍国际共产主义运动史和无产阶级运动，报道近东、远东的殖民地半殖民地解放运动，介绍俄国革命史并将中国与之比附。不过需要注意的是，对于国际共产主义运动史和无产阶级运动的报道在不同时期有所差异，如《少年》第3号前两篇是《我们的职务》《现在中国青年应有的觉悟》，接下

---

① 陈廷湘：《中国近代民族主义与世界主义的对抗与共存》，《社会科学战线》2021年第1期。

② 《建党以来重要文献选编（1921—1949）》第1册，中央文献出版社2011年版，第277页。

③ 参见《蔡和森文集》（上），人民出版社2013年版，第59—60页。

来是列宁的《告少年》和托洛茨基的《革命的战略》两篇理论文章，紧随其后的便是《世界劳动消息》，主要是关于共产国际四大和美国劳动同盟的消息；《少年》第 4 号则全部与"世界"有关，包括《告少年》《赤俄的工人大学》《苏俄的近状》《世界工联运动纪要》《俄国少年团第五次大会》《哈佛罢工的经过》，没有一篇与中国相关。这种情况在《少年》中很普遍，而改刊为《赤光》之后更为强调实际问题——中国现实，创刊宣言更声明"我们知道我们远处欧洲的中国国民对于我们故乡的政治经济现状常有隔膜而不谙内情的苦闷，为要使大家解此苦闷，我们不但要评论中国时事，且更愿为大家指出他的乱源所在和他的解脱之方"①，这与国共合作和国民革命成为急迫的现实任务相关。

再从中国国内的党报党刊载文来看，留法勤工俭学群体对于世界革命的关注并未减弱，即便是作为国民革命之"向导"的《向导》周报，有大量篇幅是对于国际局势的报道，其落脚点往往还是世界革命。以蔡和森为例，他在 1922 年 9 月 27 日发表的《祝土耳其国民党的胜利》一文，指出"最近一世纪来，世界上最被国际帝国主义压迫的老大国家莫如土耳其与中国。土耳其与中国的问题，就是所谓近东问题与远东问题。这两个地方，一面成为贪暴无厌的国际帝国主义战争攘夺的中心，一面成为占全人类三分之一以上的被压迫民族最痛苦最被宰割的区域"，文末又是发出鼓动："现在近东各处被压迫的民族，正在轰轰烈烈庆祝土耳其的胜利呀！所以我们四万万被国际帝主国义〈帝国主义〉压迫的同胞，也应同起时来〈同时起来〉表示我们热烈的同情与祝贺，我们应当人人高呼：土耳其被压迫民族的胜利万岁！！！全世界被压迫民族与苏维埃俄罗斯的联合万岁！！！全世界被压迫民族的解放万岁！！！"②如果说这篇文章是涉及土耳其与中国的比较可能是例外，那么再看其他政论文会发现这不是孤例。同年 11 月 8 日的《土耳其与国际帝国主义》一

---

① 《赤光的宣言》，《赤光》第 1 期，1924 年 2 月 1 日。
② 和森：《祝土耳其国民党的胜利》，《向导》第 3 期，1922 年 9 月 27 日。

文的正文没有涉及中国，但是文章的结尾是"不知我们中国人看了以上的条件作何感想?!"[①]至于对中、俄两国的比附更是不胜枚举，目的是以俄罗斯的历史、现实鼓励中国人民为美好的明天奋斗，如《赤光》第7期的卷首语便提道："从今年起我们至少要明白资本阶级不推翻，任何种的工人利益都得不到的实在。我们要解放自己，我们只有革命。俄罗斯的工人不已做了我们的榜样，由革命中安然得到一切的解放么？我们从今年起，愿全世界的劳动者齐走上革命之途，来过这个赤五一，重建起革命的五一"[②]。这可以视为当年五一节纪念的现实价值，更为常见的是号召中国人民与苏俄人民团结组成反帝国主义的联合战线，将中国革命汇入世界革命的洪流中。

二、实现从五四进步社团到列宁主义政党的发展转变

五四进步社团是探讨马克思主义在中国传播、中国共产党早期历史绕不开的研究对象，如北京大学马克思学说研究会、武汉的利群书社、长沙的新民学会、天津的觉悟社，这些进步社团具有相似性——研究社会改造之路，兼有防止青年堕落、互相督促之意。其中北京大学马克思学说研究会的人际关系网络对于中国共产党的组织脉络延展具有重要意义，如由北大党员、团员构成的密查员与京汉线工人中党、团组织的发展及其罢工有重要关联，而长沙的新民学会与留法勤工俭学生中的进步团体也有很大关系，可谓旅欧党、团组织的源头之一。正如荷兰学者方德万指出，中共一大之后旅欧的共产主义组织在很长的一段时间内都没有成为中共的有机组成部分，直至1923年初才发生变化，而旅欧党、团组织的建立也是多源头的，起码包括张申府、蔡和森两大脉络。在欧

---

① 和森：《土耳其与国际帝国主义》，《向导》第9期，1922年11月8日。

② 《卷首语》，《赤光》第7期，1924年5月1日。原文位于该期封面，无标题，现标题为笔者所拟。

洲基于一种意识形态的组织的建立伴随着研究性社团纽带的解体，并提供给学生新的组织和政治抗议的方式。①之后，随着留法勤工俭学群体自身对于集体观念、组织意识的强化，部分人也接受俄国式政治训练，他们身上的"研究性"色彩逐渐淡化，变成中国共产党这一列宁主义政党的有机组成部分。

如前文所述，蔡和森在完成个人思想转变之后，积极向新民学会会员和工学世界社成员传播马列主义思想，并通过团体内的思想论争达到"真理越辩越明"和扩大主义影响的目的，这在旅法中国青年聚集和按照五四运动传统结成进步团体的情况下有重要意义，有助于推动一个研究性团体整体转向共产主义；此外，"蒙达尼派"和"勤工派"各自团体内部也开展了研究、学习，后来他们将其称为马克思主义文化运动，这与中国国内各地共产党早期组织建立过程中普遍通过先建立"马克思主义研究会"是一致的。类似的现象还有李汉俊在中共一大上认为："中国无产阶级太幼稚，不懂马克思主义，须要长期的宣传教育工作"；共产党先从事马克思主义理论的宣传工作；只要信仰马克思主义和从事马克思主义宣传工作皆可入党，不一定要参加党的组织活动。这类主张当时被称为"公开马克思主义派"。②1922年6月旅欧"少共"成立之后，留法勤工俭学群体内部研讨和建构马克思主义话语的过程中，这种文化运动或"研究性"色彩仍然浓厚，不过这可以视为向列宁主义政党的转变时期。譬如《共产主义研究会通信集》资料显示他们关于哲学疑难问题、经济学基本理论问题、法西斯主义与科学社会主义前沿问题、中国革命现实问题、个人与"学共产主义"关系等方面的讨论，尤其是关于

---

① Ven H. J. V. D., *From Friend to Comrade: The Founding of the Chinese Communist Party, 1920–1927,* Berkeley: University of California Press, 1991, pp. 75, 79–81.

② 中国社会科学院现代史研究室、中国革命博物馆党史研究室选编：《"一大"前后：中国共产党第一次代表大会前后资料选编》（二），人民出版社1980年版，第286—287页。

职业革命者要不要家庭、党刊《少年》能否刊载与主义无关的作品①，反映的都是从文化运动青年向职业革命者过渡时期的一般性困惑。带有新文化运动时期论战和研究色彩的还有《赤光》所载的一些文章，如第 25 期《讨论信函择要》登载了褚凤华寄来的关于共产主义实行方式的信件，任卓宣主要从"中国底实际情形怎样""什么方法才合于这种实际情〔形〕底需要""什么方法才能使改造目的（即改造者所主张之主义）有完成之可能"三个方面，层层推进回应这些问题。至于其要义，仍然是强调中国要实行打倒军阀、打倒帝国主义、打倒本国有产阶级的革命和如何看待中、俄两国差异问题②，体现了对世界革命与中国革命关系的调适。

留法勤工俭学群体部分成员历经莫斯科东方大学、中山大学的政治训练而后回国，当然也有蔡和森、周恩来、李维汉等人直接从法国回国参加革命，从他们翻译、撰写的马克思主义文献来看，个体色彩和社团味道很快消散，他们所建构的中国马克思主义话语已经融入中国革命话语建构的整体框架。根据他们所译文献来看，除了最初几篇是陈延年、尹宽、郑超麟旅莫时期自主翻译，回国之后郑超麟的翻译已经成为中共中央宣传部、编译委员会的工作事务，由"自主者"变成了党的任务的"承担者"。如郑超麟所回忆的，自己在《向导》写文章有些是关于国际问题的文章，有些是翻译外国人的文章，"《新青年》里，我翻译的文章不少，自己写的则带着东方大学或上海大学讲义意味。倒是《中国青年》上有几篇文章，是我用力作的"。③这意味着很多文章具有苏联和共产国际风格，或者是为完成党交付的任务，只有很小一部分有自己独立的思考。除了翻译之外，留法时期和回国之后该群体运用"帝国主义"

---

① 具体参见贾凯：《中共旅欧支部"学共产主义"述论——基于〈共产主义研究会通信集〉的考察》，《南开学报（哲学社会科学版）》2018 年第 6 期。

② 褚凤华、卓宣：《在中国实现共产主义底方法》，《赤光》第 25 期，1925 年 2 月 15 日。

③ 本书编委会编：《上海大学（1922—1927）师生回忆录》，上海大学出版社 2021 年版，第 268 页。

术语对中国马克思主义话语的初步建构，以及以国民革命为中心对中国马克思主义命题的初步探讨，都是将中国作为无产阶级世界革命之殖民地半殖民地问题的一环来看待，往往将中国革命与俄国 1905 年革命、1917 年二月革命及土耳其、摩洛哥等近东国家的革命作对照，实际上都是将中国革命纳入共产国际的东方战略中考察，尚难以触及中国革命特殊性的深层次一面，简单运用列宁主义的立场观点方法分析中国政治现象的色彩浓厚，这是中共早期党内任何群体都难以避免的底色。如果考虑到留法时期该群体自觉研究、学习第三国际及其下属各国共产党的机关报、文件，便会容易理解这一点。

三、初步建构起多样性、多梯次的中国马克思主义话语

马克思主义话语在中国的翻译、传播与被接受是一个复杂的过程，有学者分析《共产党宣言》在中国的翻译与传播问题时概括为"经历了一个差序性的、渐进的过程，总体上呈现出递进性翻译与选择性传播、多路径传播与多梯次传播、主观性解读"[①] 等特点，实际上从蔡和森接受马克思主义再到 1927 年国共合作破裂，留法勤工俭学群体探索建构中国马克思主义话语体系也呈现出多样性、多梯次的特点。这既体现在针对留法中国青年、国家主义派、本党同志的不同话语，又体现在不同定位的党报党刊文章的风格差异。

马克思主义作为一种理论只有被受众理解和接受才能对现实产生影响和变革。留法勤工俭学群体在推动马克思主义话语的建构和传播过程中，注意针对不同对象采用不同类别的话语。蔡和森被称为中国革命的"普罗米修斯"，很重要的原因是他接受马克思主义之后竭力在勤工俭学生中传播主义，直接或间接推动很多人实现了政治立场的转变。从书信

---

① 王刚：《〈共产党宣言〉在中国早期传播的特点——以〈共产党宣言〉的翻译和传播为视角》,《当代世界与社会主义》2018 年第 3 期。

和回忆录来看，蔡和森"猛看猛译"马克思主义小册子之后便将自己所理解、翻译的马克思主义理论通过写信传播给国内的毛泽东等人，又通过参加工学世界社的会议和与赵世炎、李立三、王若飞现场讨论的方式推动其他人的思想转变。蔡和森参加工学世界社会议时曾将自己理解和翻译的《共产党宣言》讲解给与会者，据萧三回忆"和森同志硬译的《共产党宣言》，就用粗大的字抄在纸上贴了一墙，他还向我们大家讲解"[①]，可以大致推断蔡和森采用了框架式或概要性讲解。由于当时尚处于工学世界社这种研究性青年社团阶段，我们可以推断这属于一种民主式的讲授模式。如果考虑到后期《少年》《赤光》很多译文是节译，那么蔡和森最初的翻译是否也属于节译呢？这种可能性还是很大的，毕竟没有法文基础的蔡和森要想在短时间内依靠自学将《共产党宣言》翻译得很好，这几乎不可能实现[②]。

旅欧"少共"成立之后，他们建构和传播马克思主义话语大概有三种类别——理论研讨式、通告呼吁式和思想战斗式，分别针对内部同志、旅法华人和国家主义派等反动人士。理论研讨式话语散见于《赤光》和《共产主义研究会通信集》即内部通信，以及与政治立场中立人士的通信。如署名为"赤诚"的人在写给任卓宣的信中发出讨论："中国无政府党人遂常说：你们（指共产党人）所主张的是集产主义，我们所主张的才是共产主义……他们凭着主观说我们为像他们所下底定义那种集产主义当然错得很大，但共产主义与集产主义有无分别？如有，又在什么地方？请你明白见告，以释疑虑。革命的敬礼！"任卓宣从历史发展、理论逻辑两方面作回应，然后总结说："集产主义是共产主义，共产主义是集产主义，二者无优劣，亦无差别，纯然是一物之二名。不过

---

① 《萧三文集》，新华出版社1983年版，第84页。

② 相关研究可参见李永春、席云鹏：《蔡和森翻译和传播〈共产党宣言〉考析》，《党史研究与教学》2020年第5期。考虑到未有蔡和森翻译的《共产党宣言》流传下来，本书认为应谨慎评价蔡和森所译《共产党宣言》版本。

人又对此二名则随时代随环境而采用其一耳！我对你来信底答覆大概如此，是否有不当请你批评。共产主义的敬礼！"①

至于针对旅法华人的话语宣传，主要见于各种通告和呼吁。较为典型的是 1923 年 7 月 15 日旅欧党、团组织参与印布的《旅法各团体敬告国人书》，其中既有反对国际帝国主义的话语，如分析指出"在冥顽的军阀政治下，延长生命的中国共和，经了这十二年来的政变，早已名存实亡，徒挂着一面欺人的招牌。在国际资本帝国主义统治下讨生活的中国独立，经过了列强几次的分赃会议和共同宰割，更早已资格丧失，而夷为他们的半殖民地了"，"压迫中国人民的，决不专限于某一国，或属某一民族，而乃是国际间的资本帝国主义的列强"；又有随处可见的情感呼吁，特别是最后一段说："国人啊！不看辛亥年川路风潮所引起的武汉革命么？一隅的暴动，犹能做了全国革命的导火索，何况我们要合全国国民一致抗拒国际共管中国铁路的民族直接行动呢？国人啊！不看土耳其国民革命运动近年来所表现的功勋么？久困在列强宰割运命下的土耳其，已自振拔了，我们不当闻风兴起么？起！起！！起！！！愿我国人，毋再自馁！！！"②

思想战斗式话语，主要是针对国民党右派、中国青年党的国家主义、基督教青年会，散见于《少年》、《赤光》和《向导》等各类刊物中。如周恩来在《实话的反感》中说"一般国家主义的先生们，有时因过分爱国（亦即是盲目的爱）便要抹煞真理了。我们因说实话，自然不免开罪于一般讳莫如深的饰伪君子"③，并揭露国家主义派并非真"爱国"，如在 1924 年旅法华人筹备的双十节纪念活动中，"到会的法国女人约有二百多，大概青年党人把他们所吊的膀子、嫖的嫖子和其房东都请来了……青年党人藉革命纪念之机会开了一次很好的俱乐会了！当奉直

---

① 参见赤诚、卓宣：《集产主义与共产主义有分别么？》，《赤光》第 23 期，1925 年 1 月 15 日。

② 《旅法各团体敬告国人书》，《少年中国》第 4 卷第 8 期，1923 年 12 月。

③ 伍豪：《实话的反感》，《赤光》第 7 期，1924 年 5 月 1 日。

战争于北、皖直战争于南、国际帝国主义占据扬子江头底时候，他们这样歌舞于花都，这不是'太无心肝'么"[①]。这段评论充满了生活化叙事，嘲讽味十足，且随着时间的推移他们对于反动势力批判的激烈程度和战斗色彩日趋浓厚。

留法勤工俭学群体建构中国马克思主义话语还呈现出梯次性特点，这与中共对于不同读者对象机关报的定位界定十分相似。留法勤工俭学群体主编或参编的机关报的差异可以概括为：《少年》为综合性的马克思主义理论刊物，《赤光》聚焦中国革命现实问题的分析；《新青年》季刊、不定期刊侧重苏联和共产国际重要文献的翻译，殖民地半殖民地问题和东方战略，列宁主义的理论与实践，国际共产主义运动新发展；《向导》周报侧重中国政治和时局的评论，兼顾世界政治新现象的分析。通过不同定位期刊所载的文章，留法勤工俭学群体推动马克思主义话语在中国的建构和传播：从留法到回国持续不断翻译文献为话语建构提供资料来源和理论支撑，反对国际帝国主义的剥削和压迫是话语建构的中心，国民革命是话语建构的核心议题和实践路径，前面几章的内容整体呈现了这种建构逻辑。

关于梯次性特点，又可以从两个层面讨论。一是对于马克思主义发展史、无产阶级革命和殖民地半殖民地独立运动的分析，都旨在说明帝国主义的崩坏和无产阶级世界革命的必然性，而中国革命是其中之一环，而且是远东或东方革命最重要的场域，体现出从一般规律到具体案例（非特殊案例）的拓展。具体而言，我们从留法勤工俭学群体的论述中常看到关于中国是殖民地半殖民地的论述，或广泛使用"宗法社会"一词，而这又是共产国际的表述语词。如蔡和森 1922 年 12 月 23 日发表的《巴尔干新形势中的保加利亚》一文的落脚点是"在这样情势之下，无产阶级和被压迫民族，是顶好活动的。末了，我们要告读者：从巴尔

---

① 记者：《巴黎底双十节》，《赤光》第 17 期，1924 年 10 月 15 日。

干的新形势中，可以看出世界革命的消息"①。而在五卅运动之后，赵世炎发表的《没有亚洲，帝国主义便会死》一文指出，欧洲资产阶级的经济学者的"资本主义之稳固"是幻想；印度和中国革命形势的发展，说明"亚洲是资本帝国主义的刑场"，"根据阶级争斗意义的亚洲各殖民地与半殖民地国家之民族革命，便是对于帝国主义宣告其死刑啊"。②这些判断恰恰来自共产国际执委会的相关会议精神。总之，不论是讨论反对帝国主义这一核心话语，还是厘清国民革命这一中心议题，都绕不开中国革命的前途和如何开展的问题。二是多梯次包括针对青年、工人等不同受众或读者所要解决的问题或实现的目标不同，话语也不同。《少年》连续多期刊载的《告少年》讨论的核心议题是如何培养共产主义青年和青年团应该为共产主义运动做什么，针对的问题便是旅法同志如何在华人中开展工作；《中国工人》刊载的赵世炎翻译的《罢工的战术》讨论的是工人罢工是否有通用方法，着力回应的是二七惨案之后中国工人的罢工是否有统一的模式问题，这也是工运复兴期的重要问题。简言之，建构中国马克思主义话语需要回答中国的共产主义运动如何具体操作这类技术性问题，而这也是最后一个梯次。

第二节　留法勤工俭学群体建构
中国马克思主义话语的贡献

西欧是马克思主义传入中国的重要渠道，留法勤工俭学群体是该渠道传播马克思主义的主体，尤其是 1922 年旅欧"少共"成立之后，他们通过在旅欧党、团组织机关报发表文章，借助报刊将马克思主义理论和

---

① 和森：《巴尔干新形势中的保加利亚》，《向导》第 13 期，1922 年 12 月 23 日。

② 士炎：《没有亚洲，帝国主义便会死》，《政治生活》第 62、63 期，1925 年 12 月 30 日、1926 年 1 月 6 日。

国际共产主义运动的相关消息传播到旅法华人、中国国内；回国之后，很多成员将苏联和共产国际的理论和文献译介到中国，并继续在中共中央机关报撰写文章，推动中国马克思主义话语的早期建构和宣传。具体而言，他们翻译了一批马克思主义理论和共产国际相关文献，传播了马克思主义世界革命理论和相关革命消息，构建起以反对国际帝国主义为中心的革命话语。

一、翻译一批马克思主义理论和共产国际相关文献

五四运动之后马克思主义在中国广泛传播。据学者统计，仅译著方面，1919 年至 1922 年一批马克思主义小册子被翻译成中文由社会主义研究社、新青年社、人民出版社等机构出版，包括《共产党宣言》《马格斯资本论入门》《马克斯经济学说》《社会主义史》《阶级争斗》《唯物史观解说》《工钱劳动与资本》《俄国共产党党纲》等，并开启了由日本渠道向苏俄渠道移位的过程。[①] 与这些译著相比，还有大量编著出现，不过很多属于编译、节译或编著类别，难以算作马克思主义经典，整体上属于个体自发编译阶段。1922 年 7 月，中共在二大上决定加入共产国际并成为其支部，共产国际与中共的领导与被领导关系确立。之后随着马克思主义理论和共产国际相关文献不断被翻译成中文，早期马克思主义中国化进程开启，这也为中国马克思主义话语的早期建构提供了资料和理论支撑。这一时期可以算作留法勤工俭学群体自发编译与国内中共有组织地编译并存的时期，其中前者在《少年》《赤光》发表了多篇译文，并在回国后融入中共系统编译文献的集体工作中。根据前文统计，这些报刊所载译文达到 50 余篇，如果再考虑本书

---

① 参见田子渝等：《马克思主义在中国初期传播史（1918—1922）》，学习出版社 2012 年版，第 499—503 页；吕延勤主编：《马克思主义在中国早期传播史料长编（1917—1927）》上卷，长江出版社 2020 年版，"序二"第 12 页。

没有专门讨论的郑超麟译《共产主义的 ABC》、张伯简编译《各时代社会经济结构原素表》以及 1929 年 10 月上海水沫书店出版的汪泽楷以"杜竹君"为名翻译的《哲学之贫困》全译本，本书认为留法勤工俭学群体对于马克思主义理论和共产国际文献在中国的翻译起到了重要作用。由于其中很多译文的底本并非来自西欧或法国，因此"留法勤工俭学群体"与通常所讲的马克思主义传入中国的"西欧渠道"并不等同。整体而言，该群体对于马克思主义理论和共产国际相关文献在中国翻译的贡献有两个方面。

　　一方面是将一批马克思主义文献翻译成中文，其中不乏经典文本首次被译成中文。《少年》第 2、3、4、6 号连载的《告少年》一文，虽然缺少第 1 号内容，也未注明"译"，但是基本可以推断原文是列宁 1920 年的《青年团的任务》，该文献对于青年团的组织建设具有重要指导意义，原文首次发表于 1920 年 10 月 5—7 日的《真理报》①。从相关资料和留法勤工俭学群体的语言水平来看，可能译自法共的《人道报》或小册子，这个译本可能是列宁这篇重要文献的首个汉译本。尹宽在《少年》第 7 号发表的《马克思主义辩证法底几个规律》，是宣传马克思辩证法的首篇中文专论，郑超麟的译作《辩证法与逻辑》也是同期完成，他们对于推动马克思主义辩证法在中国的传播发挥了作用。《少年》第 13 号现存已完整，我们能够看到署名为昂格斯著、抱夯译的《权力底原理》即《论权威》，这应当是恩格斯这篇重要著作的首个中文译本，该文献原本是为清除巴枯宁的无政府主义对于意大利工人运动的影响而作。② 如果考虑到留法勤工俭学群体多数成员前期受李石曾、吴稚晖等人无政府主义的影响，本书认为该群体是为了清除群体内无政府主义的残余以及与华人中的无政府主义思潮作斗争而翻译。此外，马克思的《政治冷淡

---

① 　全文参见《列宁选集》第 4 卷，人民出版社 2012 年版，第 281—297 页。

② 　张远航：《经典追溯——卡·马克思和弗·恩格斯著作在中国的传播（1899—1949）》，中央编译出版社 2020 年版，第 236—237 页。

主义》一文也是由抱夕翻译发表于《少年》第 10 期，当时标题是《离开政治的性质》，这篇文章是马克思应意大利《人民报》编辑之邀同样为批判巴枯宁的无政府主义而作。这个译本同样是马克思这篇文献的首个中译本。[①] 这两篇文献对于脱胎于五四进步社团的旅欧党、团组织，以及之后中共强调中央权威、纪律建设和工人运动的政治斗争意义都有重要价值。此外还有一些当时刚刚生成、之后成为经典的文献被他们翻译成中文，如郑超麟翻译、连载于《新青年》不定期刊的《马克思主义者的列宁》，该译文对于列宁主义在中国的传播和中共对于列宁主义的理解具有重要价值。

　　另一方面是将旅莫时期聆听的苏联和共产国际领导人的演说译为中文，自觉承担翻译和传播共产国际最新精神的角色。这些演说大多是专门针对旅莫的中国学生而讲，涉及共产国际的东方战略和中国青年革命者的责任。这一时期留法勤工俭学群体与国内到莫斯科留学的任弼时、蒋光赤、李仲武、王一飞等学生，共同构成马克思主义在中国传播的"苏俄渠道"。问题的复杂性还在于从法国前往莫斯科的中国青年还会把演说译成中文寄给法国的少年杂志社和中国的新青年社，前者主要有 1923 年 7 月 1 日《少年》第 10 号所载青年共产国际东方部主任白特诺魏肯的演说，听者为旅莫中国共产主义青年团，译者为"列门泽夫"，大概是旅莫的中国学生 5 月 13 日从莫斯科寄回。这体现的是苏俄、西欧两个渠道的互动交汇。其他翻译成中文的演说还有《罢工的战术——赤色工联国际第三次大会中讨论罢工战术时罗若夫斯基之演说》《东方革命之意义与东方大学的职任——托洛茨基"东大"第三周年纪念会上之演说辞》《八年的苏维埃政权——一九二五年十二月拉狄克校长在莫斯科孙中山大学演说辞》，这几篇译文都是演说后三四个月译完刊载的，具有重要的现实价值。如赵世炎翻译的《罢工的战术》一文所要解决的便是推动中国工人运动的复兴问题，从现有资料来看这篇译文填补了马克思主义和共产国际的"罢工战

---

　　① 张远航：《经典追溯——卡·马克思和弗·恩格斯著作在中国的传播（1899—1949）》，中央编译出版社 2020 年版，第 238 页。

术"在中国传播的空白。托洛茨基的演讲则从理论上阐释了共产国际东方战略的意义、中国革命者如何处理国民革命和阶级革命的关系问题，这对于即将回国参加革命的中国青年有着深刻影响。

二、建构和传播关于世界革命理论与运动的话语

世界革命是马克思主义的基本观点，马克思、恩格斯关于世界革命的思考是以一切先进国家或几个先进大国革命胜利为基点的，列宁早期对于世界革命的关注点也是西方，不过在西方革命浪潮回落的情况下开始重视东方落后国家的革命运动。共产国际二大之后，东方乃至一切落后民族被视为推动世界革命的重要力量。[1] 中国共产党自成立之日起便对世界革命问题给予了高度关注，不但认为中国革命是世界革命的一部分，而且基本认为世界革命是中国革命成功的前提。[2] 因此，传播和介绍先进国家的无产阶级社会革命和殖民地半殖民地国家国民革命的理论和运动消息，成为中共理论宣传的应有之义。曾留学资本帝国主义统治大本营的留法勤工俭学群体，历经勤工俭学梦想破灭和目睹西欧国家风起云涌的工人运动，对于这个问题的认识格外深刻，他们成为塑造国人对于世界革命认知的重要力量。该群体对于世界革命话语在中国的建构和传播主要涉及以下两个方面。

第一，接受和运用共产国际世界革命的理论和新政策，分析中国革命问题及其与世界革命的关系。《少年》第 3 号所载《我们的职务》中指出："为要打破资本制度，消灭有产阶级，只有本着共产主义的见地，团结起全世界的无产者，以世界革命，及劳动会议式的无产阶级专政为手段，来建设生产资具统归共有，分配机关统归共管，无复阶级因

---

① 参见杨泰龙：《列宁世界革命理论的发展演进及其意义》，《中国浦东干部学院学报》2021 年第 6 期。

② 参见刘海军：《中国共产党对"世界革命"的认知及其特点（1921—1927）》，《苏区研究》2022 年第 1 期。

而无复国家政府的共产社会。如此，人与人的争斗乃能消除，人类文化乃可救济，自由发展的人群，乃可希其实现。需要这样子的改造，这样子的革命——共产革命——便是我们对于现社会最切要的认识。这不但在欧美，便是我们故乡——中国——的贫民阶级，因着外国资本主义的侵入，和国内军阀与中产阶级的专横，身受了两重压迫，也同样急迫地需要一个共产革命：这又是我们对于中国更切要的认识。"[1] 这段论述既指明了世界革命的一般规律和可能性，又分析了中国革命的特殊性。至于具体的实现路径，在同期汪化撰写的《现在中国少年应有的觉悟》一文中指出：中国的少年应该设法团结多数劳动者与不劳而食的军阀、财阀、学阀拼死斗争，同时"联合世界的劳动朋友们，共同扑灭那吸人血、吮人脂的万恶资本主义，以图创造共产主义的世界"，资本主义制度是一切人类的枷锁镣铐，是人类的总病源，"不把这枷镣打开，我们永不能出地狱……欲救中国，欲救人类，只有一条路可走"。[2] 上述论述代表身在西欧的旅欧党、团员的认知水平，与之相比，已经回国担任中共宣传工作负责人的蔡和森的认知更加成熟。他在《中国国际地位与承认苏维埃俄罗斯》一文中分析说："经济落后国和弱小民族生存于这样可怕的帝国主义国际情形中，除甘愿永远为他们的奴隶及常常被他们不时而起的帝国主义战争牺牲外，只有结合全世界被压迫的民族，掀起世界革命。世界革命的形势，经国际资本帝国主义长期的酝酿，现今业已成熟了"，"在历史上必然的历程看来，中国将来真正的独立与解放，非经过世界革命的潮流不能成功；而现在要提高国际地位，更非与业已在国际上占新的重要地位之苏维埃俄罗斯携手，不能为力"。[3] 即中国革命的胜利要借助世界革命潮流和苏俄的支持，本书第四章"留法勤工俭学群体对中国马克思主义早期命题的初步探讨"中关于世界革命与中国革

---

① 《我们的职务》，《少年》第 3 号，1922 年 10 月 1 日。

② 汪化：《现在中国少年应有的觉悟》，《少年》第 3 号，1922 年 10 月 1 日。

③ 和森：《中国国际地位与承认苏维埃俄罗斯》，《向导》第 3 期，1922 年 9 月 27 日。

命的关系、国民革命的实现路径等问题的探讨都论证了这一要点。

第二，报道与分析先进国家工人运动和落后国家民族独立运动，形塑和影响国人对于世界革命即将到来的认知。本书第三章第三节关于"帝国主义世界情势"的探讨，呈现的是留法勤工俭学群体运用"帝国主义"术语对世界局势的分析，围绕着帝国主义的崩坏和世界革命的到来这一主题。譬如对于先进国家工人运动"赤化"的描述，1922 年 11 月 15 日《少年》第 4 号《世界工联运动纪要》的报道者介绍说"现时世界上的工联运动，无论其为国际的或国内的，其趋向总是渐渐地由右向左，而归结于赤化。按本年的情势看来，很可让我们抱此乐观。虽其中也不无有守旧的工联与黄国际工联的捣鬼，但大体上总是因资本主义政府压迫的激发而倾向革命行动：这确是无可讳言的"，文末预计"新形势将要从这无产阶级革命之月发展起来，我们且等着有新的纪录来写"[1]，通过引言和总结引导读者对于工联运动的印象和认知。他们撰写的很多文章的标题即为文章主题，可谓言简意赅、旗帜鲜明。如《新青年》不定期刊第 5 号所载《英国帝国主义之崩坏与世界革命》这篇长文，通过对英国工人运动摆脱改良主义而革命化的新趋势，英帝国主义殖民地的资产阶级独立运动和民众革命运动，以及英帝国主义与其他帝国主义冲突加剧的分析，说明"英国帝国主义已算是世界帝国主义比较微弱的一部分，虽说第二次的无产阶级的革命不一定就是爆发于英国，但帝国主义的世界是整个的，动一发而牵动全身，英国帝国主义的崩坏足以增涨世界的革命的速度，破坏资本主义的稳定"的论点。[2]值得注意的是，将中国的国共合作和国民革命置于世界革命视野考察，国民革命不再是纯粹的资产阶级革命，"实在是受了俄国无产阶级革命之刺激和援助"，"成为布尔塞维主义革命在殖民地的特别形式"，即在某种意义上说是无

---

① 《世界工联运动纪要》，《少年》第 4 号，1922 年 11 月 15 日。

② 参见尹宽：《英国帝国主义之崩坏与世界革命》，《新青年》不定期刊第 5 号，1926 年 7 月 25 日。

产阶级革命领导国民革命、国民革命附属于无产阶级革命。[①]

三、建构起以反对国际帝国主义为中心的话语体系

　　回溯到 1919 年前后的中国，那里有一番武人、政客与列强交织勾连的政治失序景象。它的历史背景是第一次世界大战期间列强在东亚均势的格局被打破，日本一家独大，而第一次世界大战后美国和以英国为首的协约国集团卷土重来，并试图利用徐世昌、直系军阀和西南军政府等力量来打压皖系军阀，从而削弱日本在中国的优势地位，不过各种手段均以失败告终。[②]时代呼唤新型的革命力量，中国共产党应运而生。解决武人、政客与列强交织的政治乱象的方案是国共合作和国民革命。前文已经呈现反对国际帝国主义是中国马克思主义话语早期建构的中心内容，现实表现则是国民运动和国民革命军北伐战争，"打倒列强除军阀"的口号响彻全国，只不过国共合作最终破裂使中国革命遭受严重挫折。从中国共产党历史的脉络来看，早期以反对国际帝国主义为中心的革命话语仍然是新民主主义革命话语的思想财富。

　　一方面，中国的国民革命是布尔什维克主义指导的特殊形式，落后国家的国民革命是十月革命后共产国际领导世界革命的重要一环。中国武人、政客与列强错综复杂的关系是资本帝国主义阶段的产物之一，武人、政客是帝国主义在华的工具和代理人，军阀混战体现的是资本帝国主义国家对于殖民地半殖民地和落后民族的争夺。《少年》就有文章指出各派军阀"无一不欲倚靠某一派帝国主义者及一派军阀以自存及发展"[③]；萧朴生

---

　　① 参见任卓宣：《一九二四年之世界形势》，《新青年》不定期刊第 2 号，1925 年 6 月 1 日。

　　② 参见马建标：《武人、政客与列强：民初军阀政治之管窥》，《思想理论战线》2022 年第 3 期。

　　③ D. Mockla：《反对帝国主义联合战线怎样在中国应用？》，《少年》第 7 号，1923 年 3 月 1 日。

强调东方落后国家尤其是中国，它是帝国主义生存的基础。也就是说除非打倒国际帝国主义的力量，中国的政治独立和人民解放便没有希望。而当军阀、政客无法担负"爪牙"角色时，帝国主义会采取新的方式策略。随着国民革命军北伐的胜利推进，"帝国主义便不得不另采一新政策来挽救其濒于颠覆底统治"，"英国所以倡始和缓政策底意思，不仅在软化中国革命，而尤在企图建设一列强共同进攻底联合战线"。对于帝国主义的"和缓"政策，一切革命势力应该联合一致，"不止国内的一切革命势力应该联合，对于国外的一切革命势力，同样地应该联合"。[①]留法勤工俭学群体关注到帝国主义各国之间既联合又斗争的态势是中国不独立不统一的根源，而中国共产党在之后独立探索中国革命新道路的过程中，相关认识更加成熟。正如1928年毛泽东在《中国的红色政权为什么能够存在？》中概括："只要各国帝国主义分裂中国的状况存在，各派军阀就无论如何不能妥协，所有妥协都是暂时的。今天的暂时的妥协，即酝酿着明天的更大的战争"，"中国的民主革命的内容，依国际及中央的指示，包括推翻帝国主义及其工具军阀在中国的统治，完成民族革命"。[②]

　　另一方面，中国的国民革命要处理好世界革命与中国革命、国民革命与共产主义革命两对关系。关于世界革命与中国革命的关系，留法勤工俭学群体主要建构和宣传两个观点——中国革命将得到苏联和共产国际的帮助，中国无产阶级正推动世界革命的发展。同时，中国的民众和革命力量应该积极与全世界反帝力量组织统一战线，因为"统治全球的帝国主义列强非中国一民族所能根本推翻，必须与全世界帝国主义的敌人作成联合战线"，"中国人民应联络反帝国主义的苏联"[③]。留法勤工俭学群体编译的多篇文献涉及马克思主义发展史、无产阶级运动的进展等

---

① 　参见卓宣：《反对帝国主义武装干涉中国！》，《人民周刊》第44期，1927年2月25日。

② 　《毛泽东选集》第1卷，人民出版社1991年版，第47—48页。

③ 　尹宽：《革命家孙中山先生》，上海《民国日报》副刊《觉悟》1925年4月10日。

议题，反映的也是这种理论趋向，而这与法国政府对于中国青年组织的爱国运动的态度，法国、比利时等国工人阶级和共产党人对于生存艰难的勤工俭学生的帮扶，苏联政府和人民对于旅莫中国学生的生活和政治优待有着内在关联。1925 年因声援国内五卅运动而被法国政府逮捕入狱的任卓宣控诉说："请看法兰西帝国主义是如何地压迫我们！军阀走狗是如何地去为帝国主义又当走狗啊！……帝国主义和军阀的压迫愈猛烈愈直接，我们打倒军阀和帝国主义的觉悟和行动亦愈深刻愈坚决。"[①] 关于国民革命与共产主义革命的关系，留法勤工俭学群体强调国民革命是共产主义革命在殖民地半殖民地的特殊形势，而待国民革命胜利之后能否进一步向共产主义社会迈进则取决于民众势力的发展。尽管他们并未明确提及国民革命胜利之后需要多久开展阶级革命，但是从他们以俄国 1905 年革命、俄国 1917 年二月革命比附中国革命，拿中国国民党与俄国孟什维克比较的逻辑来看，大概认为中国很快通过阶级革命向共产主义发展。需要说明的是，国民大革命时期的"打倒列强除军阀"与后来中国革命语境中的"反帝反封建"的距离不小，即早期他们主要将军阀看作帝国主义在中国的代理人或走狗，对于军阀与中国封建经济或宗法社会的关系有所关注，但是强调不够，不过最终还是建构起国共合作领导下各阶级联合的国民革命话语。

第三节　留法勤工俭学群体建构
中国马克思主义话语的启示

2013 年 7 月，习近平总书记在河北调研时强调："历史是最好的教科书。对我们共产党人来说，中国革命历史是最好的营养剂。多重温我

---

① 任卓宣：《巴黎狱中写来的一封信（续）》，《向导》第 132 期，1925 年 10 月 5 日。

们党领导人民进行革命的伟大历史，心中就会增加很多正能量。"①1919
年至1927年，留法勤工俭学群体基于世界革命理论考察中国问题、实
现由五四进步社团到列宁主义政党的角色转换、建构多层次和多样性中
国马克思主义话语等特点，对于马克思主义理论和共产国际文献在中国
翻译、建构和传播世界革命的理论与运动以及反对国际帝国主义革命话
语作出了贡献，总结蕴含其中的规律和经验对于当前我国马克思主义话
语的建构具有一定的启示。

一、不断推进马克思主义著作在中国的翻译与传播

中国马克思主义话语的建构与传播，立足于马克思主义理论和共产
国际相关文献在中国的翻译与流布。1919年至1927年，马克思主义在
中国的传播不再是片段性编译阶段，而是处于广泛而系统传播的早期阶
段。如果套用《马克思浅说》的书名，我们可以把这个阶段称为马克思
主义"浅说类"文献的翻译和传播阶段，即主要侧重马克思主义基本原
理和共产主义方略的普及。

留法勤工俭学群体对于文献翻译十分重视，前文赘述的50余篇译
文在马克思主义文献翻译史上具有重要地位，主要涉及马克思主义经典
作家的生平与理论贡献、唯物史观、马克思主义发展史与科学社会主义
理论的创立、国际共产主义运动历史、无产阶级社会运动和殖民地半殖
民地革命斗争脉络、列宁主义的理论与现实运用等方面，推动了马克思
主义理论和共产国际政策在中国的传播。这些译文主要刊载于旅欧党、
团组织的机关报和中共的各级机关报、青年刊物、工人刊物等，当时或
之后也有以单行本形式在中国流布的情形，由于很多单行本的篇幅与较
厚的理论性刊物相当，它们实际上又可以统称为党的各类"书刊"。它
们不仅是传播马克思主义理论和话语的重要载体，还是党、团组织开展

---

① 习近平:《论中国共产党历史》，中央文献出版社2021年版，第24页。

内部训练的重要材料。如中共上海区委档案记载："五卅以前上海地方即有书报流通处之设立，雇佣贩夫叫卖，那时《向导》每期能销售五百份；带学理性质的小册子，如《马克思浅说》、《资本主义浅说》等，销售最旺。至于散发宣传品，类多系本校宣言及具名的传单。"[①] 如果再考虑郑超麟在回忆中对于《共产主义的 ABC》畅销的叙述，我们可以认为载有马克思主义理论和共产国际相关文件的译文在当时有着重要影响。正如五四青年一代转向共产主义的代表毛泽东后来所回忆的："有三本书特别深刻地铭记在我的心中，建立起我对马克思主义的信仰。我接受马克思主义、认为它是对历史的正确解释以后，就一直没有动摇过。"[②] 这三本书——《共产党宣言》《阶级斗争》《社会主义史》，恰恰是三本译著。留法勤工俭学群体对于马克思主义理论和共产国际相关文献的翻译，较为侧重马克思主义研究者的论述、列宁主义的理论与现实、唯物史观、阶级斗争学说、国际共产主义运动史和殖民地半殖民地人民斗争史，对于马克思、恩格斯著作的翻译主要停留在非经典著作或节译、摘译层次，这对于揭示国际资本帝国主义崩溃和世界革命胜利的必然性、中国革命的依靠力量具有现实价值，特别是运用列宁主义的殖民地半殖民地理论和东方战略考察中国问题构成了早期中国马克思主义话语的理论源泉。而第二次世界大战结束之后的民族独立运动和中国新民主主义革命的胜利，都证明了列宁所构想的世界革命理论的科学性。

党的二十大报告指出："当前，世界百年未有之大变局加速演进，新一轮科技革命和产业变革深入发展，国际力量对比深刻调整，我国发展面临新的战略机遇。同时，世纪疫情影响深远，逆全球化思潮抬头，单边主义、保护主义明显上升，世界经济复苏乏力，局部冲突和动荡频

---

① 中央档案馆、上海市档案馆编：《上海革命历史文件汇集（中共上海区委文件）1925 年—1926 年》，1986 年，第 43 页。

② 中国社会科学院现代史研究室、中国革命博物馆党史研究室选编：《"一大"前后：中国共产党第一次代表大会前后资料选编》（二），人民出版社 1980 年版，第 244 页。

发，全球性问题加剧，世界进入新的动荡变革期"，"从现在起，中国共产党的中心任务就是团结带领全国各族人民全面建成社会主义现代化强国、实现第二个百年奋斗目标，以中国式现代化全面推进中华民族伟大复兴"。[①] 这意味着国际资本帝国主义在全世界的势力在衰落，中国已经成功走出一条新的现代化之路。新的时代课题呼唤新的理论指导，我们需要建构既能解释当代资本主义发展、世界局势变动，又能为中国式现代化提供指引的理论和话语。从马克思、恩格斯到列宁，再到中国共产党人，都是在寻找和探索一条超越资本主义现代化和文明的新道路。早期中国共产党人，包括留法勤工俭学群体在内，他们受限于主客观条件对于马克思主义理论和共产国际相关文献的翻译具有"选择性"，没有也不可能全面、系统地翻译马克思主义文本，特别是对于马克思主义经典作家的经典文本的译介不够。面对新的时代课题，中国共产党人仍然需要加快推进马克思主义经典作家文本的整理、翻译步伐，为我们更好地理解时代主题、推进中华民族伟大复兴和建构中国马克思主义话语提供理论支持。

二、马克思主义话语的建构必须与现实问题相结合

留法勤工俭学群体将中国问题置于反对帝国主义之东方革命一环考察，体现了从一般到具体的演绎，内在之意是中国革命与世界革命相互促进。他们不仅大篇幅论述人类由资本主义社会、宗法社会残余向共产主义社会发展的历史必然性，还通过无产阶级社会革命、殖民地半殖民地解放运动的现实案例证明世界革命的即将到来，而中国人民组织的反帝斗争和国民运动的高涨佐证了这一点。留法勤工俭学群体对于马克思

[①]　习近平:《高举中国特色社会主义伟大旗帜 为全面建设社会主义现代化国家而团结奋斗——在中国共产党第二十次全国代表大会上的报告》(2022 年 10 月 16 日)，人民出版社 2022 年版，第 26、21 页。

主义话语的建构注重与现实问题的结合，主要体现在三个方面：一是基于马克思主义发展史、科学社会主义发展史和俄国革命史论证无产阶级革命和无产阶级专政问题，二是分析帝国主义在世界的情势，三是重点论述帝国主义对中国的侵略和压迫。这三方面的内容有助于深化人们对于帝国主义崩溃和世界革命即将到来、中国开展国民革命合理性的认识。

关于帝国主义崩溃和世界革命即将到来问题，尹宽在纪念列宁逝世一周年的文章中概括其理论贡献是："他一方面指示每个世界革命者应该注意到先进国的工人阶级与经济落后国的被压民众之反帝国主义的联合战线；另一方面又指示殖民地或半殖民地被压的人民所应依附的营垒。"[①] 除概括列宁的理论贡献之外，蔡和森、赵世炎、王若飞等人更多的是从帝国主义对无产阶级和殖民地半殖民地民族的压迫展开论述。蔡和森归国后不久撰写的《法兰西工人运动的最近趋势》一文，用事例指出法国共产党已经不再是专做议会运动的社会党，法国的革命工团运动也不再仅仅是专以"总罢工"为经济斗争唯一手段的工团主义，他们以无产阶级专政为目的要求了。[②] 与中国同为殖民地半殖民地国家和落后民族的土耳其，也是留法勤工俭学群体重点关注的对象。同样是蔡和森撰写的《祝土耳其国民党的胜利》一文的叙事逻辑颇为典型，文章开篇提出基本判断和论述缘由，"土耳其与中国的问题，就是所谓近东问题与远东问题。这两个地方，一面成为贪暴无厌的国际帝国主义战争攘夺的中心，一面成为占全人类三分之一以上的被压迫民族最痛苦最被宰割的区域"；接下来叙述帝国主义在土耳其制造的罪恶、土耳其基玛尔将军率领国民党起义，以及他们立足于群众势力、与苏俄结合的策略方式，取得"由黑暗而渐趋光明了"的成果；最后发出呼吁，"我们羡慕他们，

---

① 硕夫：《殖民地被压迫人民所应纪念的列宁》，《向导》第 99 期，1925 年 1 月 21 日。

② H.S.：《法兰西工人运动的最近趋势》，《先驱》第 7 号，1922 年 5 月 1 日。

便要学他们的好榜样：快快起来促起我们革命的政党统率我们与苏维埃俄罗斯联合，以推翻国际帝国主义在中国的压迫呀!!!"。①

需要进一步说明的是，帝国主义在中国制造的各种罪行，如屠杀惨案等，也是该群体论述的重点内容，目的是通过新近发生的鲜活事例不断强化民众对于帝国主义罪恶的印象。以 1923 年的临城劫车案引发的列强共管中国问题为例，列强外交团提出所谓"通牒"，涉及赔偿问题、保障问题和惩办问题。蔡和森在评述这一问题时指出，外国报纸、侵略者"在中国境内大吹大擂摇旗喊呐威吓中国人民两三月，吓掉中国人的魂魄，奴化中国的舆论"，"北京卖国公司的洋奴们"的报纸连像样的官话也不敢说，"默若寒蝉，一声不响"。② 在 1925 年引发五卅运动的"顾正红案"中，王若飞分析说，"在外国政府统治下的上海人民，已经与亡国奴无异。说话不自由，行动不自由，开会不自由，处处都受着外人枪尖铁棍的监视"。针对上海小资产阶级面对日本帝国主义威吓的怯懦心理，王若飞发出了连问："你们竟真无办法么？你们竟永远甘受帝国主义的摧残和怒视么？你们不想解除这颈上的锁链么？如若不然，应该赶速起来援助工人的奋斗，应该施用各种可能的方法——如抵制日货募款援助等——去抵抗日本帝国主义者的凶暴。"③ 理论和话语的宣传来源于对于现象和事例的归纳，郑超麟在对五卅惨案的描述中将其提升到对帝国主义一般性的认识上。他指出："杀死工友顾正红，固然是日本人开枪，杀死近百工人学生和市民固然是英捕和印捕开枪，但同胞们，我们要知道，压迫和欺侮中国人的岂但是英日帝国主义？……同胞们！我们要记得各强国虽然利益不同，但对于压迫中国人是一致的。他们都看中国是他们的殖民地，看中国人是他们的牛马奴隶，要打便打，要杀便杀……

①　和森：《祝土耳其国民党的胜利》，《向导》第 3 期，1922 年 9 月 27 日。

②　和森：《外交团正式提出之临案通牒》，《向导》第 36 期，1923 年 8 月 15 日。

③　若飞：《在枪杀中国工人中日本帝国主义者对于上海市民之威吓》，《向导》第 116 期，1925 年 5 月 24 日。

我们的敌人，是一切帝国主义的国家！"[1]原本抽象的帝国主义概念，因南京路上的枪声和学生、市民的血迹而真实可感[2]，这是马克思主义话语的建构与现实问题相结合的典范。

中国马克思主义话语的建构，既要反映马克思主义基本的立场观点方法，又要建立在中国问题、中国实践的底色上。当前，在对外方面，"我国哲学社会科学在国际上的声音还比较小，还处于有理说不出、说了传不开的境地"[3]，党的二十大报告强调"加快构建中国话语和中国叙事体系，讲好中国故事、传播好中国声音，展现可信、可爱、可敬的中国形象"[4]。不论是展现可信、可爱、可敬的中国形象，还是使道理说出、传开，都需要我们把一般性地说理与具体的案例分析结合起来。正如本书第三章关于帝国主义术语运用的分析一样，对于中国民众而言，不仅要揭示国际帝国主义的实质、在世界的情势，还要反映它对中国侵略和压迫的情形；不仅要一般性地开展理论分析，还要结合法国、土耳其等国社会运动的情况和帝国主义在华制造的惨案等血淋淋的事实来塑造和宣传一个凶残的帝国主义形象。与话语塑造紧密相关的是叙事问题，唯有多维的、多线型的、理论与事例相结合的叙事才能打动人，这在信息大爆炸和经济全球化的时代背景下表现得更为突出。

三、以问题为导向不断推进马克思主义中国化时代化

2021 年 7 月 1 日，习近平总书记在庆祝中国共产党成立 100 周年大

---

[1]　舒严：《认清我们的敌人》，《热血日报》第 2 号，1925 年 6 月 5 日。

[2]　马思宇：《五卅运动前后中国共产党对反帝话语的宣传及其影响》，《马克思主义理论学科研究》2019 年第 2 期。

[3]　《习近平谈治国理政》第 2 卷，外文出版社 2017 年版，第 346 页。

[4]　习近平：《高举中国特色社会主义伟大旗帜 为全面建设社会主义现代化国家而团结奋斗——在中国共产党第二十次全国代表大会上的报告》（2022 年 10 月 16 日），人民出版社 2022 年版，第 46 页。

会上的讲话强调："中国共产党坚持马克思主义基本原理，坚持实事求是，从中国实际出发，洞察时代大势，把握历史主动，进行艰辛探索，不断推进马克思主义中国化时代化，指导中国人民不断推进伟大社会革命。"[①] 这告诉我们，马克思主义不是教条，只有不断推进马克思主义中国化时代化才能为中国现实问题的解决提供指导。党的二十大报告进一步指出："实践告诉我们，中国共产党为什么能，中国特色社会主义为什么好，归根到底是马克思主义行，是中国化时代化的马克思主义行。"[②] 也就说，中国共产党领导中国人民的百年实践之所以不断取得胜利，是因为不断推进马克思主义中国化时代化。

留法勤工俭学群体推进中国马克思主义话语早期建构的探索，体现的也是马克思主义与中国问题、时代问题的初步互动——帝国主义时代殖民地半殖民地问题的解决或共产国际东方战略的实施。如本书第一章所述，不论是旅欧"中国少年共产党"的成立还是留法勤工俭学群体的形成，都是留法勤工俭学生中的先进分子在梦想破灭后试图将个人发展与社会改造问题一并解决的结果。他们接受马克思主义和成立共产主义组织，并非共产国际输出革命的结果，也不是法国、比利时等国共产党有意施加影响的产物，更大程度上是五四进步社团和先进分子"寻路"的结果。第二章关于蔡和森留法时期所阅读和翻译著作的分析和留法勤工俭学群体在《少年》《赤光》《新青年》《向导》《中国工人》发表的系列译文表明，他们是阅读了共产主义基本原理或科学社会主义发展史相关著作转向共产主义的，因此他们将国际共产主义运动由第一国际向第三国际的发展脉络，尤其是第三国际与第二国际的斗争史、布尔什维克与孟什维克的斗争史作为重点译介内容，同时兼顾传播欧洲工人运动的

---

① 习近平：《在庆祝中国共产党成立 100 周年大会上的讲话》（2021 年 7 月 1 日），人民出版社 2021 年版，第 12—13 页。

② 习近平：《高举中国特色社会主义伟大旗帜 为全面建设社会主义现代化国家而团结奋斗——在中国共产党第二十次全国代表大会上的报告》（2022 年 10 月 16 日），人民出版社 2022 年版，第 16 页。

最新发展、殖民地半殖民地斗争史相关内容。而中国马克思主义话语早期建构的中心是反对国际帝国主义，该群体对于反帝话语的建构涵盖帝国主义的实质、最新情势、对中国的侵略和压迫等内容。由此可以看出，留法勤工俭学群体建构和传播的中国马克思主义话语，重在阐释与传播列宁和第三国际关于殖民地半殖民地问题的理论和策略，把中国问题当作殖民地半殖民地问题的具体呈现或重点对象，较少专门论述中国问题或中国社会的特殊性。我们可以把这个层次称为"贯彻时代化的马克思主义——列宁主义"，其潜在逻辑是中国革命可以借助世界革命而成功。

　　留法勤工俭学群体建构中国马克思主义话语的过程中贯穿始终的"本位意识"同样值得关注，这既体现在翻译和传播马克思主义的"选择性"特点，又反映到构思中国国民革命实现路径时对于中国具体问题的关照。如《少年》《赤光》所载译文的时效性较强，较为侧重国际共产主义运动的前沿问题，很多译自新近出版的《国际通信》。当时留法勤工俭学群体外文水平不高，大多不能直接阅读马克思、恩格斯的著作，特别是大部头作品，故主要翻译当时报刊所载国际共产主义运动领导人的短文，其译介呈现出侧重"运动"而非"理论"的"非经典性"特点。归国之后的留法勤工俭学群体不再是留法时期相对独立的组织形态，他们大多担负多个职位和角色，翻译文献主要以专职人员为主；注重兼顾经典和最新文件，宣传和介绍列宁主义与共产国际的色彩浓厚，落脚点则是服务于共产国际领导的东方战略。不过从对共产国际几位领导人演说和辩证法相关文献的翻译来看，他们已经意识到马克思主义在中国传播的内容不均衡问题。至于对中国具体问题的关照，主要体现在围绕国民革命展开的中国马克思主义命题的探讨方面，包括世界革命与中国革命的关系、国民革命与阶级革命的关系，以及国民革命的斗争对象、依靠力量、领导力量、实现路径等。如果要厘清这些重要的理论和现实命题，并且回应国内各个政治派别发起的论战，留法勤工俭学群体必须对中国国情、不同政治势力的关系进行初步界定和判断，毕竟不同国家的国民革命的差别也很大。简言之，留法勤工俭学群体需要从理论上回答在众多反思西方资本主义现代化问题的主义或理论中为什么只有马克思主义和俄国式革命道路是近代中国的必然选择。这种对于 20 世纪 20 年代中国问题的初步关照和回答，代表着马克思主义中国化时代化的最初形态。

　　不断推进马克思主义中国化时代化，必须具有鲜明的问题导向："一切从实际出发，着眼解决新时代改革开放和社会主义现代化建设的实际问题，不断回答中国之问、世界之问、人民之问、时代之问。"[①] 也就是说，立足于中国改革开放和中国式现代化问题的解决，为人类发展贡献中国智慧和中国方案。1919 年至 1927 年包括留法勤工俭学群体在内的中国共产党人的认知水平尚处于"以俄为师"阶段，他们对于中国革命问题的思考基本上是套用列宁和共产国际的殖民地半殖民问题理论层次，但是对于某些具体问题的分析已经具有马克思主义中国化的萌芽痕迹，如对中国社会半殖民地半封建性质的认识、对于国民革命领导权问题上与共产国际有所差异的表述、中国革命阶段性问题的构思等，这可以算作那个时代中国共产党人对于"中国之问、世界之问、人民之问、时代之问"的一种回答。秉持这种特点和品质，中国共产党人在之后探索中国革命新道路的实践中作出了更好的回答。

---

　　① 习近平：《高举中国特色社会主义伟大旗帜 为全面建设社会主义现代化国家而团结奋斗——在中国共产党第二十次全国代表大会上的报告》（2022 年 10 月 16 日），人民出版社 2022 年版，第 17 页。

参考文献

一、文献汇编

《马克思恩格斯选集》第1—4卷，人民出版社2012年版。

《列宁选集》第1—4卷，人民出版社2012年版。

《蔡和森文集》全2册，人民出版社2013年版。

《陈独秀文集》第1—4卷，人民出版社2013年版。

陈三井编著：《民初旅欧教育运动史料选编》，台北秀威资讯科技股份有限公司2014年版。

广东省社会科学院历史研究室等编：《孙中山全集》第9卷，中华书局1986年版。

《李大钊全集》第1—5卷，人民出版社2013年版。

《罗亦农文集》，人民出版社2011年版。

湖南省博物馆历史部校编：《新民学会文献汇编》，湖南人民出版社1980年版。

《毛泽东书信选集》，中央文献出版社2003年版。

《毛泽东选集》第1—4卷，人民出版社1991年版。

吕瑞林、戴隆斌主编：《国际共产主义运动历史文献》第42卷，中央编译出版社2013年版。

清华大学中共党史教研组编：《赴法勤工俭学运动史料》第1册，北京出版社1979年版。

清华大学中共党史教研组编:《赴法勤工俭学运动史料》第 2 册,北京出版社 1980 年版。

清华大学中共党史教研组编:《赴法勤工俭学运动史料》第 3 册,北京出版社 1981 年版。

孙武霞、许俊基选编:《共产国际与中国革命资料选辑(一九一九——一九二四)》,人民出版社 1985 年版。

上海市档案馆编:《五卅运动》第 1 辑,上海人民出版社 1991 年版。

《王若飞文集》,人民出版社 2014 年版。

《萧三文集》,新华出版社 1983 年版。

张允侯等编:《留法勤工俭学运动》(一),上海人民出版社 1980 年版。

张允侯等编:《留法勤工俭学运动》(二),上海人民出版社 1986 年版。

《赵世炎文集》,人民出版社 2013 年版。

中共中央党史研究室、中央档案馆编:《中国共产党全国代表大会档案文献丛书》第 1—13 册,中共党史出版社 2022 年版。

中共中央党史研究室第一研究部编(译):《共产国际、联共(布)与中国革命档案资料丛书》第 1—6 卷,中共党史出版社 2020 年版。

中共中央党史研究室科研管理部编:《赵世炎百年诞辰纪念集》,中共党史出版社 2001 年版。

中共中央党史资料征集委员会编:《共产主义小组》(上、下),中共党史资料出版社 1987 年版。

中共中央文献研究室、中央档案馆编:《建党以来重要文献选编(1921—1949)》第 1—4 册,中央文献出版社 2011 年版。

中国革命博物馆、湖南省博物馆编:《新民学会资料》,人民出版社 1980 年版。

中国人民解放军政治学院党史教研室编:《中共党史参考资料》第 2 册,中国人民解放军政治学院党史研究室 1979 年版。

中国人民协商会议湖南省株洲市委员会文史资料研究委员会编：《劳人·汪泽楷》（《株洲文史》第 17 辑），1993 年版。

中国社会科学院现代史研究室、中国革命博物馆党史研究室选编：《"一大"前后：中国共产党第一次代表大会前后资料选编》（一），人民出版社 1985 年版。

中国社会科学院现代史研究室、中国革命博物馆党史研究室选编：《"一大"前后：中国共产党第一次代表大会前后资料选编》（二），人民出版社 1980 年版。

中国社会科学院现代史研究室、中国革命博物馆党史研究室选编：《"一大"前后：中国共产党第一次代表大会前后资料选编》（三），人民出版社 1984 年版。

中国社会科学院近代史研究所《国外中国近代史研究》编辑部编：《国外中国近代史研究》第 3 辑，中国社会科学出版社 1982 年版。

《周恩来早期文集（一九一二年十月——一九二四年六月）》上、下卷，中央文献出版社、南开大学出版社 1998 年版。

《周恩来书信选集》，中央文献版社 1988 年版。

二、专著

［美］爱德华·W.萨义德：《世界·文本·批评家》，李自修译，生活·读书·新知三联书店 2009 年版。

［美］埃德加·斯诺：《西行漫记》，董乐山译，生活·读书·新知三联书店 1979 年版。

［苏］布哈林：《共产主义的 ABC》，武汉新青年社 1926 年版。

曹胜强：《现代国际关系史：世界体系的视阈》，人民出版社 2011 年版。

陈红娟：《〈共产党宣言〉汉译本与马克思主义话语中国化研究》，科学出版社 2021 年版。

陈三井：《旅欧教育运动：民初融合世界学术的理想》，台北秀威资讯科技股份有限公司 2013 年版。

陈铁健：《瞿秋白传》，上海人民出版社 1986 年版。

丁守和、殷叙彝：《从五四启蒙运动到马克思主义的传播》，生活·读书·新知三联书店 1963 年版。

［美］傅高义：《邓小平时代》，冯克利译，生活·读书·新知三联书店 2013 年版。

房维中、金冲及主编：《李富春传》，中央文献出版社 2001 年版。

高放：《国际共产主义运动史纲（1847—1917）》全 2 卷，陕西师范大学出版总社 2018 年版。

郭笙编著：《"五四"时期的工读运动和工读思潮》，教育科学出版社 1986 年版。

国务院新闻办公室编：《留法勤工俭学运动实录》，五洲传播出版社 2005 年版。

郝世昌、李亚晨：《留苏教育史稿》，黑龙江教育出版社 2001 年版。

胡春阳：《话语分析：传播研究的新路径》，上海人民出版社 2007 年版。

蒋洪斌：《陈毅传》，上海人民出版社 1992 年版。

蒋成德：《中国近现代作家的编辑历程》，中国书籍出版社 2019 年版。

金冲及主编：《周恩来传（1898—1976）》（上），中央文献出版社 2008 年版。

金观涛、刘青峰：《观念史研究：中国现代重要政治术语的形成》，法律出版社 2009 年版。

贺培真：《留法勤工俭学日记》，湖南人民出版社 1985 年版。

胡绳主编：《中国共产党的七十年》，中共党史出版社 1991 年版。

黄利群编著：《留法勤工俭学简史》，教育科学出版社 1982 年版。

黄修荣：《共产国际与中国革命关系史》上、下册，中共中央党校出版社 1989 年版。

　　［德］李博：《汉语中的马克思主义术语的起源与作用：从词汇—概念角度看日本和中国对马克思主义的接受》，赵倩等译，中国社会科学出版社 2003 年版。

　　李永春编著：《蔡和森年谱》，湘潭大学出版社 2008 年版。

　　李军林：《马克思主义在中国的早期传播及其话语体系的初步建构》，学习出版社 2013 年版。

　　李喜所：《近代留学生与中外文化》，天津人民出版社 1992 年版。

　　刘树发主编：《陈毅年谱》上卷，人民出版社 1995 年版。

　　刘道慧编著：《邓小平的旅法留苏岁月》，人民出版社 2004 年版。

　　刘万能编著：《张昆弟年谱（1894—1932）》，湖南人民出版社 2015 年版。

　　吕延勤主编：《马克思主义在中国早期传播史料长编（1917—1927）》上、中、下卷，长江出版社 2020 年版。

　　马连儒、袁钟秀：《王若飞传》，贵州人民出版社 2014 年版。

　　逢先知主编：《毛泽东年谱（1893—1949）》上卷，中央文献出版社 2013 年版。

　　彭明：《五四运动史》，人民出版社 2019 年版。

　　祈福管主编：《聂荣臻青少年时代》，解放军出版社 1988 年版。

　　邱少明：《文本与主义——民国马克思主义经典著作翻译史（1912—1949）》，南京大学出版社 2014 年版。

　　任剑涛：《建国之惑：留学精英与现代政治的误解》，中国政法大学出版社 2012 年版。

　　［日］森时彦：《留法勤工俭学运动小史》，史会来、尚信译，河南人民出版社 1985 年版。

　　［日］石川祯浩：《中国共产党成立史》，袁广泉译，中国社会科学出版社 2006 年版。

　　舒新城：《近代中国留学史》，上海书店出版社 2011 年版。

唐宝林：《陈独秀全传》，社会科学文献出版社 2013 年版。

唐纯良：《李立三传》，黑龙江人民出版社 1989 年版。

谭双泉编著：《中国近代政治思想史（1840—1949）》，湖南师范大学出版社 1995 年版。

田子渝等：《马克思主义在中国初期传播史（1918—1922）》，学习出版社 2012 年版。

［法］王枫初：《移民与政治：中国留法勤工俭学生（1919—1925）》，安延等译，北京大学出版社 2016 年版。

王刚：《马克思主义中国化的起源语境研究——20 世纪 30 年代前马克思主义在中国的传播及中国化》，人民出版社 2011 年版。

王奇生：《中国留学生的历史轨迹：1872—1949》，湖北教育出版社 1992 年版。

王奇生：《革命与反革命：社会文化视野下的民国政治》，社会科学文献出版社 2010 年版。

王儒化、张新安主编：《马克思主义政治经济学辞典》，中国经济出版社 1992 年版。

王永祥等：《中国共产党旅欧支部史话》，中国青年出版社 1985 年版。

［日］小仓和夫：《周恩来在巴黎》，王冬译，九州出版社 2022 年版。

萧三：《毛泽东同志的青少年时代和初期革命活动》，中国青年出版社 1980 年版。

姚仁隽：《赵世炎传》，中共党史出版社 1998 年版。

袁明主编：《国际关系史》，北京大学出版社 1994 年版。

中共双峰县委宣传部编：《怀念蔡和森同志》，湖南人民出版社 1980 年版。

中共中央党史研究室：《中国共产党历史》第 1 卷，中共党史出版社 2011 年版。

中共中央党史研究室：《中国共产党的九十年（新民主主义革命时

期）》，中共党史出版社、党建读物出版社 2016 年版。

中共中央文献研究室编：《周恩来年谱（1898—1949）》上卷，中央文献出版社 2020 年版。

中共中央组织部等编：《中国共产党组织史资料（1921—1997）》第 1 卷，中共党史出版社 2000 年版。

周永珍：《留法纪事：20 世纪初中国留法史料辑录》，国家图书馆出版社 2008 年版。

周均伦主编：《聂荣臻年谱》上卷，人民出版社 1999 年版。

朱洪：《陈独秀传》，安徽人民出版社 2003 年版。

三、回忆录

《何长工回忆录》，解放军出版社 1987 年版。

李维汉：《回忆与研究》（上），中共党史出版社 2013 年版。

《李一氓回忆录》，人民出版社 2015 年版。

罗章龙：《椿园载记》，生活·读书·新知三联书店 1984 年版。

《聂荣臻元帅回忆录》，解放军出版社 2005 年版。

盛成：《海外工读十年记实》，湖南人民出版社 1986 年版。

［美］斯诺等：《早年毛泽东：传记、史料与回忆》，生活·读书·新知三联书店 2011 年版。

《尹宽回忆赴法勤工俭学和到莫斯科东方劳动大学学习的经过》，《芜湖党史资料》1983 年第 4 期。

唐铎：《回忆五四时期的留法勤工俭学运动》（1979 年 4 月 10 日），《现代史研究资料》第 1 期，1979 年翻印。

四、近代报刊

《布尔塞维克》第 1 期至第 11 期，1927 年 10 月 24 日至 12 月 26 日。

北京《晨报》，1919 年 5 月 20 日至 1921 年 8 月 19 日。

北京《晨钟报》，1916 年 8 月 23 日至 1917 年 5 月 19 日。

《赤光》第 1 期至第 28 期，1924 年 2 月 1 日至 1925 年 4 月 1 日。

《东方杂志》第 18 卷第 4 号，1921 年 2 月 25 日。

《旅欧杂志》第 1 期至第 27 期，1916 年 8 月 15 日至 1918 年 3 月 1 日。

《旅欧周刊》第 6 号至第 48 号，1919 年 12 月 13 日至 1920 年 10 月 9 日。

《雷火》第 8 期，1925 年 8 月 6 日。

上海《民国日报》副刊《觉悟》，1924 年 6 月 11 日至 1925 年 4 月 10 日。

上海《民国日报》副刊《评论之评论》第 36 期，1924 年 11 月 30 日。

《热血日报》第 1 号至第 14 期，1925 年 6 月 4 日至 6 月 27 日。

上海《时事新报》，1920 年 12 月 26 日至 1923 年 9 月 1 日。

《少年》第 2 号至第 13 号，1922 年 9 月 1 日至 1923 年 12 月 10 日。

《少年中国》第 2 卷第 5 期至第 4 卷第 8 期，1920 年 11 月 15 日至 1923 年 12 月。

《少年世界》第 1 卷第 1 期至第 12 期，1920 年 1 月 1 日至 12 月 1 日。

天津《益世报》，1919 年 1 月 3 日至 1921 年 12 月 31 日。

《向导》第 1 期至第 201 期，1922 年 9 月至 1927 年 7 月 18 日。

《新青年》第 9 卷第 1 号至第 6 号、季刊第 1 期至第 4 期、不定期刊第 1 号至第 5 号，1921 年 5 月 1 日至 1922 年 7 月 1 日、1923 年 6 月 15 日至 1924 年 12 月 20 日、1925 年 4 月 22 日至 1926 年 7 月 25 日。

《醒狮》第 1 号至第 169 期，1924 年 10 月 10 日至 1927 年 12 月 31 日。

《中国青年》第 1 期至第 167 期，1923 年 10 月 20 日至 1927 年 6 月 30 日。

上海《中国工人》第 1 期至第 4 期，1924 年 10 月至 1925 年 5 月。

《政治生活》第 1 期至第 79 期，1924 年 4 月 27 日至 1926 年 7 月 22 日。

五、论文

毕玉华：《建构与调适：中共革命意识形态中的"帝国主义"概念》，《近代史研究》2018 年第 5 期。

曹龙虎：《近代中国帝国主义概念的输入及衍化》，《武汉大学学报（人文科学版）》2017 年第 4 期。

陈红娟：《中共革命话语体系中"阶级"概念的演变、理解与塑造（1921—1937）》，《中共党史研究》2018 年第 4 期。

陈金龙：《十月革命与中国共产党早期革命话语的建构》，《历史研究》2018 年第 4 期。

陈力卫：《"主义"概念在中国的流行及其泛化》，《学术月刊》2012 年第 9 期。

陈贤忠、董志强：《尹宽略论——考察一个中国托派分子所走过的道路》，《合肥工业大学学报（社会科学版）》1990 年第 1 期。

陈淇、徐德红：《邓小平的旅法岁月》，《党的文献》1995 年第 3 期。

崔春雪：《〈少年〉与马克思主义在中国的传播》，《中共党史研究》2013 年第 5 期。

戴绪恭：《蔡和森的建党思想和活动》，《华中师院学报》1980 年第 2 期。

董恩林：《留法勤工俭学运动初探》，《中南民族学院学报（哲学社会科学版）》1990 年第 6 期。

董焱尧、应星：《"精神气质"与中共早期党员的"训练"技术——以罗亦农及中共旅莫支部为中心》，《学海》2022 年第 2 期。

范秀莲：《李石曾与勤工俭学运动》，《史学月刊》1991 年第 2 期。

方小年：《"半封建""半殖民地"概念考析》，《文史哲》2002 年第

4 期。

符哲文：《罗喜闻与湖南留法勤工俭学》，《近代史研究》1989 年第 2 期。

葛夫平：《关于里昂中法大学的几个问题》，《近代史研究》2000 年第 5 期。

葛夫平：《法国政府与留法勤工俭学运动》，《社会科学研究》2009 年第 5 期。

耿显家：《"苏维埃"在中国的传播轨迹考察——基于革命话语角度的分析》，《人文杂志》2013 年第 11 期。

公孙訇：《李石曾与留法勤工俭学运动》，《近代史研究》1992 年第 4 期。

郭若平：《"时局"历史中的中共早期政治主张》，《中共党史研究》2021 年第 1 期。

侯庆斌：《一九二八年向警予引渡案与中法交涉》，《中共党史研究》2021 年第 5 期。

胡华：《周恩来总理旅欧时期的革命活动》，《北京师范大学学报（社会科学版）》1978 年第 1 期。

霍益萍：《法国政府对留法勤工俭学运动的立场和态度》，《近代史研究》1997 年第 1 期。

蒋含平、汪娜娜：《从"学说"到"思潮"的知识演进：马克思主义在中国的早期传播（1917—1921）》，《安徽大学学报（哲学社会科学版）》2022 年第 5 期。

蒋杰：《法国新见〈赤光〉杂志第 50、53 及 55 期概况——兼论主编人员更替与杂志流传》，《史林》2022 年第 5 期。

姜飞：《任卓宣与左翼文学思潮》，《四川大学学报（哲学社会科学版）》2017 年第 1 期。

靳书君、李永杰：《"无产阶级专政"概念中国化考证与疏义》，《党史研究与教学》2019 年第 2 期。

李勤：《周恩来与天津〈益世报〉》，《历史教学》1999 年第 1 期。

李庆刚：《留法勤工俭学运动与中国共产党人世界眼光的培养——以周恩来、邓小平为例》，《理论探讨》2004 年第 1 期。

李喜所：《中国留学生研究的历史考察》，《文史哲》2005 年第 4 期。

李永春、席云鹏：《蔡和森翻译和传播〈共产党宣言〉考析》，《党史研究与教学》2020 年第 5 期。

李永杰：《马克思主义"社会革命"概念的中国化理解与运用》，《党史研究与教学》2021 年第 1 期。

李映珺：《"帝国主义"还是"大国家主义"：大革命时期"Imperialism"的概念争论及其政治考量》，《上海党史与党建》2022 年第 3 期。

李育民：《第一次国共合作时期中国共产党反帝主张的变化及其影响》，《近代史研究》2015 年第 4 期。

黎永泰：《试论新民学会由空想到科学社会主义的转变》，《青海社会科学》1989 年 2 期。

林代昭：《马克思主义在中国的传播和周恩来同志》，《北京大学学报（哲学社会科学版）》1978 年第 2 期。

刘桂生、赵原璧：《留法勤工俭学的历史渊源》，《社会科学战线》1998 年第 3 期。

刘伟、谢永川：《赵世炎在留法勤工俭学期间对中国革命的贡献》，《毛泽东思想研究》2002 年第 6 期。

刘华清：《新民学会与湘籍无产阶级革命家群体的形成》，《湖南师范大学社会科学学报》2005 年第 6 期。

刘晶芳：《五四运动与马克思主义在中国的传播》，《史学集刊》2009 年第 2 期。

马小泉：《五四以前无政府主义思潮论略》，《史学集刊》1995 年第 2 期。

马启民：《20 世纪前半期中国共产党人留学生群体研究》，《人文杂志》

2005 年第 5 期。

孟飞、郑勇良：《国内第二国际研究的历史、现状和未来走向》，《科学社会主义》2022 年第 2 期。

舒新、刘康康：《论列宁主义的逻辑起点》，《社会主义研究》2022 年第 1 期。

孙会修：《中共旅莫支部清除小资产阶级思想运动与干部教育（1921—1926）》，《史学月刊》2022 年第 2 期。

田雪梅、鲜于浩：《论勤工派与蒙达尼派的论争及联合》，《社会科学研究》2001 年第 6 期。

田子渝：《在历史语境中审视马克思主义在我国的早期传播史——以瞿秋白是"在中国传播辩证唯物主义的第一人"的说法为例》，《中共党史研究》2012 年第 7 期。

王爱云：《第一次国共合作在欧洲》，《中共党史研究》1997 年第 3 期。

王传利：《青年马克思主义者的摇篮——五四时期学生马克思主义社团成员成长论析》，《马克思主义研究》2006 年第 5 期。

王刚、范琳：《正面与负面：民本思想对中国早期知识分子接受马克思主义的影响》，《马克思主义与现实》2021 年第 1 期。

王建国：《张伯简〈社会进化简史〉相关问题新探讨》，《广东党史与文献研究》2020 年第 4 期。

王磊：《马克思主义辩证法在中国早期传播的一篇重要文献——〈马克思主义辩证法底几个规律〉译文作者考》，《党史研究与教学》2014 年第 5 期。

王奇生：《北伐时期的地缘、法律与革命——"反革命罪"在中国的缘起》，《近代史研究》2010 年第 1 期。

王奇生：《"革命"与"反革命"：一九二○年代中国三大政党的党际互动》，《历史研究》2004 年第 5 期。

王永祥：《中共旅法小组和旅欧支部》，《历史教学》1981 年第 10 期。

王元年：《赵世炎与"中国少年共产党"》，《史学集刊》1983 年第

4 期。

　　王永均：《留法勤工俭学生进占里昂中法大学的斗争》，《社会科学》1985 年第 2 期。

　　卫金桂、王章维：《一战后的旅欧华工、勤工俭学生与中国社会主义运动》，《当代世界与社会主义》2002 年第 4 期。

　　鲜于浩、田雪梅：《赵世炎与旅欧党团组织的建立》，《四川大学学报（哲学社会科学版）》2002 年第 4 期。

　　徐立波：《建党初期中国共产党核心革命话语的建构及当代启示》，《江苏社会科学》2021 年第 1 期。

　　许丽英：《周恩来在留法勤工俭学期间对传播马克思主义的贡献》，《湖南师范大学社会科学学报》2007 年第 3 期。

　　许纪霖：《五四知识分子通向列宁主义之路（1919—1921）》，《清华大学学报（哲学社会科学版）》2020 年第 5 期。

　　杨林香：《20 世纪 20—30 年代青年马克思主义信仰中的"苏联因素"解析》，《福建师范大学学报（哲学社会科学版）》2017 年第 1 期。

　　杨泰龙、陈金龙：《中国共产党对"封建"的认知与早期革命目标的确立》，《中国高校社会科学》2019 年第 3 期。

　　叶青：《从五四以后新知识分子队伍的分化看知识分子所走的道路》，《福建师范大学学报（哲学社会科学版）》1997 年第 3 期。

　　尹涛：《从中共理论宣传者到国民党理论家的任卓宣》，《史学月刊》2013 年第 5 期。

　　尹涛：《叶青早期对马克思主义的宣传》，《史学月刊》2016 年第 12 期。

　　喻春梅：《论湘籍留法勤工俭学运动的特点及意义》，《求索》2005 年第 7 期。

　　曾银慧、田子渝：《马克思主义经典通俗中译本——〈共产主义的 ABC〉》，《决策与信息》2016 年第 4 期。

　　张世甲：《"蒙达尼派"与早期马克思主义中国化》，《湖南社会科学》2020 年第 3 期。

张伟良：《蔡和森的建党思想探源》，《中共党史研究》1992 年第 4 期。

张泽宇：《二十世纪三十年代中共党员留学苏联述论》，《党的文献》2010 年第 4 期。

章慕荣：《马克思主义中国化思想史视域中的封建主义叙事》，《党史研究与教学》2018 年第 4 期。

赵付科、季正聚：《中共早期报刊视域下马克思主义的传播路径及启示》，《社会主义研究》2013 年第 2 期。

赵秀华：《国民革命时期无产阶级领导权问题研究现状浅析》，《宁夏社会科学》2013 年第 3 期。

赵颖霞：《李石曾与留法勤工俭学运动》，《教育评论》2009 年第 3 期。

赵云云：《中国共产党旅欧组织的建立、称谓与作用》，《党的文献》1996 年第 6 期。

赵云云：《旅欧中国共产主义青年团组织沿革》，《党的文献》1999 年第 2 期。

周谷平、孙秀玲：《留法勤工俭学生与马克思主义教育思想的导入》，《教育研究》2005 年第 12 期。

周良书、袁超乘：《“寸铁”与中共对国民革命的宣传动员》，《历史研究》2021 年第 3 期。

朱洪：《赴法勤工俭学运动与旅欧少年共产党的成立》，《武汉大学学报（人文科学版）》2004 年第 6 期。

六、外文资料

Annie Kriegel, *Communismes au Miroir Français*, Paris: Gallimard,1974.

Benton G.,*China's urban revolutionaries: Explorations in The History of Chinese Trotskyism, 1921–1952*, Atlantic Highlands, New Jersey: Humanities Press, 1996.

Biggerstaff K., *The Earliest Modern Government Schools in China,*

Ithaca, New York: Cornell University Press, 1961.

Chesnaux J., *The Chinese Labor Movement,1919–1927*, Stanford: Stanford University Press, 1968.

Chow Tse-tsung, *The May Fourth Movement: Intellectual Revolution in Modern China*, Cambridge, Mass.:Harvard University Press, 1960.

Hsu Kai-yu, *Chou En-lai:China's Gray Eminence*,Garden City, New York: Doubleday, 1968.

Scalpino R. A. and Yu G. T., *Modern China and Its Revolutionary Process*, Berkeley: University of California Press, 1985.

Ven H. J. V. D., *From Friend to Comrade: The Founding of the Chinese Communist Party, 1920–1927*, Berkeley, Los Angeles, Oxford: University of California Press, 1991.

Bailey P. J., "The Chinese Work-Study Movement in France", *The China Quarterly,* No.115, 1988, pp. 441–461.

Bailey P. J.,"The Sino-French Connection 1902–1928" in D. S. G. Goodman ed. : *China and The West: Ideas and Activists*, Manchester University Press, 1990, pp.72–102.

Dirlik A. and Krebs E. S., "Socialism and Anarchism in Early Republican China", *Modern China*, Vol. 7, No.2, 1981, pp.117–151.

Kagan R. C.,"Trotskyism in Shanghai, 1929–1932: the politics of iconoclasm", *Studies in Comparative Communism*, Vol. 10, No.1, 1977, pp.87–108.

Levine M.,"The diligent-work, frugal-study movement and the new culture movement", *Republican China*, Vol. 12, No.1, 1986, pp. 67–88.

Pickowicz P. G., "Review Article : The Chinese Anarchist Critique of Marxism-Leninism: Arif Dirlik, The Origins of Chinese Communism. New York and Oxford: Oxford University Press, 1989", *Modern China*, Vol. 16, No. 4, 1990, pp. 450–467.

Wang N., "Deng Xiaoping: The Years in France", *The China Quarterly,*

No. 92, 1982, pp. 698–705.

Kagan R. C.,*The Chinese Trotskyist Movement and Ch'en Tu-hsiu: Culture, Revolution and Polity, with an Appended Translation of Ch'en Tu-hsiu's Autobiography*, University of Pennsylvania, 1969.

Wang N., *Paris-Shanghai: débats d'idées et pratique sociale; les intellectuels chinois progressistes chinois, 1920–1925*, Thèse de Doctorat d'Etat, Paris VIII, 1986.

Yu Miin-ling, *Sun Yat-sen University in Moscow, 1925–1930*, New York University,1995.

后 记

本书是笔者主持的国家社科基金一般项目"留法勤工俭学群体与中国马克思主义话语的早期建构研究（1919—1927）"（批准号：20CKS064）结项成果的修订稿。

中国共产党的留法勤工俭学群体是马克思主义在中国传播史和中国革命史的重要力量，在中国共产党革命、建设和改革历程中产生了重要影响。2012年至2015年笔者于南开大学攻读硕士、博士学位，其间接触蔡和森、向警予、李富春、蔡畅等革命人物研究，后因蔡和森、周恩来的研究颇丰而中观群体研究方兴未艾，遂决定对留法勤工俭学运动时期筹建或加入旅欧党、团组织的群体成员进行研究，这是本书研究的源头。笔者博士论文的写作旨趣是1919年至1931年该群体的"整合"与"分化"即政治行动、政治实践。2015年5月博士论文初成之时，笔者感觉学术界对于该群体相关文献的文本分析不够，而这些文献恰是马克思主义在中国传播史、中国马克思主义话语早期建构史的重要资料，这是笔者开展留法勤工俭学群体与中国共产党革命话语、国民革命话语建构问题研究的缘由，2017年、2020年分别立项的教育部人文社科项目、国家社科基金项目也围绕此点。2023年6月结项的国家社科基金结项成果构成本书的基础。尽管评审专家给出"优秀"的鉴定结果，但是研究仍有诸多不足。根据评审专家提出的意见，笔者对原本第五部分的个案研究进行较大程度的修改，其中与前文主题相关的内容合并至第三、第四部分，无法构成专题论述的内容删去，最终形成五章的书稿内容。

本书之所以能够成稿，首先要感谢我指导的五位研究生黄静、林俣威、谢雨欣、殷娅娴、任南鑫，他们的研究能力远超硕士生的平均水平，在资料搜集、初稿撰写中贡献颇多。课题组成员和北京大学马克思主义学院的诸位领导、专家对于本书的研究也给予了各方面帮助，在此一并致谢。本书的定稿和出版幸有当代中国出版社的关心和支持，在此表示诚挚的感谢！

贾 凯

2025 年 4 月于未名湖畔